AF588586

LE

CORPS CATHELINEAU

PENDANT

LA GUERRE (1870-1871)

AVIS

Je préviens mes lecteurs que la presque totalité de cette partie a été écrite très à la hâte aux avant-postes; beaucoup d'inexactitudes de style s'y sont donc glissées naturellement.

Je les ai laissées dans cette première édition. C'est le vin du crû qui plaît en famille.

Général CATHELINEAU

Amyot Édit Paris

LE

CORPS CATHELINEAU

PENDANT

LA GUERRE (1870-1871)

PAR

Le général CATHELINEAU

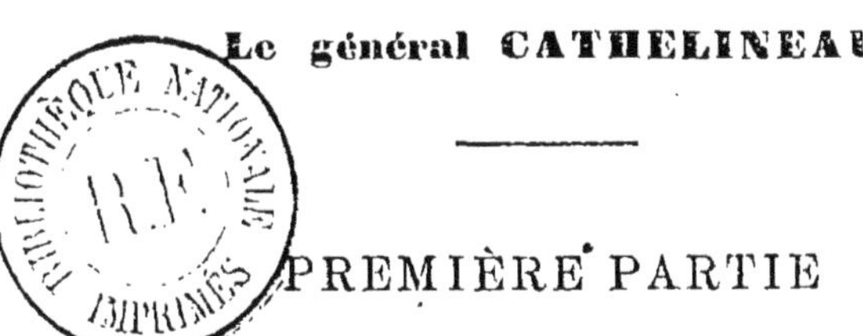

PREMIÈRE PARTIE

Formation du corps. — Aux avants-postes. — Moque-Baril. — Orléans. — Sa forêt. — Chambon. — Ingranne. — Batilly. — A Paris! — Rappel à Ingranne. — Retraite. — 400 kilomètres en huit jours. — Bourbaki à Bourges. — Départ pour l'Ouest.

PARIS

AMYOT, ÉDITEUR, 8, RUE DE LA PAIX

1871

A MES VOLONTAIRES

Potius mori quam fœdari
Mieux vaut la mort que le déshonneur.

MES AMIS,

Né dans le pays des Mauges, je suis, comme ses habitants, très-indépendant. Ce sont eux que César irrité avait appelés, en se retirant vaincu, *mala gens;* ils lui avaient résisté. Cette malédiction du conquérant romain est un des titres de gloire de ces contrées, qui n'ont jamais été envahies par aucun ennemi, et qui, depuis qu'elles sont catholiques, n'ont jamais vu sortir de leur sein ni schisme ni hérésie. C'est de nos jours la fière et fidèle Vendée.

Quand j'ai vu l'étranger envahir la France, mon âme s'est indignée, je vous ai appelés. Vous êtes venus vers moi, et ensemble nous avons combattu pendant six mois. C'est donc à vous, mes chers volontaires, que je dois consacrer le récit fidèle de cette campagne.

En partant d'Amboise, je vous avais consacrés à la Vierge Marie, et sur votre poitrine vous aviez placé un emblème religieux. Heureuse égide à laquelle nous devons d'avoir été conservés dans les circonstances si difficiles et si périlleuses où nous avons été entraînés.

Toujours aux avant-postes, que de marches de jour et de nuit, que d'insomnies, que de fatigues! Deux fois cernés, quelles retraites avons-nous eu à exécuter!

Partout je vous ai trouvés aussi braves

que résignés, partout aussi forts, partout aussi ardents qu'obéissants.

Que les souvenirs de Lailly, d'Orléans, de sa forêt, de Chambon, Nancray, Batilly, Beaune-la-Rolande, Presnoy, Montmirail, Vibraye, Monfort, Fatines, la Guerche ne s'effacent jamais de votre mémoire. Redites-les à vos enfants, à vos petits-enfants; ils apprendront comme vous à aimer le pays, et, plus heureux que nous, ils pourront le venger du déshonneur que nous subissons et délivrer les frères que nous enlève un trop cruel ennemi.

Que l'amour de la France qui nous a soutenus, que celui de Dieu qui nous a protégés, vivent dans nos cœurs, et qu'à la vie, à la mort, nous n'ayons d'autre cri que : *Dieu et la France!*

Je dois prévenir mes lecteurs que le corps de la Vendée se composait, pendant toute la campagne de mes volontaires, du 3e bataillon de la mobile de la Dordogne, commandant *Marty*, et d'un escadron du 10e chasseurs à cheval, commandant *Haupt*. Beaucoup d'autres corps ont été dans différentes circonstances sous mes ordres; j'en parlerai en temps utile avec l'éloge qu'ils ont mérité.

LE

CORPS CATHELINEAU

Ce fut à Paris que j'appris les désastres de Sedan; depuis la déclaration de guerre, je voyais tout en noir. L'enthousiasme exagéré de nos troupes me faisait mal; je déplorais l'entraînement des populations. L'avenir me semblait gros d'événements et je les voyais si tristes que mes amis ne pouvaient s'empêcher de me dire à chaque instant : « En vérité, on dirait que vous êtes Prussien. »

Vendéen par le sang et par l'esprit, je me laisse difficilement entraîner. Je voyais une grande faute commise, je connaissais les forces de nos ennemis, je ne pouvais croire à la victoire.

Aussitôt que j'appris la capitulation de Sedan, j'écrivis au ministre de la guerre pour lui offrir mes services et lui demander l'autorisation de faire un appel à nos populations de l'Ouest. Alors elles n'étaient point encore enrôlées en gardes nationales mobilisées. Je fis remettre ma demande par un de mes amis, M. le comte de Montcabrier. Le ministre ne me répondit pas ; il n'avait point eu le temps de le faire. Mais pendant la campagne je rencontrai un officier de son état-major qui, se présentant à moi, me dit qu'il avait connaissance de la lettre que j'avais écrite au comte de Palikao qui, me dit-il, devait y répondre affirmativement sans les événements du 4 septembre.

Pendant mon séjour à Rambouillet, ayant appris l'arrivée du général, ancien ministre de la guerre, à Versailles, désirant savoir si cet officier ne m'avait pas fait la réponse que j'ai mentionnée par pure politesse, j'écrivis au général la lettre suivante :

« Rambouillet, le 26 avril 1871.

« Mon général,

« Pendant le campagne de la Loire où j'ai eu l'occasion de faire mon devoir, j'ai rencontré un officier de votre ancien état-major.

« Il m'a dit que vous aviez reçu la demande que

je vous avais faite d'aller dans la Vendée lever des volontaires pour aider à réparer les malheurs de la France, et il a ajouté que vous aviez accepté ma demande et que votre départ si précipité avait seul été la cause qu'elle fut restée sans réponse.

« Apprenant votre arrivée à Versailles, je m'empresse de vous remercier de vos bonnes intentions et prends la liberté de vous demander si franchement vous aviez cru devoir accepter ma proposition.

« Veuillez agréer, général, mes sentiments de dévouement.

« CATHELINEAU. »

Le général me répondit en ces termes :

« Versailles, 26 avril 1871.

« Monsieur le général,

« J'ai reçu la lettre par laquelle vous me demandez si j'avais pensé sérieusement à accepter l'offre que vous m'aviez faite d'aller dans la Vendée lever une légion, lorsque j'étais ministre de la guerre.

« Au milieu des événements désastreux qui ont surgi à l'époque que vous me rappelez, il m'a été effectivement impossible de vous répondre que votre nom me paraissait un gage certain de l'influence que vous deviez exercer sur une population dont le dévouement et la bravoure pouvaient rendre d'utiles services à la France, que j'aurais voulu pouvoir sauver par le concours de tous ses enfants.

« Agréez, monsieur le général, l'assurance de ma considération la plus distinguée.

« Général comte DE PALIKAO. »

Mais revenons à Paris où j'étais resté dans la pensée de pouvoir être utile à mon pays et d'obtenir l'autorisation que je désirais.

Le gouvernement du 4 septembre appela le général Le Flô au ministère de la guerre; je connaissais le général. Il avait brillamment servi en Afrique. il avait joué un rôle politique en 1848 et Napoléon l'avait emprisonné et exilé. Après des années passées dans l'île de Gersey, il était venu habiter avec sa famille une charmante propriété sur les bords de la rivière de Morlaix, tout près du château de Kerenroux, où vivait M. le comte de Champagny, petit-fils du comte de la Fruglais, neveu de cette fille héroïque de dévouement et de sacrifices, Mlle de la Fruglais, morte en odeur de sainteté au couvent des Oiseaux. M. de Champagny avait épousé Mlle Agathe de Saisy, fille du si digne et si fidèle comte de Saisy, dont je m'honore d'avoir toujours conservé la plus intime amitié pendant toute ma vie.

Ce voisinage avait naturellement créé des rapports d'intimité dont je me trouvais très-heureux d'avoir pu profiter quand j'allais chez les habiants de Kerenroux.

Je demande pardon de ces détails, mais ils expliquent combien je fus enchanté de la nomination du général Le Flô au ministère de la guerre, au point de vue de mes projets.

Sitôt son arrivée à Paris, je m'empressai de lui écrire pour réitérer la demande que j'avais faite au général comte de Palikao. Je ne pus voir le ministre malgré plusieurs demandes d'audiences ; le temps pressait, j'étais impatient. Sur ces entrefaites, un homme en qui j'avais beaucoup de confiance, vint me prévenir qu'une grande quantité d'animaux gras se trouvaient sur les confins du département de l'Aisne et de celui du Nord : deux mille bœufs et six mille moutons m'étaient signalés. J'allai prévenir le ministère de la guerre, j'espérais voir le ministre, mais ce fut en vain, Je comprends qu'il fût très-occupé, toutefois il attacha à ma déclaration l'importance qu'elle méritait et me fit conduire immédiatement près du directeur de l'Intendance. Celui-ci me renvoya à un bureau spécial,le bureau spécial au ministre de l'agriculture, M. Magnin. Je me rendis immédiatement à ce ministère tant il me paraissait urgent de soustraire à l'ennemi des vivres considérables et de nous les approprier pour des besoins que je pensais devoir être très-prochains. Car, ainsi que je l'ai dit, je voyais tout en noir et je souhaitais vivement que la province se levât en masse pour aller au secours de Paris qui, dans quelques jours, ne pouvait manquer d'être cerné par l'ennemi.

Je ne connaissais pas le ministre : je craignais de ne pas le voir immédiatement, je m'étais trompé; quoiqu'il y eut beaucoup de monde dans le salon d'attente, je fus reçu et très-bien reçu par M. Magnin.

Après lui avoir exposé l'objet de ma visite et lui avoir fait comprendre que l'acquisition de ces animaux par l'Etat avait le double avantage d'affamer l'ennemi et de ravitailler des troupes qui, de toute nécessité, devaient être réunies dans l'Ouest, M. le ministre me répondit que les achats étaient très-considérables pour Paris ; qu'il voyait des difficultés à entraîner ces animaux dans le pays que je lui indiquais; qu'il me remerciait, mais qu'il ne pouvait pour le moment les acheter. J'aurais compris cette réponse si les animaux n'avaient point été si près de l'ennemi, mais dans la position où ils se trouvaient, je ne pouvais me l'expliquer. Avant de me retirer, je parlai au ministre du projet que j'avais de lever des volontaires ; il me répondit : « Ah ! ceci est différent ; nous en avons causé de ce projet et nous allons y donner suite. »

J'attendis encore un ou deux jours la réponse du ministre de la guerre toujours sollicitée : ce fut en vain et, ne voulant pas rester enfermé dans Paris, où je n'avais que deux bras à offrir ; je le quittai tristement, laissant mon fils aîné au nombre de ses défenseurs, et je partis pour l'Ouest.

A peine y étais-je arrivé que je sus qu'une délégation du gouvernement de la défense nationale était installée à Tours. Je m'y rendis en toute hâte ; je fus reçu par MM. Crémieux et Glais-Bizoin. Pour la troisième fois je renouvelai ma demande qui fut accueillie le 22 septembre. On m'accepta et on me remit des pouvoirs.

Peu de temps s'était écoulé entre ma première demande et celle que je venais de faire ; mais de grands changements avaient eu lieu, de nouveaux préfets étaient institués en espèces de gouverneurs, chargés d'incorporer les hommes en gardes mobilisés, de les habiller, de les équiper, de sorte que chacun, jaloux de tout garder, entravait la formation des corps de volontaires, quelque autorisés qu'ils fussent ; tous les rangs nous étaient fermés ; ceux-là seuls pouvaient nous rejoindre, qui n'avaient pas vingt ans ou qui en avaient plus de quarante. C'étaient des difficultés, mais que sont les difficultés quand on veut fortement et que la cause que l'on sert est celle de son pays.

Je persévérai donc dans mon projet, et, le 22, je faisais imprimer dans les journaux de Tours et mes pouvoirs et la proclamation suivante :

« Tours, 22 septembre 1870.

« Monsieur le ministre de la guerre,

« J'ai l'honneur de solliciter l'autorisation de lever dans la Vendée des volontaires destinés à harceler l'ennemi comme éclaireurs et francs-tireurs.

« Vous connaissez le courage des Vendéens.

« Vous savez quelle fut l'influence de mon nom dans ce pays.

« Je serais honteux. dans la circonstance présente, de n'en pas profiter pour aider à repousser l'ennemi et à sauver l'honneur de la France.

« Je suis, monsieur le ministre, votre très-humble et très-obéissant serviteur,

« HENRI DE CATHELINEAU. »

Approuvé :

GLAIS-BIZOIN.

Approuvé et fortement recommandé à M. le ministre de l'intérieur :

CRÉMIEUX.

Le ministre a immédiatement répondu :

MINISTÈRE DE LA GUERRE

« Le ministre secrétaire d'Etat de la guerre autorise M. de Cathelineau (Henri) à exercer les fonctions de commandant dans le corps franc des volontaires de la Vendée, et lui reconnaît le titre de belligérant.

« Tours, 22 septembre 1870.

Pour le ministre et par son ordre, le secrétaire général,

LEFORT.

PROCLAMATION

Tours, siége du gouvernement de la défense nationale, le 22 septembre 1870.

« Braves habitants de l'Ouest !

« Vendéens ! Bretons !

« L'ennemi est au cœur de la France, redoutable et terrible ; il avance de jour en jour.

« Levons-nous pour défendre nos femmes et nos enfants ; n'attendons plus, levons-nous !

« Que notre seule ambition soit le salut de la patrie ; pleins de confiance en Marie et couverts de son égide, partons !

« Nos pères ont combattu pour la foi, ils furent des héros ; ils sont morts, mais ils furent victorieux, car leur foi fut sauvée, et leurs noms glorifiés survivront d'âge en âge.

« Vous, leurs dignes enfants, levez-vous ! La France éprouvée a tourné vers vous ses regards, elle vous appelle, elle vous attend pour sauver son honneur.

« Que notre cri à nous soit :

« *Dieu et la France !* et nous serons victorieux.

« Un vieux soldat vendéen,

« CATHELINEAU. »

« Occupé à organiser une commission pour votre armement, dans quelques jours je serai au milieu de vous et vous ferai connaître le rendez-vous général. »

« *Uniforme* : petit chapeau noir avec plume « noire sur le côté ; pantalon bleu foncé, liseré « bleu clair ; vareuse même couleur ; ceinture « bleu clair, couleur du liseré. »

Ici qu'il me soit permis de remercier la presse du bon accueil qu'elle fit à mes projets. Il n'y avait pas de temps à perdre. Je me rendis à Angers, et j'envoyai partout des proclamations, afin de réunir le plus promptement possible les hommes dont on avait un pressant besoin. Je trouvai cette ville assez agitée; on semblait s'y préoccuper beaucoup plus d'idées politiques que du danger d'une invasion étrangère. Je fus stupéfait. Je croyais que, dans des circonstances aussi graves, tous les véritables Français devaient se réunir sous n'importe quelle bannière et se hâter de courir au devant de l'ennemi pour l'arrêter.

Je m'étais trompé !

Je me rends à la préfecture, et suis reçu immédiatement par un homme jeune que je n'avais jamais vu, mais dont le nom était connu à Angers, M. Allain-Targé.

Je lui montrai mes pouvoirs et le prévins du désir que j'avais d'apposer mes affiches et à Angers et dans son département.

M. le préfet, poli d'abord, se montra peu à peu moins conciliant :

« C'est le drapeau blanc que vous levez, monsieur de Cathelineau ; je ne puis d'aucune façon me prêter à vos désirs. Puis, enfin, vous parlez dans votre proclamation de la Sainte-Vierge, mais c'est le paroxysme religieux ; ne parlez pas de la Sainte-Vierge ; dites que la République, à votre avis, est pour le moment le seul gouvernement possible, et je serai le premier à vous favoriser. Je ne vous le cache pas, j'ai grande confiance dans votre énergie, et j'irai moi-même à Tours pour demander à ce que l'on vous confie un ou plusieurs régiments, persuadé qu'on ne peut les mettre en de meilleures mains. Mais renoncez à tout appel, qui, fait en votre nom, sera toujours une attaque à la République. »

J'avais religieusement écouté M. Allain-Targé. Ses expressions étaient polies, ses idées semblaient arrêtées, et je me demandais si, par hasard, il n'était vraiment pas de bonne foi.

Je quittai M. le préfet et lui demandai une entrevue pour le lendemain, espérant qu'un peu de réflexion lui montrerait que, quelle que fût son opinion politique, il devait d'abord obéir à ceux qui l'avaient nommé préfet, et rechercher tous les moyens de combattre les ennemis de la France, à qui, malheureusement, nous n'avions pas assez de régiments à opposer.

J'avais entendu dire souvent dans ma vie que toute œuvre grandissait dans la lutte, et que les épreuves la mûrissaient et la fortifiaient.

Je n'en étais pas moins triste, et je me disais : « Quel pays que le nôtre ! l'ennemi arrive comme un torrent, il va tout renverser sur son passage, et les hommes sans patriotisme ne sont préoccupés que de leur intérêt, que de leurs idées personnelles. Qu'allons-nous devenir ? »

J'avais besoin de me consoler, je me rendis à l'évêché. Monseigneur Freppel venait d'arriver de Rome, où il avait été sacré ; sa conduite près du trône de saint Pierre avait été noble et digne. Il s'était montré véritable apôtre en défendant avec vigueur les droits du chef de l'Eglise ; Alsacien, son pays était envahi ; je supposais qu'il devait accepter avec enthousiasme toutes les combinaisons, tous les moyens qui pouvaient délivrer son pays natal.

Monseigneur me reçut avec cette simplicité et cet entrain qui le caractérisent. Jeune, plein d'esprit, ardent et travailleur, il écoute, raisonne et prend facilement un parti. J'exposai mes projets et fis connaître les difficultés que j'éprouvais près de l'autorité, disant toutefois que je n'en étais point effrayé et que j'espérais les surmonter.

Monseigneur Freppel m'écouta avec une grande bonté, m'encouragea et m'offrit son concours le plus actif près du clergé, s'offrant d'aller lui-même trouver le préfet, afin de chercher à l'éclairer, me priant de revenir sitôt que j'aurais revu M. Allain-Targé.

Je vis aussi quelques amis à Angers ; tous m'encouragèrent. Je n'étais pas, en somme, mécontent de ma journée. J'arrivai à l'hôtel ; on y était à table. Des réfugiés s'y trouvaient réunis en grand nombre ; je n'y vis que des figures inconnues pour moi. Je ne trouvai qu'une place vide vers le centre de la table. Nous venions de finir le potage, lorsqu'un homme d'une trentaine d'années, presqu'en face de moi, se mit à parler de la Vendée. « La Vendée, dit-il, est un pays de braves; il est malheureux qu'ils se soient battus contre des Français. » Jugez quel effet produisirent sur moi ces paroles; il parlait de la Vendée, il parlait de ceux qui s'y étaient battus et il les accusait. Je me levai immédiatement : « Vous êtes étranger, monsieur, républicain, sans doute : eh bien! si vous connaissiez mieux la Vendée, dont vous parlez, vous sauriez que la résistance de la Vendée est un des plus beaux mouvements démocratiques que l'histoire ait eu à enregistrer. Les Vendéens n'étaient point des partisans, mais ils étaient de bons pères de famille; ils étaient religieux. La Révolution, représentée par des hommes dont le souvenir fait frémir, commença par fermer les églises et conduire leurs prêtres à l'échafaud; elle voulait leur enlever tous leurs enfants. Ils étaient donc attaqués dans leurs croyances religieuses et dans leur famille; Louis XVI venait de mourir sur l'échafaud! Ces braves paysans n'étaient pas des hommes politiques. Conduits par la raison la plus saine et le cœur le plus droit, ils ne savaient qu'obéir au roi, qui, pour eux, n'était autre chose que le père de la grande famille française. Son autorité leur était douce; on payait peu d'impôts; ils étaient heureux, et voilà que tout à coup on veut leur enlever toute tranquillité et toute paix. Ils se lèvent comme un seul homme et commencent cette magnifique résistance, qui leur valut de conserver la religion, le premier des biens pour les peuples. Vous êtes républicain, monsieur; si vous l'êtes à la mode des Marat et des Robespierre, et que des torrents de sang doivent encore inaugurer la nouvelle République, vous voyez devant vous le petit-fils de celui qui commença la guerre de la Vendée. Il est debout et prêt à vous repousser, aimant mieux, comme ses pères, mourir avec honneur que de supporter un seul instant le joug honteux d'hommes arrivant avec des paroles de paix, d'égalité et de fraternité, et dont les actes ne respirent que trouble, sang et carnage. »

Jugez de l'étonnement de tous les convives et du désappointement du jeune étranger; il baissa la tête et depuis je ne l'ai jamais revu.

Le lendemain, à l'heure dite, je me rendis à la préfecture ; M. le préfet n'était pas rentré; on m'adressa au premier conseiller. Je causai avec ce monsieur, qui m'engagea à faire des concessions, en disant que le préfet était très-bien disposé, mais que, dans l'intérêt de la tranquillité du département, il fallait éviter d'en contrarier les opinions. Je lui répondis que je connaissais mieux l'opinion de mon pays qu'il ne pouvait la connaître lui-même, et dans le fait j'aurais été bienmaladroitsi, avec l'intention d'avoir des volontaires, je leur avais parlé un langage qu'ils n'auraient pu comprendre.

Le préfet rentra. La nuit, qui souvent rend plus calme, n'avait point produit sur lui cet effet. Je le trouvai beaucoup plus agité. « Avant tout, disait-il, il faut supprimer ce qui regarde la Sainte-Vierge et dire que vous êtes dévoué au gouvernement républicain. » Je répondis au préfet que je le trouvais jeune et peu politique ; que, puisque je m'étais offert à lui pour travailler de concert au salut du pays, il ne devait pas me repousser, et que s'il avait été plus habile, son acceptation pleine et entière eût pu faire croire à mes amis que j'acceptais et les hommes qui venaient de prendre le pouvoir eux-mêmes et la forme républicaine qu'ils avaient adoptée. Mais rien ne put l'arrêter ; c'était de la haine... M'en étant bien convaincu, je changeai mon langage et je lui répondis :

« Savez-vous, monsieur le préfet, ce qui fait que les Français d'aujourd'hui n'ont plus la bravoure d'autrefois? C'est qu'ils n'ont plus de foi religieuse, plus de foi politique. Vous dites que si je fais un appel j'arbore le drapeau blanc, et que vous, alors, vous allez arborer le drapeau rouge : eh bien! monsieur le préfet, arborez le drapeau rouge, levez une compagnie, moi je ne prendrai pas le drapeau blanc ; nous marcherons côte à côte et nous verrons qui de nous marchera plus hardiment vers l'ennemi. Peu m'importe à moi les couleurs qui sont prises pour le repousser. Délivrons d'abord notre pays, et plus tard nous verrons, nous examinerons quel gouvernement lui convient. La France d'abord, une et entière. Lorsque nous aurons obtenu ce résultat je redeviendrai sans doute un homme politique, mais jusque-là je ne serai qu'un soldat, je n'aurai que mes armes pour repousser l'ennemi, obéissant au gouvernement qui s'intitule *le gouvernement de la défense nationale.* »

D'Angers, je partis pour Nantes, M. Allain-Targé avait eu soin de prévenir M. Guépin, préfet de la Loire-Inférieure. Tous les préfets avaient été changés rapidement ; le gouvernement du 4 septembre s'était emparé du pouvoir, non-seulement à Paris, mais il avait envoyé les siens presque partout. C'était trop peu pour ces nouveaux grands hommes de chercher à repousser l'ennemi, ils se croyaient encore de taille à reformer toutes les affaires de l'intérieur.

Je trouvai très-bon accueil à Nantes, mais je n'y cherchai pas de volontaires pour mon corps. Les affaires de Rome s'étaient précipitées, Charette allait revenir, Mes volontaires s'appelaient :

Volontaires Vendéens ; si pareil mouvement avait pu être réglé, j'aurai voulu m'arrêter à la Loire et étendre mon appel jusqu'au Midi.

Enfin, me voilà à la préfecture, M. Guépin, très-bon médecin, est âgé ; il ne se fit pas attendre : ma visite lui était annoncée, aussi était-il assisté de deux accolytes qui, ne voyant chez moi qu'un homme politique, ne voulaient, à aucun prix qu'on me confia un seul homme. Ce n'étaient pas de vrais Français, c'étaient des républicains avant tout, qui ne savaient pas que, pour faire un civet, il faut un lièvre, le prendre d'abord, puis l'accommoder. Enfin, j'abordai la question carrément : « Ne suis-je pas un citoyen français, et en cette qualité n'ai-je pas le droit, le devoir même de tout faire pour repousser les envahisseurs de mon pays ? » « C'est la règle générale, me répondit M. Guépin ; mais vous êtes, vous, monsieur de Cathelineau, dans une position exceptionnelle. Votre nom est un drapeau et pour vous prouver que cette mesure n'est pas prise contre vous, mais bien contre toutes les personnes dont la position peut produire de l'agitation, voici ce que j'ai déjà arrêté : M. Rolland voulait ici lever des volontaires au nom de Garibaldi ; je l'en ai empêché. » « Pardon, monsieur le préfet, me hâtai-je de dire, il ne peut être établi aucune comparaison entre Garibaldi et moi. Garibaldi est étranger, plus qu'étranger pour la

France dont il ne veut pas pour patrie, il a refusé de devenir Français et certes vous ne trouverez entre nous deux de rapprochement en aucun point. » Puis comme je m'arguais des pouvoirs qui m'avaient été donnés par le gouvernement de Tours: « Eh bien! me dit-il, si Tours veut vous conserver comme commandant de volontaires, je donnerai ma démission. Je ne permettrai pas qu'on appose vos affiches, quoique j'aie eu des parents qui ont servi avec votre grand-père et que je reconnaisse que les Vendéens sont très-braves. » Je ne parle pas des réflexions du jeune conseil, ce serait trop long à raconter. Quels hommes que ces républicains, ils ne réclament la liberté que pour dominer et imposer leurs idées! Enfin, M. Guépin, pour changer la conversation, me raconta qu'il était très-souffrant et que les préoccupations de sa nouvelle charge lui avaient donné la cholérine, et qu'il serait, de toute nécessité, malgré son grand dévouement à son pays, obligé de donner sa démission.

Je ne me trompais pas quand je disais que M. Guépin avait été prévenu de ma visite par son ami M. Allain-Targé, car j'appris qu'il en avait écrit à M. Glais-Bizoin qui avait répondu, sans consulter ses collègues, que mes pouvoirs m'étaient retirés. Quand je les avais demandés, ces pouvoirs, je m'étais mis à la disposition des membres du gouvernement, mais je n'admettais pas qu'une fois accordés, on put me les enlever pour complaire à des préfets qui, d'aucune façon, ne représentaient l'opinion véritable et saine du pays. — Quelque pressé que je fusse de quitter Nantes et de retourner à Tours, j'allai faire des visites à plusieurs personnes influentes et à MM. les directeurs des différents journaux de la ville. Je fus parfaitement reçu partout et d'une manière toute particulière par MM. de la Rochelle et de Rarthays, M. Mengin me dit qu'il ne pouvait m'accorder son concours, m'expliquant que je ne pourrais accomoder mes idées politiques avec la République qui, de toute nécessité, devait être considérée comme le seul gouvernement pouvant sauver la France. Je lui répondis, comme toujours, que je ne pouvais, d'aucune manière, expliquer ni comprendre que de vrais citoyens dévoués à leurs pays, s'occupassent des modes de gouvernement à lui donner avant de l'avoir reconquis. Puis je lui demandai si je pouvais le regarder comme ennemi ou comme ami : comme ami je veux dire favorable à mes projets, car je ne cherchais pas à accroître le nombre de mes amis, jusqu'au point de les prendre dans tous les rangs, sachant que l'amitié comme la confiance ne s'impose pas. Nous ne pûmes nous entendre et je me retirai. Pendant ce temps les préfets organisaient, malgré les ordres du gouvernement, une ligue contre mes volontaires, en voici des preuves fournies par une personne respectable de la Vendée dont je ne puis mettre en doute un seul instant la véracité.

A la date du 27 septembre elle m'écrivait de Chiffes en ces termes :

« Monsieur,

« Je viens de lire votre bel appel à la Vendée militaire. Gloire à Dieu ! merci à vous. Puissent nos catholiques vendéens répondre à votre voix. Puisse l'Auguste Marie sous le drapeau de laquelle vous les placez les conduire bientôt à la victoire. Pour mon compte je crois qu'il en sera ainsi, mais un peu plus tard. Le petit parti qui va se former sera béni de Dieu, et c'est lui, je crois, qui assurera un jour le bonheur de la France.

« Le nouveau pouvoir l'a-t-il compris? Je n'en sais rien, mais voici une lettre singulière du préfet de la Vendée après l'autorisation qui vous a été accordée.

« Cette lettre est une circulaire adressée à MM. les maires du département. »

En voici la copie :

Cabinet
DU PRÉFET

« Napoléon-Vendée, 25 septembre 1870.

« Monsieur le maire,

« On tentera peut-être d'afficher dans votre

commune des appels aux armes signés de Cathelineau ou de tout autre nom. En vertu d'instructions spéciales que je viens de recevoir du gouvernement, je vous prie instamment de vous opposer à ces affichages, quand bien même vous verriez au bas du placard le nom de certains membres du gouvernement de la défense nationale.

« Je vous rappelle d'une manière générale que moi ou mes délégués avons seuls compétence pour autoriser l'affichage de placards traitant de matières politiques.

« En conséquence, vous voudrez bien dresser procès-verbal contre ceux qui contreviendraient à la loi et m'aviser immédiatement de la contravention.

« Agréez, monsieur le maire, l'expression de mes sentiments les plus distingués.

« Le préfet,

« GEORGES COULON. »

« J'ai pensé qu'il était utile de vous communiquer cette pièce. Vous serez à même de voir d'où émane la défense en question.

« Veuillez agréer, avec mes vœux pour le succès de votre sainte et catholique entreprise, l'hommage du plus profond respect, avec lequel je suis, etc. »

Le préfet d'Angers donnait les mêmes ordres

au sous-préfet de Segré, afin qu'il les transmît à tous les maires, et il est plus que probable que les mêmes instructions furent données dans tout le département.

Toutes ces difficultés, je l'avoue, me serraient le cœur, et je me disais : « Notre pays périra entre pareilles mains. »

Il fallait encore retourner à Tours ; je fus bien vite près de M. Crémieux, à qui je racontai tout ce qui venait de se passer ; notre entrevue ne fut pas longue. M. Crémieux blâma la conduite de ses préfets, disant qu'il ne s'agissait pas de République, mais bien de la France. Pendant que j'étais dans son cabinet, il répéta devant un de ses amis, très-républicain, qui venait d'y entrer : « Mais, c'est de la folie ; ne devons-nous pas tous nous réunir contre l'ennemi commun? Une fois chassé, eh bien ! si M. de Cathelineau est le plus fort, il nous battra, et si nous sommes plus forts que lui, ce dont je ne doute pas, il succombera. »

J'acceptai parfaitement cette solution et remerciai M. Crémieux, qui écrivit alors la lettre suivante :

« Tours, le 28 septembre 1870.

« Chers préfets,

« Laissez à Cathelineau, Stofflet et Queyriaux la

mission qu'ils se sont donnée et que nous avons approuvée. Il ne s'agit en ce moment que de faire la guerre aux Prussiens, laissons toutes les opinions se réunir pour libérer notre sol sous le drapeau de la France.»

« Les noms vendéens ne sont aujourd'hui qu'un souvenir de notre histoire, et vous comprendrez facilement, vous et nos chers amis républicains, l'abîme qui sépare l'héritier prétendu du trône divin et notre beau drapeau de la Révolution. »

« Ne contrariez donc pas nos Vendéens de 1870. Que nos concitoyens s'unissent et marchent ensemble sous nos couleurs nationales : ne nous fâchons pas de ce que des Français catholiques invoquent la sainte Vierge pendant que des Français libéraux invoquent la sainte liberté. »

AD. CRÉMIEUX.

Je répondis : *Rendez la sainte* et je l'invoque avec vous.

M. Laurier écrivait de son côté :

« Tours, 28 septembre 1870.

« Mon cher Henri,
« Mon cher Guépin.

« En présence des Prussiens, il n'y a plus de parti, il y a la France.

« M. de Cathelineau nous donne sa parole que

son concours est loyal, dévoué à la patrie, sans arrière-pensée.

« Accueillons ce courage, et, au lieu de nous en défier, faisons-lui fête.

« A vous,

« C. LAURIER. »

Je m'empressai de faire imprimer ces autorisations dans presque tous les journaux de Tours, qui, je dois le répéter ici, m'encourageaient de tous leurs efforts et me prêtaient tout leur concours.

Cette fois en repartant pour Angers avec la lettre qu'on vient de lire et directement adressée à son préfet par le doyen du gouvernement, j'espérais voir toutes les difficultés levées. Il n'en fut rien. Le préfet pour complaire au parti avancé, à ce parti de libres-penseurs en matière religieuse et politique, avait pris la résolution de tout entraver, de tout arrêter. Qu'avais-je à faire? Résister. C'était mettre peut-être le trouble là où il fallait l'union la plus absolue sans laquelle rien n'est possible. Je renonçai donc, malgré l'autorisation que j'en avais, à faire mes enrôlements à Angers même. Pendant l'absence que j'avais faite, le préfet avait écrit aux sous-préfets d'empêcher dans les communes d'apposer toute affiche et d'entraver les engagements.

Les volontaires qui étaient venus pour s'engager étaient désolés; mais qu'y faire? il nous fallait la République avant d'avoir la France, et dût-elle périr, il fallait que le gouvernement républicain triomphât, et cela dans un pays qui, à aucun prix, ne veut la République, dont il n'a conservé d'autre souvenir que les massacres et les incendies de 93 : c'était de la folie.

Je rendis compte à Tours du refus persistant du préfet. Le gouvernement m'assigna alors Laval comme rendez-vous pour les volontaires et pour leur formation. Monseigneur l'évêque d'Angers déplorait l'entêtement de l'autorité; il avait cherché à l'éclairer, mais tout avait été inutile. Monseigneur Freppel, je crois l'avoir déjà dit, était Alsacien, et au double titre d'évêque dans le centre de la Vendée, il ne pouvait s'arrêter à cette idée qu'une considération quelconque pût empêcher d'accepter le dévouement d'hommes qui, comme Français et comme catholiques, aimaient mieux cent fois mourir qu'accepter le joug de ces Prussiens, ennemis de notre pays et de notre foi.

Il n'hésita donc pas, après avoir pris tous les moyens que la prudence enseigne, à faire savoir à son clergé que j'étais autorisé à lever des volontaires, et qu'il demandait à tous les hommes de cœur de travailler à l'accomplissement de l'œuvre que j'entreprenais, œuvre, disait-il, vraiment nationale.

Il se chargeait de recevoir nos blessés et de les soigner, et encourageait les enrôlements.

Quant à moi, je félicitais mon pays d'avoir trouvé dans les temps de si dures épreuves cet homme aussi éminemment français qu'éminemment catholique. Dans une réunion très-nombreuse où je fus obligé d'aller chercher notre premier pasteur pour lui faire mes adieux et recevoir ses bénédictions, j'exprimai toute ma pensée à son sujet, en prédisant que le diocèse aurait bientôt à se féliciter de la présence de ce véritable apôtre, et l'avenir a prouvé que je ne m'étais pas trompé. Que de pauvres, que de blessés seront de mon avis ! et la ville d'Angers inscrira dans son histoire que dans des temps malheureux un ange consolateur lui avait été envoyé pour l'encourager et la soutenir ; digne récompense méritée par le sang versé si abondamment à une époque plus reculée par de si nombreux défenseurs de la foi.

La République avec les mots d'égalité et de fraternité m'exilait de mon propre pays, parce que je n'était pas, disait-on, républicain.

Ah ! je le confesse, si j'avais dû le devenir ce n'était pas par de tels procédés qu'on eût pu changer mon opinion. — J'aurais dû renoncer à défendre mon pays ; mais non, plus les difficultés s'augmentaient, plus je sentais mon énergie s'accroître, et plus aussi j'étais naturellement soutenu par les encouragements de tous les hommes de cœur. Je me rendis donc à Laval.

Le préfet, bien connu depuis, me fit de grandes protestations d'estime ; il fut si poli, qu'il en devint embarrassant. Il m'avait fait préparer un appartement à la préfecture, et il me répéta souvent combien il était heureux de me recevoir. Je lui répondis poliment que, grâce à Dieu, je n'avais point à me préoccuper de mon logement personnel, que j'avais des amis, et qu'à leur défaut la plus modeste chambre pouvait me suffire. « Quant à vos volontaires, disait-il, la ville est déjà affamée ; je suis très-préoccupé du manque de vivres qui menace de se faire sentir d'une manière effrayante pour la population. » Hélas ! ce préfet ne prévoyait pas que si l'ennemi n'était pas arrêté, il pourrait venir envahir le pays qui lui était confié. Il n'est point entré à Laval, cet ennemi ; mais on verra plus tard que notre armée nombreuse, refoulée par l'ennemi, y a séjourné bien longtemps, ce qui ne fut peut-être point arrivé si l'on s'était servi des habitants de l'Ouest, comme on eût dû le faire tout d'abord.

Enfin, poussé dans ses derniers retranchements par mes demandes très-positives, il conclut à dire qu'il ne consentait pas à la formation de mon corps à Laval !

Que penser d'une pareille conduite de la part de

trois préfets qui se mettent en opposition si directe avec les ordres du gouvernement qui les avait nommés? Deux choses : ou que le gouvernement était trop faible, ou qu'il n'était pas franc et me trompait. Je voulus en avoir le cœur net. Je lui adressai le rapport suivant :

RAPPORT AU GOUVERNEMENT DE LA DÉFENSE NATIONALE

« Le 22 septembre, sur ma demande, les membres délégués à Tours, m'autorisaient à lever des volontaires francs pour marcher à l'ennemi. Le même jour, monsieur le ministre de la guerre me nommait commandant de ce corps.

« Le 23, j'adressais une proclamation aux populations, qui répondaient avec un entraînement digne de leur bravoure. Comme j'étais heureux !

« La Vendée allait apparaître dans la grande lutte, elle allait mêler son sang à celui de ses frères, elle allait rappeler son antique honneur.

« Mais je me faisais illusion, les préfets de la Vendée, de Maine-et-Loire, de la Loire-Inférieure et de la Mayenne, devaient repousser ceux qui s'offraient si franchement, si loyalement au gouvernement de la défense nationale.

« Ces préfets, en agissant ainsi, ont-ils été des

hommes politiques? Non. Ont-ils été de bons citoyens? Non. S'ils avaient été politiques, ils auraient accepté près d'eux des hommes qui les acceptaient sans arrière pensée; s'ils avaient été bons citoyens, ils auraient été fiers d'envoyer à l'ennemi des hommes qui pouvaient le combattre avec l'avantage que donne le génie, car les Vendéens furent les premiers tirailleurs de France.

« Ne devaient-ils point aussi nous donner à tous l'exemple de l'obéissance aux chefs reconnus de tous, à ceux qui les avaient nommés préfets? Nous ne demandions qu'à marcher à l'ennemi, nous équipant, nous armant nous-mêmes, et nous avons été repoussés, qui le croira?

« Nous ne sommes donc pas les enfants de la France? Nous n'aimons donc pas notre patrie?

« Nous repoussons, avec toute l'énergie dont nous sommes capables, de semblables accusations.

« Dans la position qui m'est faite, je viens demander au gouvernement de la défense nationale s'il m'accepte avec mes volontaires ou s'il nous repousse. — Je dois le savoir.

« S'il m'accepte :

« 1° Je dois trouver un lieu où réunir mes hommes;

« 2° Je demande à l'Etat qu'il me fournisse des armes, qui devenant plus chères et plus rares, me seraient difficiles à trouver aujourd'hui, après le temps et les occasions perdues;

« 3° Je demande à ce que mes volontaires puissent, comme avant le décret (qui ne peut m'atteindre, puisque j'existais avant lui), sortir de tous les rangs, non compris dans l'armée active lors de ma nomination.

« S'il me repousse, je proteste de toutes mes forces contre cette loi d'exception, faite sans droit contre nous, par le gouvernement de tous et pour tous.

« A dix-huit ans, je menais, comme capitaine, une compagnie de braves tirailleurs à la victoire.

« A moins de vingt ans, j'étais nommé capitaine dans une armée régulière, sur le champ de bataille.

« Je voulais tenter cette fois encore le sort des combats.

« Si cette faveur m'est refusée, je redeviendrai homme politique. Dans ces temps d'épreuve, on doit à son pays son intelligence et son sang.

« J'attends avec impatience, messieurs les Membres du gouvernement de la défense nationale, une réponse à ma demande.

« Je suis, etc.,

« HENRI DE CATHELINEAU.

« Tours, 6 octobre 1870. »

La réponse verbale fut, comme toujours, que le gouvernement m'accueillait avec mes volontaires.

Pendant ce temps, Charette était arrivé de Marseille à Tours, d'où on lui avait écrit de venir prendre des ordres avant de licencier ses zouaves. Je le vis, et lui demandai où il pensait se réunir pour les reformer. Il choisit Poitiers comme étant plus près du Midi, où il avait laissé son corps, et comme dans ce temps rien n'était facile pour certains hommes, il alla le former au Mans; quant à moi, je partis pour Amboise, où je fus accueilli à bras ouverts, d'abord par le préfet de Tours, ensuite par le maire d'Amboise, qui, je suis heureux de le dire ici, eut pour nous toutes les attentions, et nous donna toutes les marques de sympathies. Je crois que lui aussi était républicain, mais républicain comme je le comprends, aimant son pays par-dessus tout, et avant tout; détestant l'ennemi qui l'envahissait, désireux de profiter des plus faibles moyens pour le repousser. C'est un homme sage, qui remettait à plus tard l'examen du mode de gouvernement qui conviendrait à la France. Je l'estime beaucoup, et j'aurais voulu le connaître assez pour mériter son amitié, car il est, je le répète, de ces républicains comme je voudrais en voir la France peuplée.

Je n'aurais alors pour mon pays aucune inquiétude, et aujourd'hui que la guerre est terminée et que nous avons à nous occuper de savoir qui nous gouvernera, je serais tranquille et rassuré au sujet de notre malheureuse patrie, dont tout bon citoyen doit désirer, avant la satisfaction de son opinion personnelle, la délivrance et la grandeur.

Le château d'Amboise nous fut abandonné. Qui ne connaît la magnifique position de ce château? Qui ne connaît son histoire? Le séjour qu'y fit Abd-el-Kader et les dispositions qu'on avait prises pour le recevoir en avaient complétement changé la distribution. Depuis le départ de l'émir, des fonds avaient été votés pour sa complète réparation; les démolitions d'intérieur étaient déjà commencées, mais la déclaration de cette guerre si malheureuse était venue tout arrêter. Des soldats ne pouvaient donc rien altérer, rien salir; les salles étaient grandes, rien n'était plus convenable à la réunion de volontaires.

Je fus rejoint presque aussitôt par environ trois cents hommes. Déjà s'était inscrit M. Queyriaux, qui, le premier, avait répondu à mon appel. Il était neveu du fidèle compagnon de la veuve de Lescure, marquise de la Rochejacquelein, qui avait fait toutes les guerres de Vendée avec une grande bravoure. Stofflet s'était engagé aussi en m'écrivant une lettre, qui fut perdue comme tant d'autres pendant la campagne.

A Angers, j'avais vu MM. de Puységur et de Formon, dont j'aurai l'occasion de parler plus tard, et j'avais enrôlé plusieurs autres jeunes gens. Un petit bureau y était tenu provisoirement par les deux jeunes volontaires Rondeau et Dambricourt.

A Tours, j'avais rencontré quelques braves jeunes gens de Blois : Lenail, Chauvin, Tardiveau, Lecesne.

Je m'occupai immédiatement de former des bureaux, d'enrôler les hommes par compagnies et de choisir parmi les nouveaux arrivés ceux qui pouvaient former les cadres.

Ces nouvelles organisations offrent d'ordinaire de grandes difficultés. Les hommes capables ne demandent rien; ils sont trop heureux de rester simples volontaires, tandis que ceux qui ne savent rien ont les prétentions les plus exagérées; mais je n'éprouvai pas ces difficultés : tous arrivaient avec l'énergie du dévouement et de la bonne volonté. L'organisation fut donc facile; nous avions trouvé, cantonné à Amboise, le 3e bataillon de la mobile de la Dordogne, commandant Marty. M. Marty, ancien militaire, connaissait parfaitement son métier et joignait à un grand esprit de discipline une bonté toute paternelle pour ses hommes, aussi était-il aimé et des officiers et des soldats.

Dès le premier jour, les meilleurs rapports s'établirent entre les deux corps, à tel point que, lorsque ce bataillon partit pour Blois, quelques jours après notre arrivée, nous regardions ce départ comme un vrai malheur, et nous faisions les uns et les autres des vœux pour nous retrouver ensemble devant l'ennemi.

Cinq jours s'étaient à peine écoulés que je fus mandé à Blois par le général Pourcet. Ce général me faisait venir sur un ordre qu'il avait reçu du général de Tours, exprimant le désir que je fusse envoyé pour visiter les avant-postes, sur l'une et l'autre rive de la Loire, et voir par moi-même de quel côté je pensais pouvoir être le plus utile.

Le général m'accueillit avec une grande bonté; il me fit connaître ses projets et me donna une lettre d'introduction auprès des différents chefs que j'avais à voir et à consulter.

Je me rendis d'abord près du général de cavalerie Tripard, commandant une brigade, dont les avant-postes étaient en vue de l'ennemi; quand j'arrivai, le général était à cheval, des bataillons d'infanterie étaient développés en tirailleurs et attendaient l'ennemi qui s'était montré venant de Beaugency sur la ligne du chemin de fer.

Quelle bonne fortune! Après tant d'épreuves j'allais enfin voir l'ennemi de près, et le moment approchait où nous allions entrer en ligne. Les ordres les plus sévères avaient été donnés de ne point attaquer; les Prussiens se retirèrent. Le général, qui rentrait de sa ronde, donna l'ordre de faire manger hommes et chevaux. C'était fini pour la journée.

Qui connaît les habitudes des Prussiens, sait que tous les jours, presque à la même heure, ils apparaissent, font une démonstration, et s'ils vous trouvent en force et prêts, ils se retirent.

Le général Tripard me parut encore jeune et actif; il souffrait de rester sur la défensive. En partant de Blois, j'étais monté dans un wagon avec une personne qui m'était inconnue, mais qui, à son langage moitié réservé, moitié sentencieux, me parut tenir au gouvernement. Je ne me trompais pas; mon compagnon aborda le général en même temps que moi, en lui faisant connaître qu'il était envoyé vers lui par le gouvernement; le général s'excusa auprès de moi, me pria d'attendre quelques instants qu'il eut expédié ce délégué; ce ne fut pas long. Je lui présentai une lettre du général Pourcet qui lui expliquait ma mission; la confiance s'établit aussitôt de part et d'autre. Il était près de midi, le général n'avait pas déjeuné; il me pria de partager son repas, pendant lequel il m'expliqua sa position et celle de l'ennemi. Je lui dis de mon côté ce que je comptais faire, les services que j'espérais pouvoir rendre avec mes volontaires qui, peu nombreux encore, me semblaient devoir être très-dévoués et très-actifs; je lui parlai surtout de l'espérance que je fondais sur mes éclaireurs à cheval qui, tous anciens chasseurs, parfaitement montés sur des chevaux de sang, joignaient au courage et à l'activité la connaissance du pays et des forêts, et de presque tous les sentiers. Nous étions près de Chambord, et plusieurs d'entre eux y avaient chassé souvent; les bois de la Sologne leur étaient aussi familiers. Sur la rive gauche de la Loire l'ennemi était près de Saint-Laurent-des-Eaux. Le général, qui m'avait reçu en vrai camarade, me donna une lettre pour la division de Blois, par laquelle il me demandait pour l'éclairer sur la rive gauche, qui nous était la plus connue. La sympathie semblait établie, et je désirais me tenir près du général Tripart.

Telles étaient mes pensées, lorsque je revis le délégué qui, ayant terminé son déjeuner à l'hôtel, vint m'annoncer que, si je voulais profiter de sa locomotive, elle allait le remmener et partir immédiatement. Je pris congé du général en lui disant, de tout cœur, un : au revoir ! que je désirais aussi prompt que possible.

La route fut bientôt parcourue, nous allions en poste, comme l'on disait autrefois; M. le délégué ne m'avait rien confié, je n'ai rien à en dire.

J'allai rendre compte de ma mission au général Pourcet; je désirais vivement qu'elle fut terminée, car je n'avais passé que quelques jours à Amboise, les volontaires y arrivaient en assez grand nombre, et j'étais inquiet de ce qui s'y passait. D'ailleurs, quand on a tout à créer, il y a beaucoup à faire : que de détails, que d'ennuis, mais aussi que de jouissance! Les instructions du général à mon sujet étaient positives: je devais aller trouver le général Barry, qui commandait à Vendôme; je partis donc muni de nouvelles lettres, après avoir fait mon rapport sur ma course en avant de Blois vers Beaugency.

Il était tard quand j'arrivai à Vendôme; le général Barry était logé à la sous-préfecture; je lui exposai le but de ma visite, nous causâmes de toutes choses concernant ma mission, et le général me remit au lendemain matin pour la réponse à envoyer au chef de corps à Blois. M. le sous-préfet était jeune et très-zélé, il voulut me reconduire en me racontant toutes les mesures qu'il avait prises dans son arrondissement; il me montra quelques obusiers dont il s'était muni, je crois, pour la défense des montagnes qui entourent Vendôme.

Le matin, de bonne heure, je fis une tournée

dans les environs de la ville, et je vis partout le feu des camps.

Une grande quantité de troupes étaient admirablement disposées sur toutes les collines, et, pour le moment, je ne supposais pas que les Prussiens, toujours parfaitement informés, vinssent attaquer Vendôme; mais en avant à la gauche de Beaugency, si nous tenions une bonne position, la forêt de Marchenoir, ses derrières me semblaient complétement dégarnis, car la plaine, assez spacieuse, qui existe entre Blois et Vendôme, pouvait tenter l'ennemi, dont les projets semblaient être d'arriver à Tours, pour forcer la délégation à s'en éloigner. Je retournai à Blois avec une demande du général Barry à mon égard.

J'étais prêt à obéir, et je cherchais à me tenir dans un état complet d'indifférence au sujet du lieu où je devais être envoyé, par cette raison que l'avenir m'était inconnu et sur les mouvements de l'ennemi et sur la résistance que pouvaient opposer nos troupes qui, toutes nouvelles, n'avaient guère du soldat que l'habit et le nom.

Quand on accepte une mission comme celle qu'on m'offrait, il faut mettre sa responsabilité à l'abri sous la cuirasse de l'obéissance qui fortifie et rend invulnérables et le corps et l'âme.

En effet, j'allais être chargé de marcher en avant, d'éclairer l'armée sur tous les mouvements de l'ennemi ; quelle grave responsabilité ! Toujours aux avant-postes, mes volontaires allaient être très-exposés ; ils pouvaient être cernés, écrasés. C'était un beau rôle pour chaque soldat, un rôle terrible pour le chef, s'il en choisissait le théâtre.

Avec un ordre tout était changé : pour moi je devenais le premier soldat, j'accomplissais un devoir facile, entouré comme j'allais l'être d'amis dévoués, aussi braves qu'intelligents, réclamant comme moi la protection de Dieu qui nous la devait tout entière.

Tout aussi hardi que qui que ce soit, je n'ai jamais pu comprendre ni expliquer la conduite de ces hommes qui, dans les temps difficiles, briguent le pouvoir sans s'occuper de la responsabilité qu'ils assument : que dirais-je donc de ceux qui s'imposent?

Le général Pourcet écoute, regarde, consulte sa carte tranquillement ; il n'a rien de cette brusquerie qu'affectent certains généraux, ce qui, à mon avis, leur fait perdre le plus grand des avantages, la confiance de ceux qu'ils commandent! Le calme et le sang-froid sont les premières qualités d'un chef. Je racontai tout ce que je savais : l'ennemi pouvait s'avancer sur Blois par la rive gauche, en passant à droite de Chambord, et, dans ce cas, il pouvait négliger Blois et arriver jusqu'à Tours en attaquant en même temps sur la rive droite, de manière à occuper nos troupes et les empêcher de tourner l'armée ennemie; il y avait donc nécessité de se rapprocher d'Orléans, afin d'étudier les mouvements.

Un point faible existait aussi sur la rive droite, celui que j'ai déjà indiqué, derrière la forêt de Marchenoir; mais il fallait prendre la forêt, qui pouvait tenir assez de temps pour permettre aux troupes de Vendôme et de Blois de faire leur jonction et d'arrêter l'ennemi. Toutefois, le point vraiment faible et qui devait nous être fatal, était celui de Chartres.

Le général décida que j'irais sur la rive droite de la Loire prendre position en avant des troupes commandées par le général Barry, avec lequel je devais correspondre journellement pour lui rendre compte des mouvements de l'ennemi, ce qui ne devait pas m'empêcher de l'avertir directement lui-même de tout ce qui pouvait se passer.

Il n'y avait que huit jours que les enrôlements étaient commencés à Amboise, et, d'après les rapports qui m'étaient parvenus, je ne pouvais compter pour le moment que sur trois cents hommes.

Quelque pénible qu'il fut pour moi d'interrompre le recrutement dès son principe et de partir avec de jeunes volontaires qui savaient à peine se servir de leurs armes, je consentis à tout ce que l'on me demandait.

Il fut décidé que la colonne mobile que je commanderais serait composée de 1,700 à 2,000 hommes, et que je choisirais un bataillon de mobiles. Mon choix était fait d'avance; je désignai le 3e bataillon de la Dordogne; je vis le commandant et les officiers; le général Pourcet prévint le ministre de la guerre, et, sur sa réponse, le général m'adressa la dépêche suivante :

De Blois à Amboise, le 21 octobre 1870,
à quatre heures du soir.

Au commandant Cathelineau (château Amboise).

« Le ministre consent à ce que je vous donne le bataillon de mobiles pour agir sous vos ordres; il vous en prévient directement; je compte vous voir ce soir. »

Je fus en effet avisé de Tours, par une dépêche semblable à celle que je viens de relater.

Le rendez-vous avait été fixé à Amboise pour le lundi 11 octobre; j'en étais parti le 16 et j'y rentrais le 19; mais déjà m'étaient arrivés de bons amis aussi capables que dévoués, et qui pouvaient avantageusement me remplacer. En première ligne, je dois citer MM. Léopold de Puységur et

Henri de Formon, son beau-frère, de Joannis, du Chateau, Lenail, de Griffolet, et beaucoup d'autres dont je donnerai plus loin les noms.

En rentrant à Amboise, le 19, j'avais trouvé le château très-habité; mes enfants s'étaient augmentés ; je dis mes enfants, car nous allions devenir une véritable famille par l'union la plus intime qui n'a cessé de régner parmi nous depuis le premier jour jusqu'au dernier.

Je fus étonné de voir comment chacun s'était mis à son affaire ; l'exercice se faisait passablement; les hommes étaient pleins de bonne volonté; les officiers commandaient très-bien; j'étais plein d'espoir. Je ne savais pas ce que nous pourrions faire contre l'ennemi, mais j'étais certain que chacun ferait son devoir.

Le règlement du corps de la Vendée était le règlement ordinaire de l'armée pour tout ce qui est militaire. A l'appel du matin, l'aumônier, qui y assistait, récitait à haute voix un *Pater* et un *Ave*, ainsi que les actes de Foi, d'Espérance, de Charité et de Contrition. Cette prière se répétait le soir au même exercice; chaque dimanche ou fête obligatoire, les Vendéens assistaient à la messe, souvent dite dans le camp au milieu des bois. Le corps seul de la Vendée remplit ces actes de piété pendant toute la campagne.

Ce fut à l'église d'Amboise, le dimanche 17 octobre, que fut dite la première messe; les habitants furent étonnés de voir des hommes en armes se rendre à l'église; toutefois, je dois le dire, la population de cette charmante petite ville, qui nous était très favorable, fut loin de critiquer cet acte de religion que la plus saine partie des habitants regardait avec espoir et bonheur, considérant que Dieu seul pouvait nous sauver des malheurs qui nous avaient atteints et de ceux plus grands encore dont nous étions menacés.

Tout s'organisait, l'intendance aussi bien que l'ambulance, car je voulais que le corps pût se suffire à lui-même; madame de Cathelineau, ma femme, organisait notre ambulance déjà depuis la fin de septembre.

Après avoir confié ses enfants à sa mère, elle s'était rendue à Angers, près de l'évêque de cette ville; monseigneur Freppel, que nous retrouvions partout aussi dévoué que généreux, s'était chargé des malades que nous pourrions lui envoyer; dans ce but, il avait donné mission à monsieur le chanoine Lamoureux de recueillir les dons, et c'est avec lui que notre ambulance et le corps lui-même eurent tous les rapports qui nous liaient si naturellement aux provinces de l'Ouest, où le dévouement est à la hauteur de la foi qui l'inspire.

M. Lamoureux est très-connu par la *Semaine religieuse*, qu'il rédige à Angers, avec autant de talent que de cœur ; sa foi égale sa confiance en Dieu, aussi défend-il avec une égale ardeur et l'Eglise et la France. Depuis des années, il envoyait à Notre Saint-Père de braves soldats; les jeunes gens du pays le connaissent et l'estiment: aussi, dans cette guerre, n'a-t-il cessé de diriger vers Charette et moi d'excellents volontaires.

Les nobles et les prêtres, voilà, dit-on, les ennemis de la France! voilà les ennemis du peuple! Telles étaient, à cette époque de désolation, les idées que certains journaux voulaient et veulent encore inspirer aux populations affolées. Qui donc, dans cette dernière guerre, a soigné nos blessés? Qui donc a nourri nos pauvres? N'a-t-on pas vu les évêques et leur clergé, la nuit comme le jour, au chevet des malades et des mourants? Ces fourneaux à bouillon, qui ont ravi à la mort tant de malheureux, qui les a inventés, qui les remplissait chaque jour pour vous rendre à la vie?

Quant aux nobles, jeunes et vieux, je les vois courir à l'ennemi, et le vieux sang, si faussement accusé, est encore le sang généreux. C'est lui qui coulera pour laver la France de la honte et du déshonneur. Mais les accusateurs, que sont-ils devenus? Etaient-ils dans nos rangs? Non! Ils se réservaient pour porter en tout lieu, avec l'esprit de révolte, le carnage et l'incendie. De quel côté sont vos amis, ouvriers des villes? Écoutez le prêtre qui vous enseigne la vertu, et vous assiste dans vos épreuves, là seulement, vous trouverez le bonheur. — Assez d'erreurs et beaucoup trop de malheurs!

La ville d'Orléans avait été envahie, nos troupes s'étaient retirées devant l'ennemi, la retraite n'avait été soutenue que par une poignée de braves. Là, commencent à se montrer les zouaves de Charette. Trois petites compagnies de ce corps étaient envoyées dans les Vosges; passant près d'Orléans, le général de la Motterouge les retient, et la France apprend que ces soldats, ces *mercenaires* du Pape se sont battus comme des lions. Parmi eux se trouvaient les frères, les amis de nos volontaires, aussi l'impatience gagna-t-elle nos rangs. Chacun voulait partir, nous étions tous d'accord, le gouvernement me pressait, le général nous appelait; moi seul je voulais attendre, sachant combien il serait difficile aux volontaires annoncés de nous rejoindre aux avant-postes; mais il fallut obéir!

Parmi les nouveaux arrivés, se trouvaient des hommes faits et de tout jeunes gens; on voyait le père à côté de son fils, tous dans les rangs. Un jour, je voulus nommer officier un volontaire qui s'était fait remarquer dès son arrivée. Non, me répondit-il, non, je vous en prie, je suis avec mon fils, il n'a que quinze ans, nous ne nous séparerons, si vous le permettez, que lorsqu'il aura mérité lui-même de sortir des rangs! — Ils en sont sortis l'un et l'autre; M. de Salmon de Loiray fut appelé au commandement de la compagnie d'élite, et son fils mérita, malgré son jeune âge, d'entrer dans les éclaireurs à cheval.

Avant de quitter Amboise, ce que je fus obligé de faire très-brusquement, je dois adresser de nouveaux remerciements aux autorités et aux habitants de cette ville. Celui qui n'a pas souffert ne connaît pas la jouissance : qu'elle fut grande celle que j'éprouvai lorsque je descendis du château, à la tête du petit nombre de braves que j'avais pu réunir pour marcher à l'ennemi! j'oubliai les tracasseries, les ennuis de toutes sortes; je n'avais qu'un unique regret, c'était de laisser derrière moi tant de bons amis et d'hommes dévoués, qui n'avaient pas eu le temps de nous rejoindre.

Voici quelle était l'organisation du corps lors de notre départ d'Amboise :

HENRI DE CATHELINEAU, commandant du corps.

État-Major

DE PUYSÉGUR (Léopold), capitaine.
DE FORMON (Henri), lieutenant.
ROUZEAU (Firmin), secrétaire.

BABAULT (Charles), médecin-major, dirigeant le service de l'ambulance et du corps.

THIBAUDEAU (Charles), aide-major, } marchant toujours
GENUIT (Marcel), id. } avec la colonne.
ROBIN, id. attaché à l'ambulance.

VANDANGEON, aumônier. — R. P. MARIE (Augustin), ambulance.

LE TORT, GÉRAUD et PRÉTOT, aumôniers-prêtres.

LENAIL (Ernest), sous-lieutenant. } Vivres.
DE GRIFFOLET (Ernest), sergent-fourrier. } Habillement. Armement.

DU MARACHE (Joseph), sergent-major, chargé de la caisse.
RONDEAU (Paul), sergent-major-vaguemestre.

1re Compagnie

Capitaine. — QUEYRIAUX (Frank).
Lieutenant. — DE CURZON (André).
Sous-lieutenant. — DE JOANNIS (Elzéar).
Sergent-major. — LEFEBVRE (Gustave).
Sergents. — JOANNETON (Alphonse). — DE SALMON DE LOIRAY.

Sergent-fourrier. — D'ANJOY (André).

Caporaux. — DE LOIRAY (Georges). — PÉTÉTIN (Jules). — DE CATHELINEAU (Henri). — D'AUBIGNY (Charles). — NUPIED (Louis). — SOULARD (Emile). — DE FONTENAY. — QUEULAIN.

2e Compagnie

Lieutenant commandant la compagnie. — DE ROUZIERS DU RUZ.

Sous-lieutenant. — DE RESSY (François-Edmond).

Sergent-major. — TROUETTE.

Sergents. — LAUNAY (Alfred). — LAUNAY (Auguste). — DUPUY (Charles). — DE BELLEVUE.

Sergent-fourrier. — THIERRY.

Caporaux. — O'MAHONY (Maurice). — GUERRY-DAVID. — BÉNARD. — GARNEREAU. — DELPONT. — DE DREUX-BRÉZÉ (Edouard). — AUBRY. — GENDRONNEAU.

3e Compagnie

Capitaine. — DE CACQUERAY (Gaston).

Lieutenant. — LE HENAFF (Paul).

Sous-lieutenant. — DE VINZELLE (Georges).

Sergent major. — KOCK (Eugène).

Sergents. — FAVREAU (Théodore). — CHAUVIN (Oscar). — TARDIVEAU (Henri). — GERMEAU.

Sergent-fourrier. — SUAIS.

Caporaux. — LESCOT (Emmanuel). — ROBIN. — LECESNE.

Éclaireurs à cheval

Capitaine. — AUGUIS (Sincère).

Sous-lieutenants. — DE LA ROCHE (Raphaël). — BAILAC (Firmin). — DUFFOUR (André). — PASQUET DE LAURIÈRE (Gustave). — DE SAVATTE. — DE KERMEL (Olivier). — DUMAS (Henri). — DE LUSTRAC (Henri).

Nous venions d'entrer en wagon, lorsqu'on vint

me prévenir qu'un volontaire imprudent venait d'être blessé par son propre revolver; mais la blessure qu'il avait reçue à l'épaule n'avait aucune gravité; ce ne fut qu'un accident, heureux même, car il prévint des malheurs plus grands en faisant comprendre tout le danger des armes chargées inutilement.

Nous arrivâmes bientôt à Blois; nos logements avaient été préparés au petit séminaire de Saint-Joseph, car dans cette ville, comme dans toutes, les communautés et les établissements publics étaient offerts avec le plus grand empressement par ceux qui les dirigeaient. Les matelas étaient prêts, la viande cuite, le vin tiré, tout allait à merveille. Quelques jeunes gens s'engagèrent à Blois; ils y furent habillés et dès le lendemain ils suivaient la colonne.

Je reçus dans cette ville la lettre suivante, à laquelle je répondis et fis le meilleur accueil :

« Roanne, le 25 octobre 1870.

« Monsieur et cher commandant,

« Ma compagnie est armée, équipée et prête à partir pour vous rejoindre : je pars avec mes hommes demain mercredi, à huit heures du soir, de manière à arriver à Amboise jeudi soir, 27 octobre.

« Nous serons tous heureux, mon cher commandant, de marcher sous votre bannière.

« Veuillez agréer, je vous prie, mon commandant, la nouvelle assurance de ma bien affectueuse considération.

« COMTE DE PONS,
« Capitaine commandant les francs-tireurs Roannais. »

Nous arrivions à Blois avec injonction de nous rendre, par Vendôme, aux avant-postes de l'armée du général Barry. Mais là tout fut changé : le ministre, après avoir pris connaissance de mes deux rapports, me donnait l'ordre de me rendre aux avant-postes sur la rive gauche de la Loire; le général en chef établit ma position, et comme dans la situation où nous allions nous trouver en avant de l'armée nous serions souvent séparés d'elle et sans moyens de communication, il me donna tous les pouvoirs nécessaires et tout droit de réquisition par la pièce que je reproduis ici :

16e Corps d'armée
ÉTAT-MAJOR GÉNÉRAL

« Du quartier général de Blois,
le 25 octobre 1870.

RÉQUISITIONS

« En raison de la mission qui est confiée à

M. de Cathelineau, le général commandant en chef le 16e corps d'armée lui délègue les pouvoirs de faire toutes les réquisitions dont ses troupes auront besoin, dans les lieux de la rive gauche de la Loire qu'il lui est prescrit d'occuper, ainsi que dans tous ceux où les événements l'amèneraient à se porter.

« Le général commandant le 16e corps d'armée,

« A. POURCET. »

Nommé commandant du corps, je ne relevais directement que du ministre de la guerre et du général en chef, qui m'indiquaient la mission que j'avais à remplir, me laissant le soin d'agir dans toutes les circonstances comme bon me semblerait. Je devais me tenir en communication avec les corps voisins et envoyer des rapports sur les mouvements de l'ennemi, que nous devions surveiller.

Quel beau rôle que le nôtre, dont je me serais souvent félicité, s'il ne m'avait imposé une aussi lourde responsabilité !

J'avais revu mes bons amis de la Dordogne, qui nous attendaient avec impatience, et que le changement d'ordre de départ avait déjà émus par la crainte qu'ils avaient de nous voir séparés.

J'avais consulté mes cartes; nous ne pouvions partir avant midi, et l'étape naturelle était Chambord ; cette habitation est si belle, elle rappelait à beaucoup d'entre nous tant de souvenirs du passé, que chacun eût été heureux de s'y rendre pour s'inspirer de l'amour et de la vraie gloire de la France; mais dans ces temps difficiles, il fallait veiller à tout. J'envoyai mon cher ami, Léopold de Puységur, mon chef d'état-major et mon second moi-même, près du général Pourcet, pour lui demander s'il ne voyait pas d'inconvénient à ce que nous allassions coucher à Chambord, et, dans ce cas, je réclamai un ordre écrit. Le général, homme prudent et sage, répondit qu'il valait mieux prendre une autre route. Qu'on vienne donc encore nous dire que nous n'avons pas le véritable amour du pays, cet amour qui s'impose tous les sacrifices ! En effet, qui ne sait que ces petites choses coûtent souvent plus au cœur du soldat que le danger qu'il est fier de rencontrer ?

La direction de Chambord fut changée pour celle de Saint-Dié qui fut notre première étape. Cette petite ville était en émoi, l'ennemi venait d'attaquer Saint-Laurent-des-Eaux ; de l'artillerie, des bataillons, traversant le pont de Mer, remontaient la Loire sur la rive gauche.

Les hommes avaient marché vite, mais il n'était pas assez tard pour ne pas doubler l'étape. J'envoyai donc en avant deux de mes éclaireurs pour savoir ce qui se passait. Je me hâtai de faire manger les hommes, afin d'être prêt à marcher au premier signal. Après avoir pris ces dispositions, je montai à cheval et je me portai en avant vers Saint-Laurent-des-Eaux; je vis les troupes rentrer à leurs quartiers; l'ennemi s'était retiré. Le lendemain, de bonne heure, 27 octobre, nous nous mettions en marche pour occuper les positions en avant de Saint-Laurent-des-Eaux, laissant chez le maire de Saint-Dié, et confié à sa garde nationale, notre supplément de cartouches et de fusils.

J'avais rencontré à Saint-Laurent-des-Eaux un brave commandant de chasseurs à pied, le commandant La Brune, qui, dans plusieurs affaires, s'était admirablement conduit; il marchait de concert avec la garde nationale du pays, parfaitement commandée et se gardant très-bien, ce qui était malheureusement très-rare et ce que nous ne devions pas retrouver souvent dans l'avenir.

Ce fut la veille que je fis la connaissance de M. Caillard, capitaine de la garde nationale de Saint-Laurent-des-Eaux, qui se mit à notre entière disposition pour nous donner tous les renseignements sur le pays, qui était le sien, et sur les habitudes et les manœuvres des Prussiens dans ces parages.

Le commandant La Brune avait je ne sais quoi qui inspire la confiance à première vue; ses hommes lui étaient attachés et avaient la réputation de se bien battre. Nous allions le relever aux avant-postes, mais il devait rester à Saint-Laurent avec un escadron.

Nous entendre et nous comprendre fut l'affaire d'un instant. Pendant ce temps mon petit corps avait formé les faisceaux des deux côtés de la route d'Orléans à Blois par la rive gauche; les jeunes volontaires faisaient leur apprentissage de l'organisation des feux, de la pose des marmites, etc. Qu'il était beau de voir ces jeunes gens élevés à la brochette, dont bon nombre avaient plus de milliers de livres de rente que d'années, mordre à belles dents dans la viande cuite en plein air sur des charbons rouges! C'étaient les plus gais et presque toujours les plus habiles à la cuisine.

Pendant que je faisais cette visite, des ordres arrivaient à Saint-Laurent et changeaient toutes les dispositions. Le commandant La Brune avait l'ordre de partir; le capitaine Caillard en avait été prévenu; il vint me le dire avec un désespoir qui faisait l'éloge de ces deux hommes si bien faits pour se comprendre et s'estimer. Je ne pus rien comprendre à cette nouvelle disposition. Comment! l'ennemi menaçait fortement cette position où il apparaissait tous les jours; la veille on avait envoyé des renforts considérables en artillerie, infanterie, cavalerie, et aujourd'hui on rappelait le seul bataillon qui connût le pays et l'ennemi que nous avions à combattre. J'envoyai immédiatement un exprès au général en demandant que ce changement ne fût pas fait, et je partis pour prendre position en avant de Saint-Laurent, dans un petit bois qu'on appelait le coupe-gorge de Moque-Baril; il était tard quand nous arrivâmes, et je ne crus pouvoir rien faire de mieux que de prendre les campements qu'avaient occupés les troupes qui gardaient la position avant moi.

D'après les renseignements qu'on m'avait transmis, l'ennemi pouvait se présenter de trois côtés: en avant, par la route d'Orléans au village de Lailly, qui avait été si malheureusement incendié quelques jours avant notre arrivée; sur notre gauche, par Beaugency, dont le pont était coupé, il est vrai, mais les eaux étaient si basses dans la Loire, qu'il suffisait de peu de temps en bateau pour passer un nombre d'hommes suffisant pour nous inquiéter; et enfin, sur notre droite, par les bois et la route qui conduisait à la Ferté-Saint-Cyr.

Je plaçai mes postes et grand'gardes en avant, sur les côtés, et même en arrière de ma position, qui me semblait, d'après tous les rapports que j'avais reçus, pouvoir être tournée facilement.

Je n'aime pas l'inconnu, aussi avais-je visité

tous les postes, recommandé la plus grande surveillance, et je ne m'étais retiré que fort tard. Il pleuvait à torrents depuis midi, j'étais fort peu disposé au sommeil, cependant je me couchai sur une botte de paille, à l'abri de quelques branches ; bientôt les feux s'éteignirent, et le silence se fit.

Un poste était placé près de la grand'route qui traversait le camp, à 500 mètres en avant; il était confié à mes volontaires. Ceux-ci n'avaient jamais vu l'ennemi ; trois ou quatre fois on me prévint par la ronde qu'on entendait toute espèce de bruits ; je savais que, la nuit, l'imagination jouait un certain rôle sur les jeunes gens ; je n'étais pas inquiet : puis, en somme, toutes ces préoccupations me montraient qu'on faisait bonne garde. Vers quatre heures du matin, j'entendis une détonation sur la grand'route ; c'étaient, me disait-on, des individus qui, au cri de : Qui vive? s'étaient enfuis sans répondre et sur lesquels on avait tiré ; on avait même entendu parler allemand, etc.

J'ai du plaisir à raconter toutes ces inquiétudes et préoccupations de mes chers volontaires que, dans quelque temps, nous allons trouver si calmes en face de l'ennemi.

Toutefois, j'attendais le jour avec une grande impatience, afin de juger par moi-même la position, qui ne me paraissait pas très-sûre. A la première heure, on y voyait à peine, je me rendis au poste du Moulin; j'aperçus un cheval blanc étendu à terre, et la jeune sentinelle me raconta qu'on entendait toujours des bruits, des sifflements aigus; j'écoutai attentivement et n'entendis que des perdrix chanter; je fis venir le chef de poste, vieux soldat, qui me confirma les rapports de ses jeunes camarades.

Voici l'histoire : Le domestique de M. Caillard rentrait avec une voiture attelée de deux chevaux, dont le premier était blanc, c'était la victime.

Ce charretier était sourd ou peureux; au bruit de la voiture et des chevaux, bruit peu marqué, le tout marchant sur le bas-côté de la route, la sentinelle cria : Qui vive? personne ne répondit; elle avait pour consigne de tirer après trois appels, elle tira et tua le cheval, qui n'avait rien de prussien. C'était le cheval de notre brave ami, encore ne nous servit-il à rien, car nous n'avions pas encore l'habitude de manger du cheval, et il eût fourni d'excellents beefsteacks. Tel fut notre premier exploit. La nuit avait été froide et noire et la pluie n'avait pas cessé de tomber.

Les éclaireurs à cheval furent envoyés en avant, sur la route d'Orléans, avec l'ordre de bien surveiller et de ne revenir que lorsqu'ils auraient jugé la position de l'ennemi et qu'ils auraient essuyé quelques coups de feu.

Il pouvait être neuf heures du matin, lorsque, du camp, nous entendîmes les coups de fusil. Les hommes avaient déjeuné. Le poste du moulin s'était replié, selon les ordres qu'il avait reçus, et une forte ligne de tirailleurs fut établie sur la lisière du bois regardant le village de Lailly. Les gardes furent doublées vers Beaugency et la Ferté, et la compagnie resta près de Saint-Laurent, rapprochée du centre des Quatre-Chemins.

A peine ces différents mouvements étaient-ils exécutés, que nous vîmes déboucher en avant de nous des cavaliers prussiens, qui, dès qu'ils furent en vue, s'établirent en vedettes, formant une ligne à peu près parallèle à celle de notre front.

J'ai dit que nous n'avions pu avoir aucune espèce de renseignements précis, ni sur le nombre des ennemis, ni sur leur cantonnement; tout ce que nous savions, c'est qu'on s'était battu plusieurs fois sur les lieux où nous nous trouvions et que la veille encore on avait cru nécessaire d'envoyer des secours en artillerie et en infanterie, que nous avions remplacés. Mes hommes n'avaient jamais vu le feu, mais ils étaient pleins d'entrain; mes éclaireurs s'étaient portés vers la route d'Orléans, que je cherchais à découvrir le plus loin possible, et s'étaient placés en vedette sur mes ailes.

Après avoir pris ces dispositions et avoir rendu compte de ce qui se passait au général Tripart, en le priant de nous soutenir si nous étions trop fortement attaqués, je me rendis aux premières lignes des tirailleurs; elles étaient bien établies et composées de mes volontaires. En passant devant leur front, j'étais à pied et sans armes, je n'avais que ma vieille canne qui ne m'a pas quitté durant toute la campagne.

Mon commandant, me disaient ces chers enfants, prenez des armes ! Voici un excellent revolver, me disait l'un; voici une bonne lame, me disait un officier. Tous tremblaient pour moi, tous voulaient m'armer. Je leur répondais : « Je suis ici pour vous; je ne veux et ne dois penser qu'à vous; à moi de vous conduire, à vous de me défendre. »

Que ces petits mots, échangés au moment du combat, sont puissants sur les hommes ! Cependant, l'ennemi ne faisait aucun mouvement; on ne découvrait rien sur la route d'Orléans, aucuns rapports inquiétants ne m'arrivaient ni de Beaugency ni de la Ferté. Il fallait prendre un parti : je fis remonter sur ma droite deux compagnies qui devaient se glisser sur la lisière du bois et dépasser les lignes ennemies, pour essayer de les tourner sur leur gauche. Notre mouvement fut remarqué par les vedettes ennemies, malgré toutes les précautions prises ; elles commencèrent à s'agiter, à galoper dans tous les sens et enfin à se replier sur Lailly. Tout était fini pour la journée ; les Prussiens, voyant que nous étions prêts, avaient remis l'attaque à un autre jour. La position que nous tenions était mauvaise. C'étaient les seuls bois en avant de Saint-Laurent et il fallait en garder les abords, j'en conviens, mais comment résister dans un bois complétement dominé, quand les arbres sont tellement clairs qu'on voit tout ce qui s'y passe ? en effet, si ces bois étaient en général assez épais, dans beaucoup de parties ils étaient très-clairs. En avant de Lailly, des deux côtés de la route, des sapins élevés et distancés et taille de deux ou trois ans ; la gauche était plus fourrée, mais le terrain de développement pour l'ennemi était à droite.

Non-seulement le bois était dominé, mais il descendait en pente jusqu'au lit d'un ruisseau à sec, regardant une colline sans arbres, dont la crête n'était pas éloignée de la lisière du bois et du ruisseau de plus de trois ou quatre cents mètres ; cette crête était plus élevée que les Quatre-Chemins, notre point culminant ; derrière elle, le terrain recommençait à descendre légèrement, de sorte que l'ennemi pouvait s'établir comme il voulait, sans être ni inquiété ni vu, et arriver bien en ordre en plongeant sur nous.

Comme je l'ai dit, j'avais réclamé les chasseurs à pied qu'on nous avait enlevés : le général me les rendit; je vis aussi le commandant lui-même, qui m'annonça son retour et me remit l'ordre suivant :

« Protégez le village de Lailly contre les incendiaires, et si on l'attaque, défendez-le vigoureusement. Je vous envoie le 3e bataillon de chasseurs à pied, il est parti à huit heures du matin et va vous arriver.

« Allez de l'avant, si l'ennemi commence à attaquer. Nos troupes sont massées ici et aux environs : tenez bon.

« Général TRIPART.

« 28 octobre 1870. »

Tout allait pour le mieux. Moque-Baril devait être occupé par les chasseurs, et moi, j'allais me porter en avant pour protéger le petit village des Trois-Cheminées attenant à Lailly.

La Loire coulait paisiblement à gauche de la route d'Orléans; elle n'était séparée que par une langue de terre variant d'un à trois kilomètres de longueur. Les pluies qui venaient de tomber abondamment avaient grossi le fleuve, nous n'avions donc rien à craindre de ce côté ; tous les ponts étant coupés devant nous, notre gauche était garantie. Une série de bois considérable formait une vaste forêt à notre droite qui commençait aux bords du Loiret, s'étendait dans la Sologne pour redescendre jusqu'en face de Blois et de l'autre côté de Chambord.

En guerre, un bois reste presque toujours à celui qui l'occupe le premier ; en effet, il peut s'y fortifier, attendre l'ennemi sans être vu, apparaître et disparaître selon les besoins ; l'attaque et la retraite sont également faciles.

Aussitôt rassuré sur les intentions de l'ennemi pour la journée, j'avais envoyé, et à cheval et à pied, fouiller les bois ; les rapports me firent connaître qu'ils n'étaient point encore occupés par les Prussiens, qui n'y faisaient que quelques apparitions momentanées et toujours par les grands chemins, les éclaircies ou les villages. Mon plan fut bien vite arrêté.

Le commandant La Brune, avec ses chasseurs, devait occuper les bois de Moque-Baril que nous allions quitter ; cette position dangereuse et peu sûre au début reprenait une grande importance lorsque l'ennemi ne pouvait plus s'établir en avant de Lailly, notre résistance pouvant s'organiser avec avantage sur le point culminant et vers Saint-Laurent-des-Eaux.

Notre ambulance arriva vers deux heures de l'après-midi, avec quelques malades et les voitures; je la dirigeai sur la Ferté-Saint-Cyr qui, contrairement à ce qui m'avait été dit, ne me semblait pas menacée.

C'était dans cette petite ville que nous avions trouvé les fournisseurs qui devaient nous apporter le pain et la viande et qui, malgré le mauvais état des routes, se sont montrés fort exacts. M. le maire fut toujours à notre disposition et je dois ici l'en remercier.

Une journée est bien courte et bien vite passée, quand il faut résister à l'ennemi, explorer, se battre et changer de cantonnement : nous étions arrivés le 26 au soir; j'ai raconté la journée du 27. Le 28, vers trois heures, aussitôt l'arrivée des chasseurs, après avoir fait éclairer la route d'Orléans jusqu'au delà de Lailly et les bois sur la droite, nous partions à petit bruit, dissimulant autant que possible notre présence. Nous marchions dans les bois parallèlement à la grande route et échelonnés par compagnie, de manière à pouvoir prendre les Prussiens en flanc et en queue s'ils se présentaient à Moque-Baril, en passant par Lailly pour marcher sur Saint-Laurent; les ordres les plus sévères étaient donnés de ne commencer le mouvement qu'après avoir entendu le feu des chasseurs qui devait servir de signal.

Je m'étais avancé jusqu'à la hauteur de Lailly avec mes Vendéens ; le commandant Marty occupait le centre avec 1,700 hommes, espacés par compagnie sur une ligne de 2 à 3 kilomètres. Ces dispositions prises, j'étais tranquille, et j'espérais pouvoir mettre le désordre dans les rangs d'un ennemi qui n'aimait pas les surprises.

Je m'étais, par ces nouvelles dispositions, rapproché d'Orléans. Je me hâtai donc d'y envoyer, afin de savoir quelles étaient les forces de l'ennemi et ses habitudes. Je ne manquai pas, d'ailleurs, d'envoyer au général Tripart les rapports les plus circonstanciés ; malheureusement il ne me reste que quelques pièces de cette époque, et tous les originaux de ces documents ont été perdus avec une malle confiée au chemin de fer et égarée, qui contenait des papiers très-importants, ce que je regrette vivement. Le lendemain, 29, après avoir envoyé des postes en avant de nos positions vers la grand'route d'Orléans, je fis faire un petit mouvement en avant, de manière à pouvoir arriver facilement jusqu'à Orléans dans la même journée; nous n'en étions plus qu'à 23 kilomètres. J'avais trouvé une ferme, un moulin et une petite jeune taille coupée l'année précédente, qui nous offrait tous les avantages d'un véritable campement.

Les Vendéens avaient été équipés à la hâte, ils

avaient trouvé beaucoup de difficultés à se réunir en bien petit nombre encore, et il avait fallu partir ! Nous n'avions pas de tentes, mais quand la patrie souffre, qui de nous pouvait réclamer?

Le bois nous offrait des fagots pour faire des gourbis, les fermes un peu de paille ; un ruisseau limpide coulait au milieu de notre camp, les provisions nous arrivaient régulièrement, nous étions près de l'ennemi : que pouvait-il manquer à nos jeunes volontaires ? Pour moi, je conserverai de ces dix jours, que nous allions y passer, un des plus agréables souvenirs de ma vie ; je n'oublierai jamais ces invitations de mes jeunes amis, soldats qui n'avaient point à offrir, il est vrai, des vins fins ni des mets recherchés, mais quelle gaieté, quel entrain, quelle union ! A côté de nous, nos braves amis de la Dordogne avaient la même organisation sous la tente, et au milieu des bois, ils vivaient dans la même confraternité. Tels étaient les lieux choisis par nous, et la disposition de la colonne mobile que je commandais alors, et qu'on appelait toujours le Corps Vendéen.

Le mouvement tournant que j'avais fait exécuter au bois de Moque-Baril avait inquiété l'ennemi, et depuis deux jours, il n'envoyait que quelques cavaliers en reconnaissance, et encore venaient-ils avec tant de précaution, qu'on avait peine à les voir. Faut-il le dire, à notre honte, des Français de nom, sans en avoir ni le cœur, ni l'esprit, servaient d'espions aux Prussiens, les prévenaient de tous nos mouvements, ce qui rendait notre tâche beaucoup plus difficile. La journée se passa donc sans qu'aucun ennemi vint nous déranger. J'avais laissé le commandant La Brune, avec ses chasseurs, au bois des Quatre-Routes ; nous attendions, mais en vain, qu'il fut attaqué ; nous avions cependant bien arrêté nos plans avec lui et les excellents soldats qu'il commandait, nous nous promettions quelque belle affaire, mais notre espoir fut déçu.

Le général Tripard ayant été changé, le commandant La Brune fut rappelé pour passer sur l'autre rive ; il devait, à la bataille de Coulmiers, se battre comme un lion, à la tête de ses braves, qui furent presque tous anéantis.

Blessé grièvement, il m'écrivit deux mots de la gare de Tours. Je le croyais mort, sa lettre fut donc une grande joie pour moi ; j'espérais et j'avais raison, car j'ai su depuis qu'il était guéri. Ayant eu l'occasion de parler de son mérite au général Chanzy, j'appris qu'il était rentré dans l'armée avec l'avancement qu'il avait si bien mérité. Je regrette de n'avoir ni sa lettre ni la mienne pour les consigner ici.

Le général Rébilliard, pour remplacer les chasseurs à pied, avait envoyé à Moque-Baril un bataillon du 30e de marche; quelque solide qu'il pût être, nous étions désolés de ce changement. Peu nombreux, établis en flèche en avant de l'armée, et à cinq lieues d'elle, la confiance des uns dans les autres doublait notre force; nous regrettions donc bien vivement ces camarades qui étaient devenus nos amis, mais il fallait obéir.

Le 30, nous avions pris un jour de repos, à l'exception de quelques éclaireurs à pied et à cheval, qui étaient allés en reconnaissance. Le 31, ayant été prévenu, la veille au soir, que des cavaliers prussiens devaient se présenter à la Croix-Blanche, hameau au-dessus de Lailly, je résolus de leur tendre un piége.

Un bois taillis assez élevé, très-fourré et entouré de fossés, me semblait très-favorable à l'exécution de mon projet. De ce poste, on avait, au nord, Lailly, à quinze cents mètres; à l'est, une voie charretière très-pratiquée par les cavaliers prussiens et conduisant de Lailly au village de Jouy-le-Pothier.

Du même côté, une plaine triangulaire d'une certaine étendue était bordée par la route d'Orléans et par celle dont je viens de parler. Au midi et à l'ouest, nous étions couverts par des bois et quelques vignes. Tous nos éclaireurs étaient à cheval : leurs chevaux, malgré le travail, étaient vigoureux.

Nous étions partis de bonne heure et chacun avait sa place avant le jour.

Les éclaireurs, commandés par de Puységur, mon chef d'état-major, devaient faire le jeu ; ils avaient l'ordre de s'effacer derrière les maisons de Lailly et d'attendre l'arrivée des Prussiens ; ils devaient essuyer leur feu, puis tourner bride, attirer l'ennemi par un chemin indiqué, puis repasser devant nous. Les fusiliers étaient disposés en tirailleurs et en groupes, à l'est et au nord du bois.

Il était à peu près huit heures du matin, quand nous entendîmes la fusillade et le galop de chevaux se dirigeant vers nous : officiers et soldats commençaient à bien comprendre ce genre de guerre, seul capable, à mon avis, d'intimider et d'arrêter les Prussiens dans les pays boisés.

Tout allait à merveille, lorsque nous vîmes tout à coup les cavaliers ennemis tourner bride, galoper dans tous les sens, reprendre la grande route et s'enfuir à toute vitesse : allaient-ils chercher du secours et revenir en plus grand nombre ? Il fallait attendre. Nous ne pouvions pas avoir été dénoncés, je n'avais fait connaître mon projet à qui que ce fut ; nous avions marché sous bois avant le jour et personne ne nous avait vus.

Vers dix heures, j'envoyai de nouveau des éclaireurs savoir ce qui se passait ; j'appris que l'ennemi s'était rabattu vers Orléans; je n'y pouvais rien comprendre : s'enfuir devant quelques cavaliers, qui, eux, les premiers, avaient battu en retraite, ne pouvait s'expliquer ; j'étais contrarié, inquiet, me demandant qui pouvait nous avoir trahis ainsi, lorsque mes éclaireurs arrivèrent et me donnèrent l'explication de toutes ces manœuvres, inexplicables pour moi.

Voici ce qui était arrivé : après avoir laissé les cavaliers prussiens venir près d'eux, dans le village même, mes éclaireurs avaient déchargé leurs revolvers et commencèrent à fuir comme des gens surpris.

Jugez avec quelle vitesse les poursuivait l'ennemi, qui ne croyait avoir affaire qu'à quelques cavaliers : mais à peine avaient-ils fait un kilomètre que, les uns et les autres, passèrent devant le front d'un escadron de cavalerie massé dans les vignes ; on y voyait à peine, c'était à la fin d'octobre et par un brouillard épais. Mes éclaireurs ne savaient ce qu'étaient ces cavaliers; quant aux Prussiens, ils ne pouvaient s'y tromper, et s'éloignèrent immédiatement, ce qui explique et la fuite des premiers et la retraite de ceux qui venaient d'Orléans.

Nous apprîmes que c'étaient de nos dragons qui, n'ayant pas reçu d'instructions suffisantes, avaient poussé leur reconnaissance jusqu'à nous.

Je fis comprendre à l'officier qui commandait l'inconvénient qu'il y avait à agir ainsi sans accord ; qu'ils nous avaient, en effet, par leur présence inattendue, fait manquer une prise qui pouvait être considérable, et ce qui eût été beaucoup fâcheux, s'ils s'étaient approchés du bois où nous étions postés, nous les aurions reçus à coups de fusil, car la brume nous eût empêchés de les reconnaître.

J'écrivis immédiatement au général pour me plaindre de cette manière d'agir, réclamant pour tous des ordres sévères et précis.

La journée était perdue, nos jeunes gens rentraient furieux ; nous étions d'assez mauvaise humeur, lorsqu'on vint me raconter un tour de mon vieil ami. Un des éclaireurs avait perdu son chapeau dans la retraite simulée. Puységur était le dernier, parce qu'il commandait, prétendant que le commandant doit toujours être le plus près de l'ennemi. Il voit ce chapeau à terre, descend tranquillement de cheval, reprend le chapeau, en disant à celui qui l'avait perdu : « Eh ! mon cher, ils auraient dit qu'ils avaient votre tête ! » C'était une imprudence, je le grondai, mais que dire à ces vieux braves? Ils sont incorrigibles.

Nous avions fait peu de chose en apparence, et nous avions cependant chassé l'ennemi de ces parages.

On appelait nos éclaireurs les « Hirondelles de la mort. »

Les chevaux marchaient comme le vent : on les voyait partout, on ne pouvait les surprendre nulle part. Quel malheur que tant d'obstacles aient été mis à l'arrivée de tant de nos braves amis, qui ne pouvaient nous rejoindre, et qui eussent augmenté le nombre de ces braves!

Partout l'on voyait des postes, la colonne était cachée dans les bois; quelle était sa force? personne ne pouvait l'apprécier; à la manière dont elle était disposée, son front était large : sa profondeur, qui la connaissait?

Je comprends donc facilement l'incertitude de l'ennemi, sa prudence et sa retraite.

Mais j'avais reçu des nouvelles d'Orléans : les Prussiens étaient ennuyés des tracasseries qu'ils éprouvaient sur la rive gauche; d'un autre côté, ils savaient qu'une armée considérable se massait sur la rive droite ; ils craignaient d'être attaqués des deux côtés à la fois, et ils semblaient vouloir essayer une trouée de notre côté pour se rendre un compte exact de nos forces.

Nos positions étaient excellentes, notre camp était inattaquable; à moins de forces très-supérieures, c'était un véritable camp retranché : des bois, des vignes le rendaient inabordable pour la cavalerie; des excavations, des talus en faisaient une forteresse naturelle, avec ses ouvrages avancés, et je n'ai jamais compris que ce lieu, si près de la grand'route, ayant une plaine plantée de vignes devant lui et derrière une immense forêt, n'ait pas été choisi par nos troupes, qui n'auraient pu en être chassées que très-difficilement

Cependant j'étais averti chaque soir de prétendus projets d'attaques de la part de l'ennemi ; il devait arriver en nombre et nous enlever dans notre camp ; des maires m'écrivaient qu'ils avaient des renseignements certains à cet égard ; les miens valaient mieux, et j'étais tranquille ; je connaissais les mouvements de l'ennemi qui étendait ses troupes depuis Maintenon jusqu'à Orléans, se reliant à Versailles par Rambouillet. Cette ligne me paraissait bien longue, et je ne pouvais supposer un seul instant qu'il lui fut possible de nous opposer un corps d'armée considérable, surtout au moment où, comme je viens de le dire, nous avions nous-mêmes notre armée massée depuis Vendôme jusqu'à la Loire.

La garnison prussienne d'Orléans ne dépassait pas le chiffre de 10,000 hommes ; mais presque tous les jours, pour tromper le public sur leur nombre, ils faisaient sortir des troupes avec armes et bagages, artillerie, équipage, et les faisaient rentrer par une autre porte.

Le petit village de Dry, situé à 3 kilomètres de

notre camp, sur la gauche de la grand'route, recevait chaque jour la visite des cavaliers prussiens ; ils ne faisaient pas de réquisitions considérables, mais ils venaient s'y faire héberger, ce qui tracassait les habitants ; je résolus de faire cesser ces visites.

Plusieurs fois déjà j'y avais envoyé des hommes, mais ils étaient aperçus de loin et ils arrivaient toujours trop tard.

J'avais donné l'ordre la veille à 1,200 hommes de se tenir prêts à partir vers cinq heures du matin ; je fis un long circuit, profitant des bois que j'avais en avant du camp et sur la droite de la route ; je pus ainsi dépasser la hauteur du village de Dry d'un kilomètre environ ; je fis développer la colonne en tirailleurs et la dirigeai en ligne de deux hommes de front, perpendiculairement à la route d'Orléans.

La moitié devait la traverser, et se rabattre vers la base, distante d'un kilomètre environ ; l'autre moitié, s'espacer pour garder et défendre la partie du terrain comprise entre la route et les bois.

Ainsi disposés, les tirailleurs se mirent en marche pour retourner vers Lailly, conservant la grande route comme centre.

A peine avions-nous fini cette manœuvre, que nous aperçûmes une vingtaine de cavaliers prussiens, qui, nous tournant le dos, semblaient se diriger sur Lailly. Toutefois, la route étant montueuse, nous ne savions pas s'ils s'étaient rabattus sur Dry.

Je chargeai le commandant Marty du commandement de la gauche de la route, et je passai à la droite, afin de cerner et de fouiller le village de Dry; le vent soufflait avec une telle force, qu'à quelques pas on ne pouvait entendre le commandement, ce qui me donnait beaucoup de peine pour faire exécuter les mouvements nécessaires, comme je les comprenais. Enfin le village était cerné; le bataillon, bien appuyé derrière un carré de vignes et avec échalas — que j'avais donné l'ordre aux habitants de ne pas enlever — s'était formé, par groupes de demi-compagnie.

J'allais entrer dans le village avec une compagnie d'élite, lorsqu'on vint me dire qu'on n'avait pas vu l'ennemi dans la matinée ; les femmes et les hommes vinrent offrir des rafraîchissements aux nôtres, et, après une halte d'un moment, nous nous reformions en ligne de tirailleurs.

Le commandant Marty devait m'attendre à la hauteur du village, ce qu'il avait fait : mais quel fut mon étonnement, en arrivant sur la route, de voir deux compagnies massées en pelotons, et tous les tirailleurs à genoux, et prêts à faire feu! Il faut dire que Dry se trouvait à mi-côte d'une colline dont la crête montait parallèlement à la route.

Pendant que nous étions occupés à cerner le village, les cavaliers prussiens avaient découvert nos troupes, s'étaient formés en bataille, sur la gauche de la route, et tout près d'elle, de telle sorte qu'on avait pris les mesures pour les recevoir.

Les hommes avaient été très-calmes et avaient attendu pour faire feu que l'ordre en fut donné; nous avions vu une vingtaine de cavaliers : était-ce une avant-garde, une arrière-garde? étaient-ils accompagnés de fantassins? nous l'ignorions, car à la distance où nous étions de Saint-Memin, situé à quatre kilomètres d'Orléans et toujours occupé par l'ennemi, il lui était très-facile, surtout à la cavalerie, d'arriver plus ou moins nombreux sans que nous puissions en avoir connaissance.

Plusieurs décharges avaient eu lieu sur la cavalerie, qui s'était enfuie à bride abattue, laissant cinq à six traces de sang. En apprenant ce qui venait de se passer et dont, chose incroyable! je n'avais eu aucune connaissance, quoique je ne fusse pas éloigné de plus de cinq cents mètres, je donnai l'ordre d'avancer à droite et à gauche de la route, d'autant plus convaincu que nous allions prendre dans notre filet tout ce qui pouvait se trouver devant nous, ce dont j'avais averti à Saint-Laurent-des-Eaux, en priant les dragons de remonter en avant de Lailly jusqu'à ce qu'ils nous aient rencontrés. L'heure avait été indiquée, mais les dragons n'y étaient pas ; de sorte que les cavaliers prussiens blessés et plusieurs de leurs chevaux trouvèrent le moyen de s'enfuir vers Olivet par un embranchement de la route. Ils allaient tellement vite, que nous ramassâmes une douzaine de fers de leurs chevaux ; aucun d'eux n'aurait pu nous échapper, si chacun eût été exact, tandis qu'il n'y eut qu'un cheval et que quelques hommes qui restèrent dans les bois, aussitôt qu'ils y furent entrés.

Quoi qu'il en fût, ce développement de troupes, jugées beaucoup plus nombreuses qu'elles ne l'étaient en effet, purgea le pays de la présence de l'ennemi, qui remit à quelques jours l'attaque qu'il projetait contre nous.

Le 1er novembre, c'était fête d'obligation pour les catholiques, et surtout pour nous qui comptons au ciel tant de saints martyrs; un autel avait été élevé au milieu du camp, et tous nous nous étions inclinés devant le Dieu des armées pour lui demander la victoire sur nos ennemis et le bonheur de la France : la victoire, il nous l'accorda plusieurs fois ; le bonheur de la France, il viendra. Espoir et confiance !

Les rapports ne signalaient aucun ennemi près de nous ; j'en profitai pour prendre différentes dispositions. Nous commencions à nous connaître et à nous apprécier les uns les autres. Puységur avait pris un grand ascendant sur les officiers; il était très-aimé du soldat. Le corps de la Vendée recevait de nouvelles recrues et s'augmentait chaque jour. Le corps était composé de volontaires venus à mon appel; ils avaient droit de choisir leur chef, si je venais à mourir ou à être blessé grièvement; je ne dis pas être prisonnier, ces braves ne m'auraient jamais laissé prendre; ils seraient morts à côté de moi plutôt que de me laisser enlever par l'ennemi; les soldats m'appelaient leur père, je devais donc faire mon testament et leur laisser, comme héritage et comme chef, le brave et digne Léopold de Puységur. Henri de Formon, mon sous-chef d'état-major, était son intime ami et de plus son allié. Il écrivait très-bien et était doué d'un remarquable esprit d'ordre. Je pouvais mourir tranquille, assuré qu'après moi tout marcherait aussi bien.

Les rapports à faire, les ordres généraux à donner, la surveillance à exercer sur l'ennemi et la direction à donner aux troupes à pied et à cheval, prenaient tout mon temps; je fus donc obligé de nommer un chef de bataillon.

Je choisis M. Queyriaux, qui était le premier arrivé à mon appel. Il avait déjà servi, et était le plus ancien capitaine; ce poste lui revenait de droit.

Je formai aussi une compagnie d'élite destinée à m'accompagner toutes les fois que, personnellement, j'avais des reconnaissances à faire à pied près des avant-postes ennemis. C'était pour ces volontaires une récompense ; ils faisaient le service du chef de corps et couchaient à côté de mon *gourbi* de branchages.

M. de Salmon de Loiray les commandait, et à côté de son fils, qui était sous ses ordres, marchait le mien : c'étaient les deux plus jeunes.

Le 1er novembre, nous venions de fêter les saints, nos aïeux ; le 2, nous devions une prière à ceux qui, plus faibles ou moins favorisés, souffraient encore loin de Dieu. Quelle consolante pratique que la prière des vivants pour les morts ! Aussi avions-nous ce jour-là entendu la sainte messe.

Pendant notre séjour à Moque-Baril, l'ambulance était allée s'installer à la Ferté-Saint-Cyr; jusqu'à ce jour elle était restée dans la ville, mais sur les invitations réitérées de la famille de Durfort qui y possède une charmante habitation, Mme de Cathelineau transportait ses malades au château, où tout avait été mis à sa disposition avec un empressement dont nous serons toujours reconnaissants.

J'avais parmi mes éclaireurs à pied un homme extraordinaire qui joignait à la plus grande facilité du déguisement une rare intelligence pour se procurer en peu de temps tous les renseignements possibles. Il revenait d'Orléans: les Prussiens, disait-il, commençaient à y arriver; le nombre en était de beaucoup augmenté et on y attendait 50,000 hommes. Je fis connaître ces renseignements aux généraux, en réclamant un escadron de cavalerie et un nouveau régiment d'infanterie. En effet, il n'y avait rien qui prouvât que les Prussiens nous attaqueraient sérieusement sur la rive gauche, mais ils pouvaient le faire, et malgré l'avantage de nos positions, nous n'aurions pu résister à une troupe très-nombreuse, comme toujours accompagnée d'une artillerie considérable ; et je ne voulais pas me faire à l'idée d'une retraite, même devant des forces de beaucoup supérieures.

A cette demande, envoyée avec mes rapports journaliers, je recevais, le 5, la réponse suivante :

15e Corps d'armée
ÉTAT-MAJOR GÉNÉRAL

« Dizier, le 5 novembre 1870.

« Mon cher commandant,

« Je regrette de ne pouvoir vous envoyer le régiment que vous me demandez ; il est possible que d'ici peu je sois obligé de faire un mouvement qui ne me permettrait pas de vous laisser ce régiment.

« Conservez vos positions ; tenez-moi au courant de tous vos mouvements et de toutes les nouvelles que vous pourrez apprendre.

« Je réitère l'ordre, déjà donné, de vous envoyer un escadron de hussards ou de dragons.

« Recevez, mon cher commandant, l'assurance de mes sentiments les plus distingués.

« Le général commandant les 15e et 16e corps d'armée,

« *Signé* : D'AURELLES. »

Il était à peu près midi lorsqu'on vint me prévenir qu'une force ennemie considérable venait nous attaquer : infanterie, cavalerie et artillerie. Je ne pouvais croire à l'exactitude de ces rapports, quoiqu'ils me fussent envoyés par un maire en qui j'avais grande confiance ; toutefois, ne voulant pas me laisser surprendre, je fis prendre les armes et je résolus de me porter en avant de Lailly, qui, ayant été incendié avant notre arrivée, avait déjà assez souffert.

Je ne voulais pas exposer les habitants à de nouvelles pertes ; Lailly était à mi-côte traversé par la grand'route d'Orléans à Blois, je descendis un peu au-dessus de ses premières maisons ; je mis, derrière les obstacles et dans les vignes, six bonnes compagnies placées en avant, et sur la droite, où se trouvait un petit bois entouré d'un talus élevé, je plaçai environ trois cents hommes; de l'autre côté, en face, je profitai d'un pli de terrain pour y établir trois compagnies; ces deux premiers postes devaient ouvrir le feu sur l'ennemi qui ne pouvait nous voir qu'arrivé à cent mètres de nous.

J'avais envoyé des éclaireurs à cheval avec ordre de marcher en dehors de la route, de bien observer, mais de ne pas se faire voir et de venir me rendre compte.

Je m'étais porté en avant, laissant le commandant Marty avec 7 ou 800 hommes placés au centre et en arrière, ne devant se démasquer que si l'ennemi menaçait de fuir, ou si, nous résistant, il dépassait nos premières lignes; j'espérais que l'ennemi serait déconcerté de se voir attaquer vigoureusement de si près.

S'il avançait, malgré nos feux se croisant sur son front, nous devions nous replier sur le commandant Marty et profiter alors de l'avantage que nous donnait la pente de terrain pour marcher résolument à la baïonnette. En cas d'échec, tous les ordres étaient donnés pour nous replier sur la route par une série de bois qui commençaient à nous être bien connus.

Les Prussiens étaient effectivement sortis d'Orléans, mais s'étaient arrêtés, partie à Saint-Memin, partie à Notre-Dame de Cléry; quelques cavaliers et un bataillon d'infanterie s'étaient seuls avancés dans le bois en avant de Cléry. Nous attendîmes plusieurs heures dans cette position, mais inutilement ; ils n'arrivaient pas.

Ces démonstrations nous tenaient en alertes continuelles, ce qui nous causait beaucoup de fatigues.

Le 7 novembre j'attendais avec impatience l'escadron de dragons qui m'avait été promis par le général en chef.

Nos éclaireurs commençaient à se fatiguer, leurs chevaux surtout ne pouvaient plus résister à un pareil service. Les Prussiens les croyaient très-nombreux ; ce qui s'explique facilement, car on les voyait partout et à toute heure. S'ils nous préservaient de toute surprise, des patrouilles battaient le pays dans tous les sens, tiraient sur les éclaireurs prussiens ; de sorte que l'ennemi, toujours inquiété, avait complétement évacué ces parages.

Les Prussiens avaient renoncé à fouiller les bois qui recélaient en blé et en animaux toutes les richesses de la petite Beauce, dite d'Orléans, que les fermiers y avaient accumulées.

Le général de brigade Rebilliard avait son quartier général à Saint-Dié. Je partis du camp à midi pour aller m'entendre avec lui ; le général me demanda beaucoup de détails ; il me dit qu'il craignait beaucoup d'être tourné par la Ferté-Saint-Aignan et attaqué à Chambord; je fus très-surpris de cette crainte et je le rassurai complétement à ce sujet; il me dit qu'il avait reçu un rapport lui indiquant la présence d'un corps ennemi assez considérable, descendant d'Olivet par Jouy-le-Pothier qui était lui-même occupé. J'avais des renseignements sur ce dernier village; je lui assurai qu'il pouvait être tranquille, et que dès le lendemain je lui donnerais des renseignements *de visu*.

J'avais hâte de rentrer; je trouvai chacun à son poste et tout tranquille.

Aussitôt mon arrivée je fis venir le piqueur de M. le comte Auguste de Lorges, jeune homme sûr et décidé; je l'envoyai pendant la nuit à Jouy-le-Pothier; il me confirma les renseignements que j'avais reçus, ajoutant cependant que depuis que l'ennemi ne s'avançait plus vers Lailly, il apparaissait quelquefois à Jouy, mais un petit nombre de cavaliers seulement. Ils avaient même annoncé qu'ils viendraient faire des réquisitions. Le maire avait même reçu ordre de leur préparer de l'avoine et des charrettes : c'est ainsi qu'agissaient ces messieurs.

Avant le point du jour je partais avec quatre compagnies. Quatre routes traversaient le village; j'en fis garder trois, ne laissant de libre que celle de Cléry, par laquelle les Prussiens avaient l'habitude d'arriver. J'attendis, mais inutilement : ils ne vinrent pas! Nous prenions toutes les précautions possibles; je ne communiquais mes projets à personne, et tout, cependant, nous faisait croire que nos mouvements étaient annoncés d'avance. Je ne puis encore, aujourd'hui, me rendre compte de la manière d'agir de ces rusés Prussiens.

Je me hâtai de rentrer pour tranquilliser le général Rebilliard, à qui je fis savoir que toute la ligne avait été explorée; que l'ennemi avait levé le camp d'Olivet; qu'il n'y avait personne à Jouy, et qu'il n'avait rien à craindre pour Chambord qui, du reste, était très-bien gardé par un bataillon de mobiles de l'Anjou-Vendée, commandé par le brave commandant de Terves, que j'avais autrefois connu à Rome et à Ancône.

Les Prussiens s'agitaient à Orléans et y devenaient beaucoup plus nombreux; fortement menacés par la rive droite, repoussés et maintenus sur la rive gauche, ils étaient inquiets; mon éclaireur à pied, qui passait autant de temps au milieu des ennemis que dans nos lignes, m'assura qu'ils étaient au moins 50,000 à Orléans, et que le pont du Loiret était fortement occupé.

Sur l'autre rive, ils redescendaient jusqu'à Meung, et se montraient plus souvent à Beaugency, qu'ils semblaient avoir abandonné depuis quelque temps. Le pont était détruit dans ces deux villes; cependant, il était indispensable pour eux de se faire voir en nombre à Orléans, afin de nous laisser croire qu'ils étaient à même de nous résister sur l'une ou l'autre rive. L'état-major du général en chef était à Saint-Dizier, et le pont de Mer permettait à nos troupes de passer facilement sur la gauche de la Loire. Une forte reconnaissance avait été envoyée avec le capitaine de Curzon, en face de Dry; elle avait l'ordre de bien s'effacer, en profitant des bois, et de laisser passer l'ennemi, que nous attendions en arrière. Un escadron prussien se présente, tout allait à merveille, lorsque quelques volontaires, en bougeant, font du bruit avec leurs sabres : cela suffit pour faire rétrograder l'ennnemi au galop; le poste fit feu et blessa un cheval et un cavalier.

C'était le premier ennemi vivant qui tombait en notre pouvoir; il était Bavarois, jeune, vigoureux; sa blessure au bras n'était pas grave, mais son cheval avait eu la cuisse cassée; il n'avait pu suivre le mouvement de ses camarades.

Nous ne pouvions nous expliquer que des hommes, qu'on suivait à la traînée du sang, pouvaient rester en selle et disparaître; les uns prétendaient qu'ils étaient attachés à leurs selles, les autres, que leurs camarades les emportaient devant eux; ce qui est certain, c'est qu'ils avaient un talent tout particulier, et même inexplicable, de nous soustraire et leurs morts et leurs blessés.

Des courroies étaient adaptées à leur selle, on dit qu'elles servaient à attacher le cavalier, et cependant, si le cheval tombait, l'homme était à l'instant libre. Notre jeune Bavarois fut conduit à l'ambulance, établie depuis le 1er novembre au château de Fons-Pertuis, près Lailly.

Une accusation des plus injustes avait été portée contre M. le comte de Lorges, propriétaire de cette habitation, qui cependant avait rempli son devoir de gentilhomme. Un prisonnier isolé avait été presque assommé par des paysans; conduit chez M. le comte de Lorges, il y reçut tous les soins possibles, mais, par représailles, les Prussiens, qui avaient eu connaissance de la cruauté des habitants, incendièrent le village.

J'allai moi-même avec deux de mes officiers conduire notre jeune cavalier à l'ambulance, faisant bien comprendre aux habitants que la vie de cet homme était sacrée; que, désarmé, blessé, il devait être entouré des mêmes soins et des mêmes égards que nos propres malades.

Puisque je parle de Fons-Pertuis, je dois mentionner toutes les attentions qu'eut pour nous M. le baron de Tresnoy. Qui de nous ne se rappelle les excellents légumes qu'il nous envoyait, le gibier qu'il nous faisait distribuer par les gardes? Digne ami du comte de Lorges, il connaissait ses intentions et répandait largement ses faveurs à nos soldats et surtout à nos malades. Merci donc au propriétaire et à son ami !

Nous voici au 5 novembre 1870.

Le capitaine Caillard était venu gracieusement se mettre à notre disposition ; j'avais appris tous les services qu'il avait rendus à ce pays et avec quel entrain et avec quelle bravoure il s'était conduit dans diverses circonstances, notamment à l'attaque de Moque-Baril. Je résolus donc de demander la décoration pour cet officier ; j'écrivis les lettres suivantes au général en chef d'Aurelles et à M. de Freycinet :

Au général d'Aurelles, commandant en chef l'armée de la Loire.

« Avant-postes de la rive gauche,
5 novembre 1870.

« Mon général,

« Rien de nouveau : j'attends avec impatience la cavalerie que vous m'avez promise et je garde mes positions, puisque vous le désirez.

« J'ai écrit à M. le ministre de la guerre et à M. le préfet, les priant l'un et l'autre de donner une récompense honorifique au capitaine *Caillard* qui a fait dans ce pays des prodiges de vigoureuse résistance. Cette récompense sera accordée, je le crois. Il serait important qu'elle eut lieu immédiatement, pour relever le moral de ce triste pays littéralement devenu, par la peur, plus prussien que français.

« Récompenser le courage, flétrir la lâcheté, est d'une nécessité urgente, et je viens vous demander, mon général, à ce que vous vouliez bien m'aider dans ce que j'appelle un des premiers devoirs de tout bon citoyen.

« Agréez,

« CATHELINEAU. »

A Monsieur Freycinet, délégué du ministre de la guerre, à Tours.

« Avant-postes de la rive gauche,
9 novembre 1870.

« Monsieur,

« Trop heureux d'avoir à vous rendre compte de la mission que vous nous aviez confiée, je vous envoie l'homme spécial qui, par la connaissance qu'il a du pays, pourra vous faire comprendre la valeur de mes observations.

« Agréez, etc.

« CATHELINEAU. »

J'annonçai au général en chef que je garderais

mes positions, lui ayant exprimé le désir de me porter plus en avant vers Orléans, afin de forcer l'ennemi à rester en ville ou à nous attaquer sérieusement, ce qui eût fait une importante diversion et eût facilité le mouvement en avant de nos troupes de la rive droite. Le général avait d'autres projets ; il me fit connaître ses intentions et ne m'envoya pas les secours ; la position que j'occupais était tellement difficile que je dus, faute de secours, renoncer à me rapprocher de l'ennemi.

Un journal de Blois, avec de bonnes intentions sans doute, avait fait le récit de plusieurs de nos petits engagements ; c'était plutôt un roman qu'une histoire, dans lequel il n'était nullement question du bataillon de la Dordogne. Je lui écrivis la lettre suivante :

« *A Monsieur le rédacteur du* JOURNAL DE LOIR-ET-CHER

« Avant-postes de la rive gauche,
5 novembre 1870.

« Monsieur,

« Je viens de lire, dans votre journal du 1er, votre relation inexacte, mais bien intentionnée sans doute, d'un fait qui s'est produit le jour indiqué. Vous ne pouvez ignorer qu'à côté du corps franc de la Vendée se trouve, pour agir en commun, le 3e bataillon des mobiles de la Dordogne. Nos rapports sont intimes; les officiers des deux corps s'aiment comme des frères. Les soldats ont entre eux les mêmes sentiments : ce qui veut dire que tout ce que nous pouvons faire doit servir à la gloire de tous.

« Nous n'avons malheureusement jusqu'ici pu rencontrer l'ennemi qu'en bien petit nombre ; mais nous avons repris les positions perdues, purgé le pays de tous les ravages qui s'y faisaient avant notre arrivée, et nous réclamons pour le corps tout entier, bataillon de la Dordogne et corps franc de la Vendée, le juste honneur qui lui revient.

« Agréez, etc.

« CATHELINEAU. »

Le 5, je recevais l'avis suivant :

15e Corps d'armée
2e DIVISION D'INFANTERIE
2e brigade

Ordre du général en chef aux généraux de division, de brigade, aux colonels, etc.

« Un nommé *Lasne*, domicilié à Bretigny (Seine-et-Oise), parti de Tours, il y a trois jours, avec trente-six chevaux, huit cents moutons, est passé par Montereau et Chaumont, en se faisant reconnaître par le juge de paix et le maire de Chaumont. Il fait conduire son troupeau par deux bergers et un enfant, à *destination de l'ennemi*. Faites mettre le troupeau en fourrière, et conduire, sous escorte, les bergers et l'enfant à Tours. Si *Lasne* peut être saisi, mettez-le en état d'arrestation, et faites-le conduire à Tours ; prévenez les autorités locales, les avant-postes et la gendarmerie.

« *Signé* : D'AURELLES.

« *P. C. C., le général commandant la division,*

« *Signé* : REBILLIARD.

« M. le commandant Audouard voudra bien envoyer en communication cet ordre à M. de Cathelineau.

« D'autres achats de bestiaux étant signalés, les conducteurs de tous troupeaux devront être interrogés avec le plus grand soin, et pouvoir justifier, par des papiers réguliers, ou par des personnes connues, de leur identité et du droit qu'ils ont de circuler avec des troupeaux. »

Quelle existence que la nôtre, quelle surveillance et quelle activité il fallait avoir, pour empêcher l'ennemi de pénétrer dans les bois, de piller les fermes ! Cependant la confiance renaissait autour de nous, les animaux rentraient partout, et les fermiers se livraient à leurs travaux ordinaires, ensemençaient leurs terres, sur laquelle, avant notre arrivée, il ne restait plus un être vivant. Nous visitâmes Jouy, comme je l'indique dans le rapport suivant, qui rappelle tout ce qui s'est passé dans la journée :

Au général Rebilliard, à Muides.

« Avant-postes, rive gauche,
6 novembre 1870.

« Mon général,

« Aujourd'hui, 6, nous sommes sortis du camp à cinq heures du matin. Le commandant du bataillon de mobiles a pris les landes de la Loire, en face de Beaugency, s'étendant en tirailleurs jusqu'à la route de Saint-Laurent à Orléans. Il a trouvé, dans une ferme, un troupeau de moutons; les Prussiens en avaient enlevé quatre avant notre arrivée dans le pays. Trouvant extraordinaire que cet homme eut laissé son troupeau exposé aux prises prussiennes, le commandant a interdit au fermier de bouger avant d'avoir reçu un ordre que j'attends de vous, mon général. En poursuivant sa route vers Dry, le commandant a rencontré l'ennemi au nombre de quatre cents hommes d'infanterie et quelques cavaliers. A leur vue, le bataillon s'est avancé sur la route, et a pris le pas accéléré ; ce que voyant, l'ennemi s'est empressé de s'enfuir par les bois à toutes jambes, et mes éclaireurs, qui étaient blottis vers Cléry, l'ont vu y entrer au plus vite.

« De mon côté, je m'étais porté sur Jouy pour chercher le troupeau indiqué et l'ennemi. Je n'ai trouvé aucun renseignement sur le troupeau, et nous avons attendu inutilement les Prussiens, qui venaient cependant à Jouy, d'après les rapports de mes éclaireurs. Qui a pu les prévenir de notre présence ? Je l'ignore complétement.

« POSITIONS DE L'ENNEMI :

« Un grand mouvement de troupes à Orléans, au moins cinquante mille hommes ; quelques bataillons d'infanterie semblent se diriger sur la Ferté-Saint-Aubin : il est bien regrettable que cette position n'ait point été occupée par nous immédiatement.

« Quant à notre position actuelle, elle semble très-menacée, si vos troupes restent à cinq lieues de nous.

« Je ne sais rien du bataillon ou régiment qui se trouve aux Quatre-Routes (Moque-Baril) ; il ne s'avance jamais de notre côté dans ses reconnaissances.

« Je n'ai pas reçu l'escadron promis; je ne puis cependant m'en passer, car mes éclaireurs montés et à pied sont très-fatigués.

« Si vous voulez, mon général, que nous marchions en avant, et nous brûlons de le faire, soutenez-nous. Si, au contraire, nous devons rester dans la même position, faites-nous également soutenir, autrement nous serons inévitablement cernés, puisque l'ennemi est près de nous, très-nombreux, furieux de notre présence qui l'empêche de se ravitailler.

« Agréez, mon général, etc.

« CATHELINEAU. »

Le même jour, le général me donnait connaissance d'une dépêche qu'il venait de recevoir. Sa réponse ne m'annonçait que ce que j'avais déjà fait savoir dès le 4 à l'état-major général, au sujet du mouvement d'Orléans vers Meung, et n'était sans nul doute que le résultat de mes propres renseignements. La voici :

15e Corps d'armée
2e DIVISION
2e brigade

« Muides, 6 novembre 1870.

« Mon cher commandant,

« Je vous accuse réception de votre lettre de ce

jour. J'approuve complétement ce que vous avez fait relativement au troupeau trouvé dans une ferme; faites-le rentrer immédiatement en arrière de vos lignes.

« Je fais donner l'ordre au chef de bataillon, commandant à Moque-Baril le 2e bataillon du 30e de marche, bataillon fort de 1,200 hommes, de se mettre de suite en rapport avec vous, et au général de division de vous faire expédier, le plus rapidement possible, l'escadron de cavalerie que vous me demandez.

« Je vous donne également connaissance d'une dépêche que je reçois à l'instant. La source permet de considérer comme certains les renseignements qu'elle contient.

« L'ennemi a quitté précipitamment Orléans, se dirigeant sur Meung.

« Je vous en donne avis immédiatement, afin que vous preniez vos dispositions. Faites-moi bien tenir au courant de tout ce qu'on pourrait voir et apprendre.

« En présence des forces aussi considérables que celles que vous me signalez, et eu égard aux renseignements que je vous donne, je ne saurais trop vous engager à la plus grande circonspection.

« Si vous jugez votre position sérieusement menacée, vous pourriez en choisir une autre en arrière plus rapprochée de moi.

« Vous en préviendriez le commandant détaché à Moque-Baril, en lui indiquant la position que vous jugeriez la meilleure. Vous feriez prévenir également, je vous prie, les compagnies de francs-tireurs de Nice et d'Indre-et-Loire.

« Veuillez agréer, etc.

« Le général commandant la 2e brigade,

« REBILLIARD. »

Je recevais en même temps la communication de l'ordre envoyé au commandant du bataillon détaché à Moque-Baril :

15e Corps d'armée
2e DIVISION
2e brigade

« Muides, 6 novembre 1870.

« Mon cher commandant,

« M. de Cathelineau m'informe que, contrairement aux instructions qui vous ont été données, vous avez négligé de vous mettre en communication avec lui; je vous prie de réparer le plus tôt possible cette grave omission.

« M. de Cathelineau est établi au château de la Gachetière; il vous donnera des renseignements entièrement utiles.

« Il est possible que vous soyez attaqué bientôt par des forces considérables ; je ne crois pas avoir besoin de vous recommander de prendre vos dispositions pour faire une longue et vigoureuse résistance.

« Si l'ennemi était en trop grand nombre, vous battriez en retraite, dans le meilleur ordre, pour venir me rejoindre. Vous vous concerteriez d'ailleurs avec M. de Cathelineau, qui serait pour vous un puissant auxiliaire.

« Recevez, etc.

« Général REBILLIARD. »

L'agitation de l'ennemi, ses mouvements dans tous les sens, indiquaient qu'il prévoyait une attaque prochaine. Seuls pour éclairer notre armée sur la rive gauche et y maintenir les Prussiens, nous n'avions de repos ni jour ni nuit; des espions circulaient dans tous les sens, il fallait les interroger ; la défiance était devenue extrême de la part des soldats, ils arrêtaient presque tous ceux qu'ils rencontraient. Un soir m'arrivent de braves moblots avec deux jeunes gens de dix-sept ans ; les pauvres enfants étaient en larmes, ils avaient bonne figure. Voilà des coquins que nous avons arrêtés, me disent ces soldats agités. Eh bien! qu'ont-ils fait? Nous avons crié : Qui vive ? en leur intimant l'ordre de s'arrêter ; ils n'en allaient que plus vite ;

nous avons tiré et ils se sont mis à courir à toutes jambes pour se sauver; ils sont donc bien coupables !

Après avoir rassuré les deux captifs et modéré l'ardeur de ceux qui les accusaient, je cherchai à découvrir la vérité. Les deux jeunes gens n'avaient point compris le : Qui vive? on avait menacé de faire feu, ils avaient eu peur; on avait tiré, ils avaient eu plus grand'peur encore et s'étaient sauvés. Je raconte cette petite aventure, qui fait juger la position mieux que tout ce que je pourrais dire.

Enfin, il fallait se multiplier; des détachements furent envoyés dans tous les sens, et je me portai moi-même sur les bords de la Loire, vers Beaugency. Le pont était coupé, mais nous sûmes par les habitants du pays que la ville était occupée. Je profitai du banc de sable amoncelé sur les bords de la chaussée d'une route qui se trouvait parallèle à la Loire pour y cacher des tirailleurs, et je m'avançai avec quelques officiers sur la partie du pont qui restait encore debout; je vis de l'autre côté des officiers, et à peine chacun était-il à son poste qu'on aperçut des cavaliers sur tous les points; le feu fut ordonné. Le père de Puységur saisit un chassepot, qu'il prit des mains d'un homme, et ajusta un officier, qui, bien qu'à 1,400 mètres, fut blessé à mort.

Je rentrai, et, après avoir pris connaissance des renseignements survenus durant mon absence, et d'après tous les rapports reçus, j'envoyai le rapport suivant au général :

Au général Rebilliard

« Avant-postes, rive gauche,
7 novembre 1870.

« Mon général,

« Depuis hier, la position s'est modifiée, il n'y a plus à Orléans qu'une quinzaine de mille hommes. De ces 15,000 hommes ils peuvent parfaitement nous en détacher une dizaine de mille.

« Malgré cela je ne reculerai mes positions que si j'en reçois l'ordre exprès, et encore je protesterai. Nous avons repris toutes les positions perdues, je veux les conserver.

« Toutefois, il est indispensable qu'aujourd'hui même on m'envoie un escadron de cavalerie légère, car nous sommes sur les dents, chevaux et hommes. Il serait également indispensable que nous eussions un bataillon au moins de troupes de ligne qui pût faire, comme nous, le service ordinaire des postes et patrouilles. Croyez bien qu'alors, mon général, vous ne seriez pas attaqué sans le savoir longtemps d'avance.

« Je viens de m'entretenir très-longuement avec le capitaine commandant le 30e de marche. Le bataillon qui est à Moque-Baril ne pourrait-il pas arriver jusqu'à la hauteur de nos positions, faire le service du camp, participer à nos excursions armées et nous soutenir ainsi fortement? Et le reste du régiment pourrait le remplacer, car, je le répète, mon général, il y a un tel va-et-vient de troupes à Orléans qu'on ne peut savoir sur quoi compter. Les nuits sont aussi claires que le jour, et, malgré toutes nos précautions, l'ennemi pourrait arriver en nombre jusqu'à nous.

« Quant à la Ferté-d'Aubin, c'est le point par lequel on peut chercher à nous tourner à Muides : pourquoi ne pas l'occuper?

« Je vous supplie, mon général, de vouloir bien faire droit à mes réclamations et m'envoyer ce que je demande, car, je vous le répète, je serais au désespoir de reculer.

« Cette nuit j'ai un homme à Orléans même : demain je saurai donc au juste ce qui s'y passe et vous le communiquerai. Veuillez aussi m'envoyer le mot d'ordre pour la quinzaine ou le mois, car de cette manière il nous est difficile de communiquer avec les autres pendant la nuit.

« Veuillez agréer, etc.

« CATHELINEAU. »

15e Corps d'armée
2e DIVISION
2e brigade

« Muides, 7 novembre 1870.

« Mon cher commandant,

« Si je vous avais prévenu de vous replier sur Moque-Baril, c'est parce que vous m'annonciez la présence de forces tellement considérables (50.000 hommes) qu'il vous eût été impossible de conserver vos positions avancées sans vous exposer à être coupé.

« M. le général en chef, à qui j'avais demandé l'autorisation de me porter en avant pour appuyer vos mouvements, m'a répondu que je devais continuer à occuper Muides et les positions qui m'ont été assignées. Les détachements de Crouy, Thoury, Dhuizon et Chambord ne me permettent pas de vous envoyer le 2e bataillon que vous me demandez.

« J'ajouterai que les francs-tireurs chargés d'éclairer ma droite ne sont pas commandés par un chef aussi vigilant, aussi habile que vous, et que je dois surtout surveiller de ce côté les mouvements de l'ennemi, qui pourrait chercher à me tourner par Ligny et Villeny.

« J'ai appris avec plaisir que vous vous êtes mis en communication avec M. le commandant du bataillon du 30e de marche détaché à Moque-Baril. Votre expérience sera pour lui une précieuse ressource à laquelle je l'engage à recourir souvent.

« Quant à l'escadron de cavalerie dont vous avez un pressant besoin, je l'ai déjà réclamé hier, et je viens encore de le réclamer instamment.

« Je vous prierai de me renseigner de la façon la plus exacte sur l'état actuel du pont de Meung. On me signale l'ennemi comme cherchant à passer sur cette rive par ce pont, pour nous prendre par notre flanc gauche.

« Dans le cas où vous seriez absolument contraint de battre en retraite, je me repose absolument sur vous du soin d'éclairer ce côté.

« Veuillez, je vous prie, me donner des renseignements sur un de vos francs-tireurs qui, à Moque-Baril, avait été blessé à la tête d'un coup de feu tiré par son capitaine. (Ce franc-tireur n'était pas de mon corps ni même sous mes ordres.)

« Agréez, etc.

« Le général commandant la 2e brigade,

« *Signé* : REBILLIARD. »

Je ne voulais point battre en retraite, nos positions étaient excellentes; nous avions derrière nous la vaste forêt, dont j'ai parlé, qui nous per-

10

mettait, si nous ne pouvions résister de front à l'ennemi, de continuer à le harceler tout en surveillant ses mouvements. Je demandais du renfort, j'en attendais, il m'était promis, et voilà que j'apprends que nous sommes abandonnés seuls sur la rive gauche! mais qu'importe! il fallait faire son de- voir, et personne de nous ne voulait y manquer; je pris donc mes mesures en conséquence.

Dans la soirée du même jour, je recevais la communication suivante :

« Muides, 7 novembre 1870.

« Mon cher commandant,

« J'ai l'honneur de vous envoyer copie d'une dépêche que m'adresse mon général de division :

« Par ordre du général en chef, repassez au-« jourd'hui même et le plus tôt possible sur la « rive droite de la Loire avec toute votre bri-« gade et l'artillerie.

« Je vous enverrai des ordres pour vos empla-« cements à Luçay et Séris. »

« En conséquence, je prescris au bataillon du 30e détaché à Moque-Baril de rejoindre immédiatement son régiment.

« Veuillez agréer, etc.

« Le général,

« REBILLIARD. »

Tout semble donc décidé pour une marche en avant et l'action va se passer sur la rive droite ; j'avais été prévenu de ce mouvement par les pièces suivantes ; on y verra, comme je l'ai indiqué, combien l'ennemi s'agitait et changeait fréquemment de position. Orléans avait été occupé, il ne l'était plus, disait le général, mais les Prussiens n'étaient pas éloignés et les précautions à prendre étaient urgentes :

CONFIDENTIELLE.

« Dizier, 7 novembre 1870.

« Mon cher commandant,

« Je prépare un mouvement qui nécessite la concentration de toutes mes forces. En conséquence, je donne l'ordre à la brigade Rebilliard que j'avais envoyée sur la rive gauche de repasser sur la rive droite.

« Vous allez donc être réduit à vos propres moyens, c'est-à-dire vos volontaires vendéens et le bataillon de mobiles. Basez vos opérations là-dessus.

« Contrairement au renseignement que vous m'avez donné ce matin, on me dit qu'Orléans est évacué et que l'ennemi concentre toutes ses forces entre Bacon, Huisseau, Coulmiers, Germigny, pour parer à un mouvement de l'armée de la Loire, dont il se croit menacé. Il y a certainement beaucoup de monde de ce côté : y aurait-il aussi un grand nombre de troupes à Orléans, comme vous semblez le croire? Tâchez de vous renseigner à cet égard et faites-moi connaître, sans retard, le résultat de vos investigations.

« Je crois devoir vous faire connaître, en effet, que nous allons faire un mouvement sur Orléans, de ce côté-ci, avec quatre divisions des 15e et 16e corps, et du côté de Gien avec une trentaine de mille hommes.

« L'ennemi, prévenu peut-être de ce double mouvement, ou, dans tous les cas, se sentant doublement menacé, aurait évacué Orléans où il s'exposait à se voir enveloppé.

« Pour concourir à ce mouvement, je donne l'ordre au général Faye, qui est à Salbris avec 6 ou 7,000 hommes, de se porter en avant, de manière à arriver le 10 au soir à la Ferté-Saint-Aubin (c'est la veille du jour où nous espérons pouvoir arriver à Orléans), afin que, le 11, il continue son mouvement sur Olivet et Orléans. J'ai recommandé à M. le général Faye de se mettre en relation avec vous, dès qu'il sera à hauteur de la Ferté.

« Il importe que vous gardiez pour vous seul le secret de cette opération.

« Recevez, etc.

« Le général commandant en chef
les 15e et 16e corps,

« *Signé :* D'AURELLES. »

Cette démonstration devait attirer l'ennemi en nombre, et, dans ce cas, la victoire sur la rive droite devenait plus assurée pour notre armée, ou le forcer à évacuer Orléans, ce qu'il ne pas manqué de faire, dans la crainte d'être cerné des deux côtés. Les Prussiens avaient sans doute connaissance de l'arrivée du général Faye qui, comme on vient de le voir, se trouvait à la Ferté. Cependant, une dépêche qui m'arriva du maire de Beaugency, à une heure du matin, m'annonçant que la ville allait être attaquée et brûlée, me fit partir avant le jour pour aller secourir les habitants de cette ville, déjà si éprouvée. Avant de partir, j'envoyai au général d'Aurelles le rapport suivant :

A général en chef, armée de la Loire.

« Avant-postes, rive gauche,
quatre heures du matin,
8 novembre 1870.

« Mon général,

« Le pont de Meung a deux arches détruites ; les Prussiens avaient établi un pont de bateaux qu'ils viennent de couler. Ces nouvelles sont de la plus grande exactitude, et, jusqu'à hier soir, c'était la vraie position. Vous savez que nous sommes seuls ; malgré cela je ne quitterai pas la position, et je suis décidé à la tenir quoi qu'il arrive.

« Je ne demande plus, mon général, l'escadron que vous m'aviez promis ; mais, je vous en supplie, envoyez-moi au moins quelques cavaliers avec des chevaux légers.

« Voici la copie textuelle d'une lettre envoyée à tous nos maires de la ligne :

« Voudriez-vous bien vous charger d'envoyer
« *dans le plus court délai* tous les chariots dis-
« ponibles à deux roues, avec attelages, capables
« de transporter des poids considérables, à la
« gare duchemin de fer d'Orléans, avec fourrages
« pour cinq jours ?

« Agréez, etc.

« *Signé :* Baron DE THANN. »

« J'ai fait dire aux maires de ne pas obéir, et si l'on veut enlever les charrettes, je ferai des efforts inouïs pour l'empêcher.

« Agréez, etc,

« CATHELINEAU. »

« 8 novembre »

Le soir en rentrant, ne pouvant plus communiquer avec l'état-major, j'envoyai au ministre lui-même le rapport que voici, qui contient le récit suffisamment détaillé de la journée.

Déjà quelques coups de canon avaient été entendus dans la direction de Marchenoir, c'étaient les premières rencontres de notre côté; rien ne semblait annoncer une attaque sévère; je pris cependant les plus actives précautions pour la nuit et disposai toute chose pour lever le camp le lendemain, 9 novembre :

A Monsieur le ministre de la guerre.

« Avant-postes, rive gauche,
8 novembre 1870.

« Monsieur le ministre,

« Me trouvant maintenant isolé du général en chef, je crois de mon devoir de vous envoyer mon rapport journalier :

« Ayant été prévenu au milieu de la nuit, par le maire de Beaugency, que les Prussiens avaient menacé la ville d'une réquisition importante en argent, je me suis porté avec deux compagnies de mes volontaires sur le bord de la Loire, en face de Beaugency, dans des positions d'où l'on pouvait parfaitement atteindre l'ennemi, ce que nous avions pu apprécier la veille.

« Deux autres compagnies de mes volontaires avaient été placées sous le commandement de mon chef de bataillon, dans le val entre Lailly et Beaugency.

« Le bataillon de mobiles avait reçu pour instruction de se masser dans le bourg de Dry, et de laisser deux compagnies vers les campements, afin d'éviter toute espèce de surprise.

« Dès avant le jour, les éclaireurs à cheval s'étaient avancés jusqu'aux avant-postes ennemis, afin de me prévenir de ses opérations, et tout le monde avait l'ordre de courir à la fusillade, si elle était active et prolongée. Les rapports de la nuit avaient été satisfaisants et ne me donnaient pas de grandes inquiétudes.

« A Beaugency, les positions furent conservées, les hommes complétement immobiles et cachés jusqu'à huit heures du matin. J'avais vu monsieur le maire, qui ne pouvait me donner de renseignements suffisants. J'avais eu également le temps de recevoir le rapport de mes éclaireurs envoyés aux avant-postes, s'il y avait eu des mouvements sérieux.

« Alors nous nous sommes décidés à faire passer la Loire en bac à deux de mes éclaireurs à cheval. Je les ai envoyés à une lieue et demie de Beaugency, sur la route de Meung; ils revinrent me dire qu'ils n'avaient eu connaissance que de quelques éclaireurs ennemis, et qu'ils avaient rencontré sur la route de Beaugency un poste de nos troupes, régiment d'infanterie.

« Trouvant ce poste insuffisant pour arrêter l'ennemi, je me décidai à passer la Loire avec mes deux compagnies, et j'allai prendre position en avant de Beaugency, sur la route d'Orléans, après avoir envoyé un de mes éclaireurs chercher les deux compagnies que j'avais laissées dans le val, lorsque commença à arriver l'avant-garde du général Martineaux.

« La tranquillité de la ville devenant assurée, je fis manger mes hommes et repassai la Loire. Je dois ici signaler l'enthousiasme des habitants à notre arrivée.

« Pendant ce temps, le commandant des mobiles ayant appris par mes éclaireurs que l'ennemi faisait des réquisitions à Cléry, a enlevé ses hommes avec un entrain digne de tout éloge, et est arrivé dans le bourg où il a saisi avoine, foin et paille dans cinq charrettes. Ces provisions ont été ramenées à nos campements, et nous les conservons, puisqu'elles ont été payées par des bons du maire de Cléry, donnés par ordre des Prussiens.

« Agréez, etc.

« CATHELINEAU.

« *P. S.*— J'ajoute que, quelque difficile que soit notre position, je ne la quitterai que pour marcher en avant. »

Dès le matin les ordres étaient donnés, nous allions quitter le camp de Vesaines où nous avions passé des jours bien agités ; nous y avions éprouvé de grandes fatigues ; mais quelle consolation n'emportions-nous pas avec nous : nous avions rendu la vie au pays, nous avions fourni à l'armée des renseignements qui lui avaient été très-utiles !

Quels remerciements ne devais-je pas aux officiers et soldats, tous avaient fait leur devoir avec une activité digne des plus grands éloges ; mes éclaireurs s'étaient multipliés; de Puységur et de Formon m'avaient allégé les fatigues ; nous avions reçu plusieurs détachements de volontaires, dont le nombre commençait à se grossir ; la colonne était disciplinée, prenait confiance dans ses chefs ; en un mot, son esprit était excellent. On pouvait lui demander beaucoup et compter entièrement sur elle.

A huit heures nous entendons le canon devant nous, dans le lointain ; nous partons vers Orléans, n'ayant aucune nouvelle du général Faye qui, à mon avis, était d'un jour en retard ; nous avions toujours à craindre un mouvement tournant sur notre droite. Peu à peu le bruit du canon devient plus distinct et l'action nous semble s'engager sur toute la ligne.

Le matin, des cavaliers prussiens, au nombre d'une trentaine, avaient été vus à Notre-Dame-de-Cléry ; ils étaient furieux de ce que nous leur avions enlevé, la veille, leurs provisions toutes chargées. Nous attendions une vengeance de leur part, et nous marchions avec de grandes précautions. Nous écoutions et entendions toujours le canon; nous nous arrêtâmes assez longtemps à la hauteur de Dry, réglant notre marche sur celle de notre armée qui nous semblait avancer; les soldats étaient impatients, ils demandaient à marcher vite et à aller attaquer Orléans.

Je le désirais aussi vivement qu'aucun d'eux, mais je devais suivre les mouvements de notre armée et avancer avec la plus grande prudence, dans la crainte d'une surprise.

Enfin, vers deux heures, le mouvement en avant fut bien marqué; nous entendions la fusillade! Quelles émotions d'entendre se battre à côté de soi sans prendre part à l'action, sans pouvoir communiquer et savoir ce qui se passe. Nous étions séparés de notre armée par la Loire, qui n'avait plus aucun pont. C'était le premier engagement sérieux, la première grande bataille de l'armée de la Loire. Le sort de la France était en jeu.

Nous étions entrés dans le village de Cléry; l'ennemi reculait toujours; le moment était venu de prendre une résolution. Je me déterminai à me rendre maître du pont de Saint-Memin; le Loiret était difficile à traverser, le pont étroit et long; peu d'hommes pouvaient le défendre; nous nous y rendons d'un pas rapide, en nous faisant bien éclairer, et nous y arrivons sans trouver la moindre résistance.

Arrivés à Saint-Memin, la bataille était terminée; nous avions l'avantage sur les bords de la rive droite de la Loire, mais toute la ligne était engagée jusqu'auprès de Châteaudun : étions-nous partout victorieux ? Quelle terrible chose que l'incertitude en pareille circonstance ! Fallait-il se fortifier à Saint-Memin, fallait-il se rendre jusqu'à Orléans ? L'ennemi y était-il rentré pour passer la nuit ; que se passerait-il ? Comme je regrettais de n'avoir pas une cavalerie plus nombreuse !

Tous les habitants, inquiets et effrayés, ne pouvaient nous donner aucun renseignement certain. Chacun restait chez soi, nous ne trouvions aucun voyageur sur les routes.

Après avoir établi des postes sur le pont d'abord et sur les points menacés, je résolus d'aller moi-même à Orléans ; la nuit était noire, je cherchai une voiture, je m'y jetai avec Puységur, Caillard et Auguis, capitaine des éclaireurs à cheval.

On n'entendait plus rien : c'était le calme de la mort après l'agonie; nous marchions avec précaution mais vite ; nous fûmes bientôt à Orléans, le pont n'était pas gardé ; l'ennemi, évidemment, avait évacué la ville.

Nous nous rendons à la maison de ville ; nous y

trouvons monsieur le maire avec le commandant de la garde nationale. Il y avait des Prussiens dans toutes les maisons ; la gare de Paris et quelques grands établissemenis étaient occupés, mais il n'y avait plus de troupes sous les armes dans la ville; j'avais pu m'exposer personnellement, mais je ne devais pas aventurer mes hommes et les faire entrer dans la ville à une heure si avancée sans avoir exploré les lieux moi-même.

Je fis donc retourner immédiatement, à cheval, le brave Puységur, qui se chargea de la mission; il ramena nos colonnes, qui entrèrent dans la ville vers dix heures du soir. Les habitants étaient si effrayés que toutes les portes et les fenêtres étaient fermées ; on ne trouvait personne dans les rues, la ville semblait déserte ; en attendant mes hommes, j'avais vu monsieur le préfet et m'étais fait donner tous les renseignements possibles; je n'avais plus qu'à aller à leur rencontre, ce que je fis. Ils avaient marché très-vite; je les rencontrai sur le pont, où ils devaient m'attendre. Des postes furent placés, et nous allâmes visiter les lieux qu'on nous indiquait être encore occupés : mais qui n'a vu les désordres ne peut s'en faire une idée. Toutes les indications étaient à peu près fausses ; la garde nationale n'avait que quelques fusils ; tout semblait anéanti. Il était minuit, et nulle part nous n'a-

11

vions rencontré de résistance. Il tombait une pluie torrentielle, la ville était mal éclairée, je crus prudent de réunir toute la colonne et de la faire repasser le pont, où nous pouvions résister et nous défendre en cas de surprise. A la pointe du jour, le 10 novembre, je faisais explorer de nouveau la ville, et à huit heures nous faisions notre entrée dans Orléans. Notre premier devoir était de remercier Dieu de la victoire que nous croyions certaine, et de la délivrance d'Orléans à laquelle nous avions contribué pour notre part en dissimulant notre nombre, et en faisant croire à l'ennemi que nous pouvions lui résister sur la rive gauche et même l'attaquer. Quelques habits étaient déchirés, mais chacun était propre et fier du succès; la colonne avait bonne tenue. Les éclaireurs à cheval marchaient en tête; j'avais à côté de moi le commandant Marty. La panique était passée, les habitants semblaient renaître à la joie. Le bruit de la délivrance se répandait de bouche en bouche, et la population se réunissait sur notre passage; elle nous jetait des fleurs, elle nous acclamait : mais ce n'était plus la France, ce n'était plus cet entrain, cette joie, le bonheur d'autrefois; il manquait le vieux cri de nos pères qui faisait l'enthousiasme et créait la victoire.

Au combat, dans la famille, plus de chant, plus

de joie : l'amour de l'argent a tout effacé ; plus de vertus, plus d'héroïsme. O France ! quand renaîtras-tu ? Tu veux la liberté, et tu es esclave ; tu veux l'égalité, et tu es vaincue. Ton ennemi n'est pas l'étranger, c'est toi-même qui te suicide ; relève ta belle tête vers le ciel, consulte ton âme, tu seras inspirée ; libre et fidèle, tu vaincras, et tu seras la France, la France d'autrefois.

Monseigneur avait été prévenu ; un prêtre, M. l'abbé Couvreur, secrétaire de l'évêque, nous attendait à l'autel de la cathédrale, et tous nous allions nous incliner devant le Dieu fort, le prier pour notre pays, puis nous allons revoir la Pucelle. Près d'elle, qui peut désespérer de la victoire, qui ne sent doubler son courage et ses espérances ? Plein de ces sentiments, j'adressai, au pied de la statue, quelques paroles à ces jeunes gens que, depuis ce jour, je ne devais plus appeler que mes enfants. N'étaient-ce pas des enfants pour moi, ces braves amis que je trouvais partout et toujours aussi soumis et aussi dévoués ?

Telle fut pour nous la journée du 10 novembre, et la ville d'Orléans et autres rediront la victoire de notre armée, où tous les nôtres firent des prodiges de valeur.

A midi, les troupes commencèrent à arriver. Le général Faye fut nommé commandant de la place. Allait-on marcher en avant et profiter du grand avantage que venait de remporter notre armée sur toute la ligne? C'était le désir du général d'Aurelles qui, malgré son âge avancé, avait développé avec son chef d'état-major, le général Borel, une activité et une ardeur incroyables; mais, dans les temps malheureux, personne n'avait l'autorité nécessaire, tout était soumis au jeune dictateur qui, bon avocat, se croyait grand général. Sans initiative, pas de guerriers; la réglementation exclut le génie. Nous venons d'en faire la triste et dure expérience; avec ce système, les généraux ne sont plus que des lieutenants à qui l'honneur de la victoire peut être disputé, et sur lesquels on fait peser si injustement les désordres dont souvent ils ne devraient pas être responsables.

Léopold de Puységur se rendit à l'état-major pour rendre compte de mes actes et féliciter le vainqueur. Il demandait, en outre, des ordres; un jour nous fut donné comme repos à Orléans. Nous venions d'entrer en campagne, et cependant beaucoup d'habillements étaient déjà déchirés, il fallait se refaire; les broussailles et les épines détruisent en quelques jours les mauvaises étoffes dont on se sert aujourd'hui. Notre ambulance arriva nous rejoindre à Orléans, où elle fut reçue chez les Frères de la Miséricorde. Tout le monde connaît le patriotisme de monseigneur l'évêque d'Orléans;

il mit tout en œuvre pour nous être utile; pendant l'occupation il avait rendu les plus grands services à la population, en arrêtant souvent l'ennemi dans ses exactions.

Il m'avait offert l'hospitalité dans son palais; il reçut, avec cette bonté et cet esprit qui le distinguent, tous les officiers et volontaires que je lui présentai, trouvant à dire à tous un mot agréable; chacun se retirait heureux et payé du sacrifice qu'il venait de faire à son pays. Des volontaires nous arrivèrent encore et un bureau de recrutement fut organisé par les soins d'un ami, qui choisit les hommes avec autant de soin que de perspicacité; nous l'en remercions.

Je n'ai pas dit le soin que nous avions apporté, à notre entrée à Orléans, à faire respecter les ambulances ennemies et les malades que nous trouvions en ville; plusieurs officiers prussiens pourront rendre justice à notre loyauté; nous fîmes aussi beaucoup de prisonniers; nous avions trouvé voitures et chevaux, ces derniers furent enlevés par l'armée.

Nous allions quitter Orléans pour marcher en avant; le 11, nous recevions l'ordre que voici :

« Ormes, le 11 novembre 1870.

« Mon cher commandant,

« Je vous prie de vous porter avec les troupes

que vous commandez dans la forêt d'Orléans, à l'extrémité nord et à la droite de Chevilly où est la division des Pallières.

« Le gros de l'armée est encore en avant et à gauche d'Ormes; mais ces emplacements sont loin d'être déterminés d'une manière définitive.

« Le général commandant en chef,

« D'AURELLES.

« *P. S.* — Il est bien entendu que vous restez maître de vos mouvements. »

J'examinai ma carte, et, pour me conformer aux ordres reçus, je décidai que nous prendrions nos cantonnements : les Vendéens à Bougy et les mobiles à Neuville. Jusqu'ici la disposition des lieux favorables aux mouvements de l'ennemi exigeait que notre front regardât la grand'route d'Orléans à Blois, en face de Lailly; c'était la seule ligne sur laquelle l'ennemi pût se développer et apparaître en nombre. Nous étions donc établis en ligne dans les bois qui longeaient la route; la tête était confiée aux Vendéens qui sont restés pendant dix jours les plus près de l'ennemi, c'est-à-dire aux extrêmes avant-postes; cette fois je devais laisser cet honneur à la Dordogne.

Tous avaient fait leur devoir sur la rive gauche de la Loire; le commandant Marty et ses officiers avaient déployé la plus grande activité et la plus grande énergie; les soldats comprenaient parfaitement toutes les manœuvres de cette guerre qu'ils avaient faite avec le succès le plus complet. J'en dirai autant de mes chers Vendéens.

Queyriaux et ses officiers rivalisaient d'ardeur; chaque capitaine tenait à faire briller sa compagnie, et cette émulation était encore augmentée par l'arrivée de toute une compagnie, celle de M. de Pons, qui nous l'avait amenée aux bois de Vesaines.

Les hommes étaient grands et forts, vieux soldats pour la plupart; ils auraient aimé tenir la tête, mais nos jeunes volontaires avaient du sang, et les quelques hommes âgés qui se trouvaient dans les rangs étaient de vieille souche, de sorte que chacun marchait à l'envi, ce qui me faisait un plaisir extrême.

J'ai parlé de mes éclaireurs à cheval, de mon état-major et de mes éclaireurs à pied; nous leur devions le peu de repos que nous avions pu prendre; nous leur devons de n'avoir jamais été surpris.

Deux d'entre eux commençaient à se distinguer entre tous par leur adresse et leur intrépidité : le premier et le plus remarquable était Lecor, éclaireur à pied, dont j'aurai l'occasion de parler souvent; le second était le sous-lieutenant Dufour connu parmi les éclaireurs à cheval sous le nom d'*Abyssinien;* enfin, je dois signaler le commandant des éclaireurs à pied, de Vinzelle, homme plein d'activité et presque nuit et jour debout.

Du reste, un rapport sur la valeur d'un chacun me serait très-difficile à établir : je trouvais chez tous bonne volonté, obéissance absolue et dévouement le plus entier, non-seulement à la France, ce qui était tout naturel, mais encore à ma personne, ce dont je leur suis d'autant plus reconnaissant qu'il est plus rare, de nos jours, envers les chefs.

Avec de tels hommes mon mérite n'était pas grand : on pouvait tout tenter avec certitude de réussite. Attendez-vous donc à me voir bientôt résister à l'ennemi par des manœuvres si hardies qu'elles auraient pu être appelées imprudentes et insensées; quant à moi, je les trouvais aussi sages que sûres, comme la réussite est venue le démontrer.

Vers neuf heures du matin, le 12 novembre, nous quittions la ville, dans l'ordre que nous avions suivi pour y entrer, puis, au sortir du faubourg, je mis pied à terre, pour marcher en tête de la colonne, ce que je faisais toujours pour encourager et régler la marche, voulant me rendre compte par moi-même de ce que les hommes pouvaient faire. Bientôt nous arrivons dans cette forêt d'Orléans où nous devions rester pendant trois semaines, pour la préserver des attaques des Prussiens qui allaient devenir si fréquentes et si terribles.

La grand'route qui conduisait à Bougy était coupée et barrée, de sorte qu'il nous fallut prendre un guide qui nous conduisit par des allées impossibles et parfois tellement boueuses ou défoncées que nos bagages et vivres y seraient restés, si nos chevaux, toujours doublés, n'avaient pas été très-vigoureux.

Bougy n'est qu'un petit hameau qui était presque abandonné ; à peine si nous y pouvions loger une compagnie et quelques chevaux, mais en avant du village et un peu sur sa gauche, et plus près du 15e corps commandé par le général des Pallières, dont le quartier général était à Chevilly se trouvait une ferme : cette ferme s'appelait la Mairie. Neuville était en avant. vers Pithiviers, la Mairie, sur la gauche, et un peu plusen arrière, de sorte que nous nous trouvions encore aux avant-postes et à l'extrémité droite de l'armée.

Tout d'abord, pour connaître le fort et le faible de ma position, j'envoyai dans les lignes ennemies ; il était très-difficile d'y pénétrer, cependant je voulais savoir ce qui s'y passait. Les Prussiens se hâtaient de se reformer, et établissaient devant notre armée une ligne serrée et profonde, de manière à nous faire supposer qu'ils étaient encore très-nombreux; mais par derrière il n'y avait personne. Je m'empressai de rendre compte de ce qui se passait au général en chef; je me permettais de dire qu'un mouvement en avant devait évidemment réussir : les excessives précautions des Prussiens me démontraient combien ils attachaient d'importance à cacher et le nombre de leurs troupes et leurs positions.

La ferme de la Mairie était distante de la forêt de 1,500 à 2,000 mètres; mais aucun chemin praticable aux chevaux ne conduisait à la grand'-route d'Orléans à Étampes, qui se trouvait à deux kilomètres environ. La terre était si forte, et s'attachait tellement aux pieds, qu'il y avait impossibilité absolue de s'y engager, non-seulement pour l'artillerie, mais même pour la cavalerie; nous n'avions donc rien à craindre, et nous pouvions, en passant par Neuville sur notre droite, ou la forêt sur notre gauche, gardée par une brigade de la division Martin des Pallières, campée à Saint-Lyé, atteindre facilement toutes les routes convenables, et faire ainsi toutes les reconnaissances utiles sur la gauche de l'ennemi, et même derrière ses lignes, en passant par Lion en Beauce et Aschères.

Neuville était donc une position moins sûre, mais le gros de l'ennemi ne dépassait pas la route d'Etampes à Arthenay ; avec une surveillance active, on pouvait facilement repousser les cavaliers ennemis qui se seraient présentés. Telle était notre position ; le 12 au soir, j'étais à la Mairie, lorsque la lettre suivante me parvint :

16e Corps d'armée
ÉTAT-MAJOR GÉNÉRAL

« St-Peravy, le 12 novembre 1870.

« Mon cher colonel,

« J'ai l'honneur de vous informer que le ministre de la guerre a nommé capitaine dans le corps des volontaires de la Vendée. M. Caillard (Paul), capitaine de la garde nationale de Saint-Laurent-des-Eaux, pour sa belle conduite aux combats des 14 et 15 octobre dernier.

« J'espère, ajoute M. le ministre, que cette ré-
« compense ne sera pas la seule que le gouver-
« nement de la Défense nationale voudra accorder
« à cet officier. »

« Ci-joint la commission du capitaine Caillard (Paul).

« Veuilez m'adresser *de suite l'état nominatif des officiers de votre corps*, avec les mutations depuis l'époque de l'organisation jusqu'à ce jour.

Ces documents me sont demandés d'*urgence* par le ministre.

« Le général commandant en chef le 16e corps,

« *P. O.* Le général chef d'état-major général,

« VUILLEMOT. »

Pour me conformer aux ordres ci-dessus j'avais à envoyer l'état nominatif des officiers pour lesquels je n'avais encore demandé aucune commission,

Deux raisons m'avaient fait agir ainsi en dehors de tout usage : la première, c'est que les volontaires que j'avais choisis pour commander les compagnies étaient arrivés comme simples soldats sous le rapport militaire ; j'avais bien, il est vrai, les états de service de plusieurs d'entre eux qui avaient figuré dans l'armée régulière : mais quelle différence d'avoir à conduire des hommes soumis et façonnés à la discipline depuis longtemps, ou de diriger et de conduire des volontaires, vos égaux, qui ne deviennent de très-bons soldats qu'à la condition de s'en faire estimer ! La seconde, qui découle de la première, était de n'avoir pas à réclamer la solde et l'entrée en campagne des officiers qui n'auraient pas été capables de remplir leurs fonctions et que j'aurais été obligé de remplacer par d'autres, ce qui eut fait double emploi, double dépense : ainsi donc, utilité et économie.

Ce moyen m'a parfaitement réussi, car aucune troupe n'a été ni mieux disciplinée ni plus facile à conduire que les Vendéens, ce que je dis à la louange de tout le corps d'officiers qui les commandait.

Pendant les premiers jours, les hommes purent se reposer un peu de leurs fatigues, ce qui n'était pas sans besoin.

Toutefois, notre campement n'était pas brillant : une cour carrée, entourée de quatre bâtiments ou hangars, au centre de laquelle était un lac d'eau noire et fétide recouverte par nous de bruyères. Vous vous figuriez mettre le pied sur quelque chose de sec, et point du tout, vous enfonciez au-dessus de la cheville dans la boue; quel agrément! de sorte que pour mieux sécher et remettre ses chaussures on ne les quittait point.

Que de moyens la nécessité nous enseigne de vivre gaiement, sans frais et même sans maladie, ce qui n'est pas moins vrai quoique moins croyable! En effet, que de jeunes gens sont rentrés dans leur famille mieux portants qu'ils ne l'étaient à leur arrivée au corps !

Nos lits étaient sains et chauds : nous avions de la paille, sur une épaisse couche de fumier de mouton, assez sec, qui était tassé dans les bergeries.

L'état-major et moi-même couchions, avec la compagnie d'élite, à l'extrémité d'une étable de vaches, qui se détachaient souvent la nuit, et entraient dans notre dortoir; quelles alertes! on rattachait alors la pauvre bête, et la jeunesse se rendormait en paix.

Le fermier et sa femme étaient plein d'attention pour nous tous, ils se lamentaient sur notre position et cherchaient à l'améliorer. Que Dieu les bénisse, et leur donne ce qu'ils auraient voulu pouvoir nous procurer!

J'avais, comme je l'ai déjà dit, examiné tous les terrains autour de nous, et j'en avais fait connaître à l'état-major les dispositions et la nature: les éclaireurs, qui ne pouvaient avoir de repos, me donnaient des renseignements sur les mouvements de l'ennemi. Voici ceux que j'avais recueillis le 13, et que j'adressai au général commandant le 15ᵉ corps :

Au général des Pallières.

« Ferme de la Mairie (près Bougy),
le 13 novembre 1870.

« Mon général,

« Vous savez que les Prussiens ont tout évacué en avant de nous, depuis Pithiviers jusqu'à

Chauny. Tivernon et Orson sont aussi abandonnés.

« L'ennemi se rabat par Puisay et Alain sur Chartres. On dit que ses forces sont de cent cinquante mille hommes au moins, et qu'il aurait cent cinquante pièces de canon, qui seraient venues d'Etampes, en partie vendredi de deux heures à onze heures du soir, et le samedi depuis l'aube jusqu'à deux heures de l'après-midi. Leur artillerie et leurs troupes s'étendent de Toury à Janville.

« C'est assurément les terrains peu solides que je vous ai indiqués qui les ont fait se reporter sur la gauche de Toury.

« Agréez, etc.

« CATHELINEAU. »

La poste nous rejoignait, et m'apportait quelques lettres; une d'elles est trop précieuse pour ne pas la rappeler ici :

« Au Coudreau, près Maboucé
(avant-postes de Châteaudun),
8 novembre 1870.

« Bravo, mon cher ami, de votre beau succès d'Orléans! On vient de m'apprendre votre nomination au grade de lieutenant-colonel; bravo encore!

« Les volontaires de l'Ouest serrent fraternellement la main aux volontaires Vendéens; c'est une même famille, quel que soit le nom qu'ils portent.

« Nous espérons bientôt nous mesurer, nous aussi, avec les Prussiens, que nous n'apercevons que de loin, malgré nos marches et nos contremarches.

« Au revoir et à bientôt, et croyez à votre bien affectueux et dévoué

« CHARETTE. »

A cette lettre je répondais :

« Certainement, mon cher ami, la Bretagne et la Vendée sont deux sœurs, et je regretterai toujours que mes premières idées que je vous avais soumises à Tours n'aient pas été suivies. Deux sœurs réunies ne peuvent succomber, quand elles travaillent pour leur mère commune, la France.

« Je cherche partout de vos nouvelles, je suis inquiet de vous, et ces inquiétudes vous devez les avoir pour moi. Quand nous reverrons-nous ?

« Tout à vous et pour toujours,

« CATHELINEAU. »

Les Prussiens commençaient à apparaître en avant de Pithiviers. Neuville et Chilleurs-aux-Bois avaient d'assez fréquentes visites de leur cavalerie. A Neuville, le général Martin des Pallières avait envoyé trois escadrons de chasseurs. Le mouvement se dessinait sur la droite, nous allions bientôt le suivre.

Le 13, à la Mairie, nous étaient arrivés de bons amis renforcer les éclaireurs à cheval : c'étaient MM. Torterue de la Cour, du Chazaud, de Massougnes, des Mazis.

On comprendra les difficultés qui existaient pour nous rejoindre, quand on se rappellera qu'à ce moment les postes étaient interrompues presque partout, et qu'il n'était pas rare de recevoir des lettres de quinze jours de date, souvent même d'un mois. On nous écrivait pour avoir des renseignements ; on se plaignait que nous ne répondions pas, on nous accusait de négligence : mais comment faire quand on n'a pas la demande?

Je faisais d'assez fréquentes visites au général Martin des Pallières ; il m'entretenait avec plaisir des réformes qu'il établissait dans son corps d'armée, des espérances qu'il avait de pouvoir résister à l'ennemi dans les positions qu'il avait choisies. On allait, me disait-il, lui envoyer de nouvelles batteries d'artillerie ; car, il faut le dire, on travaillait à l'armement avec la plus grande activité.

J'écoutais tous ces détails avec un grand intérêt; je comprenais le bonheur que peut éprouver un général à augmenter son armée, à fortifier ses positions; mais j'avais une idée fixe qui ne me quittait pas : l'armée de Metz allait nous arriver, doubler et tripler les forces de l'ennemi, et pour aller à Paris, notre seul objectif, il fallait l'attaquer et la détruire presque en entier ; nous pouvions la repousser, elle n'avait pu recevoir de grands renforts de l'armée de Paris qui se trouvait suffisamment occupée par les assiégés ; le moment me semblait propice, et je ne pouvais m'empêcher de gémir sur notre inaction. Sans doute nous avions besoin d'armes et d'hommes, mais l'enthousiasme d'une première victoire double les forces : nous avions été victorieux, nous aurions pu l'être encore ; je persévérais donc à demander l'autorisation de me glisser vers Étampes entre les deux armées ennemies, afin de les inquiéter. Il y [illegible] fait des démarches à ce sujet auprès du général en chef, mais elles furent inutiles. Ma proposition ne fut point acceptée, on la trouvait imprudente, et moi qui connaissais le pays, je la croyais sûre : l'avenir m'a prouvé que j'avais raison, puisque j'ai pu sortir d'embarras beaucoup plus grands qu'ils n'auraient été pour moi dans cette circonstance. Quand je me reporte à cette époque, que de regrets j'éprouve encore ! mais les ordres étaient précis. Le gouvernement faisait les plans, les généraux n'avaient qu'à obéir, et l'ordre était d'attendre et de ne pas bouger de notre côté.

Des francs-tireurs ou corps francs, un grand nombre s'étaient formés ; ces corps, pour la plupart, se composaient d'une compagnie ou deux ; il y en avait de tous les pays, et pour eux, sans aucun doute, on avait appliqué la décentralisation. Toutes les compagnies étaient indépendantes les unes des autres, ne se reliaient en rien, et avec la meilleure volonté de bien faire souvent, leur action était fâcheuse pour l'armée, soit en attirant l'ennemi, soit en lui donnant l'éveil.

Quand on pouvait se dire républicain en arrivant à Tours, on était sûr d'être autorisé à former une compagnie avec des hommes qu'on prenait où l'on voulait. J'ai vu des officiers enrôlés quitter le corps d'où ils avaient été souvent renvoyés, être parfaitement autorisés à former des compagnies de francs-tireurs. Comment ensuite maintenir et la règle et la discipline? Les préfets en formaient eux-mêmes. C'était un désordre dont rien n'approche, et voici un exemple de Château-Gontier :

Le général en chef de Colomb m'envoie un corps d'éclaireurs. Les élections se font : il n'y avait que quelques votes ; j'en demande la raison aux officiers, qui me répondent que la plupart de leurs hommes ne pouvaient voter, parce qu'ils étaient privés de leurs droits civils; et c'était une formation préfectorale : quelle chose incroyable! mais leur auteur était un grand républicain, et pour en trouver dans le pays un certain nombre, il fallait descendre aussi bas. Pauvre France! la République devait te sauver, disait-on ; les républicains t'ont perdue. Quoi qu'il en soit de ces formations, défectueuses à tout point de vue, la réputation des corps francs est bien établie : ils ont fait subir à l'ennemi des pertes énormes ; ils ne lui donnaient de repos ni le jour ni la nuit, et si ses volontaires avaient été organisés avec ensemble, ils auraient démontré, d'une manière irréfutable, que le grand courage et la plus constante énergie se trouvent dans les hommes qui choisissent eux-mêmes leur rôle, chez les volontaires pour tout dire en un mot; aussi des hommes de cœur, mus par un sentiment vraiment patriotique, s'étaient-ils empressés, dès l'origine de la guerre, de faire appel à des volontaires qui, sous le nom de corps francs, ont fait partout et toujours des prodiges de valeur et ont mérité que l'ennemi leur fit l'insigne honneur de les comprendre dans les articles de la capitulation de Paris, les regardant avec juste raison comme leurs ennemis les plus acharnés et les plus dangereux.

Le général d'Aurelles avait entretenu mon chef d'état-major du projet qu'il avait de réglementer et d'organiser, sous le commandement d'un ou plusieurs chefs, tous les francs-tireurs attachés à son armée. Nous n'avions pas eu le bonheur, depuis le commencement de la campagne, de rencontrer des francs-tireurs bien dirigés ; nous avions au contraire reçu beaucoup de plaintes, de la part des habitants, des actes des francs-tireurs, qui passaient, quelques-uns à juste raison, pour des pillards et des vagabonds.

Quand le général fit connaître à Puységur la pensée qu'il avait à ce sujet, mon chef d'état-major l'en complimenta, mais il ne fut point aussi satisfait quand le général lui dit qu'il comptait me donner le commandement. A son retour, je me le rappelle encore, il m'apportait de bonnes nouvelles, des espérances sur des mouvements prochains, des remerciements pour notre activité. « Mais, me dit-il dans son langage de franchise à nul autre pareil, vous n'allez pas être content d'une résolution qui semble prise et que je dois vous faire connaître. » Et il me parla des francs-tireurs. « Mais qu'avez-vous répondu ? lui dis-je. — J'ai tout fait pour expliquer que vous ne deviez pas être chargé d'un pareil commandement ; que la jalousie entre les différents corps pouvait produire de mauvais effets ; que nous devions à l'entente qui régnait entre nous tous d'avoir pu rendre des services jusqu'à ce jour ; que vous aviez déjà trop d'occupations de détail, occasionnées par le travail des renseignements à prendre et la direction des éclaireurs, et que des réformes aux avant-postes étaient très-difficiles à opérer. Malgré mes observations, le général m'a chargé de vous prier, au nom du gouvernement et au sien, d'accepter ce commandement. » A ce sujet, je reçus la lettre suivante :

Général en chef d'Aurelles de Paladines à commandant de Cathelineau.

« 15 novembre 1870.

« Mon cher commandant,

« L'ennemi paraît arriver en forces du côté de Montargis, il est nécessaire que la forêt d'Orléans soit fortement occupée. Mon intention est d'y envoyer, non-seulement des troupes, mais tous les francs-tireurs dont je puis disposer en ce moment, moins ceux du commandant Lipouski, qui sont employés sur la ligne de la..... du côté de..... pays qu'ils connaissent parfaitement.

« Pour coordonner l'action des francs-tireurs de la forêt d'Orléans, je désirerais les mettre tous sous le même commandement.

« Je pourrais vous faire donner un grade qui vous permettrait hiérarchiquement de donner des ordres et d'en exiger l'exécution.

« Au reste, pour cette dernière considération, je compte beaucoup plus sur votre position et votre caractère bien connus pour vous donner cette autorité morale, indispensable au commandement.

« Je crois pouvoir ajouter que la loi martiale est applicable aux francs-tireurs qui font partie de l'armée, et que vous pourrez y avoir recours toutes les fois que vous le jugerez nécessaire.

« Recevez, etc.

« Le général commandant en chef,

« D'AURELLES. »

15e Corps d'armée
1re DIVISION
Etat-major

« 15 novembre 1870.

« Le général commandant la 1re division fait connaître à M. de Cathelineau qu'il transmet au général en chef les propositions contenues dans la dernière dépêche.

« Le général en chef peut seul prendre une décision à cet égard.

« Le général commandant la division,
« *P. O.* Le lieutenant-colonel chef d'état-major,

« A. DES PLAS. »

15e Corps d'armée
1re DIVISION
Etat-major

« Cher commandant,

« Je transmets au général en chef votre lettre

au sujet de l'affaire sur Etampes. Lui seul qui tient les fils qui nous font mouvoir peut ordonner ce mouvement.

« Votre dévoué,

« Général DES PALLIÈRES. »

Je répondis au général d'Aurelles : « Mon général, quelque lourde que me paraisse la tâche de commander des corps de formation si distincte et d'habitudes si différentes, je l'accepterai par obéissance et par dévouement pour mon pays. En compensation, je vous demanderai de vouloir bien me donner des troupes régulières plus nombreuses et dans la proportion du nombre des francs-tireurs que vous avez à m'envoyer, afin de conserver le bon ordre et la discipline autour de moi. Je demande, en outre, à ce que les vivres soient fournis à ces volontaires, afin qu'on n'ait plus aucune raison apparente de rançonner les habitants. »

Nous allons quitter la Mairie, ou plutôt Bougy, pour nous approcher de Neuville et de Chilleurs-aux-Bois ; les Prussiens commençaient à se montrer à Pithiviers, ils apparaissaient aussi à Montargis ; l'armée de Metz n'était point encore arrivée, mais l'ennemi s'emparait des positions qu'il avait le projet d'occuper dès l'arrivée de renforts. Pendant notre séjour à la Mairie, j'avais eu des rapports avec le général Bertrand, commandant les troupes de Saint-Lyé ; je n'ai pas eu l'occasion de le revoir pendant la campagne, et je regretterai toujours que ces rapports aient été si promptement rompus tant ils m'étaient agréables. Pendant deux jours nous établissions nos campements à Neuville, pour nous rapprocher de la droite de la forêt ; je ne parle point ici de petits engagements qui avaient eu lieu entre nos avant-postes et les vedettes ennemies. Ces sortes de rencontres étaient journalières.

Cette vie étonne tout d'abord, mais on s'y accoutume comme un montagnard suisse aux précipices ; il voit l'abîme sous ses pieds et n'en continue pas moins gaiement sa route ; toutefois, il prend garde, et nous aussi nous nous gardions.

Le 16 novembre, je recevais les dépêches suivantes qui prouvent la grande activité des chefs de corps ; sans aucun doute, les difficultés étaient grandes, les hommes n'étaient pas formés, mais si nos généraux avaient eu plus de liberté, les fautes qu'on reproche aujourd'hui aux armées de la Loire n'auraient point été commises, et si nous avions pu supposer un instant que Paris ne pouvait ou ne voulait pas faire de sorties sérieuses, nous nous serions fortifiés dans nos positions, et les Prussiens n'auraient jamais pu nous entamer ; mais à tout prix il fallait avancer et marcher sur Paris, et, pour y arriver, traverser des plaines où l'artillerie et l'infanterie ennemies, incomparablement meilleures que les nôtres, devaient nous arrêter et nous écraser.

Je l'ai dit, mais je ne puis m'empêcher de le répéter, si le dictateur Gambetta avait compris les rôles, s'il n'avait point été avant tout un homme politique, ne songeant qu'à l'établissement de la République, pour lequel il avait besoin de Paris, la province eût pu se défendre, fatiguer l'ennemi et le forcer, de guerre lasse, à se retirer.

15e Corps d'armée
1re DIVISION
Etat-major

« Chevilly, le 16 novembre 1870.

« Conformément aux ordres de M. le ministre de la guerre, il doit être fourni le 1er de chaque mois une situation conforme au modèle. Cette situation sera envoyée au général commandant la division,

« Pour le mois de novembre, cette situation devra être établie et envoyée immédiatement.

« Le général commandant la 1re division d'infanterie du 15e corps d'armée,

« *P. O.* Le chef d'état-major,

« DES PLAS. »

A Monsieur le colonel de Cathelineau.

15e Corps d'armée
1re DIVISION
Etat-major

« Chevilly, 16 novembre 1870.

« Mon cher colonel,

« Je suis chargé par le général en chef, et je le fais avec le plus grand plaisir, de réunir en un seul faisceau tout mon corps de francs-tireurs pour le placer sous votre commandement direct. J'attacherai à ce commandement, à demeure, un escadron de cavalerie et un bataillon d'infanterie.

« Nous nous attendons à être attaqués d'ici trois jours. Les routes qui viennent de Montargis par Bellegarde et Châteauneuf se dirigeant sur Orléans, ainsi que celles qui passent par Loury venant de Pithiviers, doivent être défendues par les francs-tireurs, gardes nationaux et chasseurs de la forêt.

« Toutes les coupures de la forêt qui ont été comblées par nous ou par l'ennemi vont être remises à leur état primitif, sauf toutefois celles de la route de Saint-Lyé à Orléans, que je réserve pour notre circulation.

« Dans le cas où le besoin s'en ferait sentir, si si vous ne possédez pas un plan de la forêt où ces coupures soient indiquées, on pourra vous en procurer un à l'état-major de la 1re division du 15e corps.

« J'écris à M. le comte de Neverlais ainsi qu'au commandant Piquot pour qu'ils rattachent leur défense à la vôtre.

« Vous pourrez disposer en leur faveur, et dans la mesure que vous jugerez convenable, des compagnies régulières que je vous envoie.

« Je vous prie d'agréer, mon colonel, l'expression de mes sentiments les plus affectueusement dévoués.

« G. DES PALLIÈRES.

« *P. S.* — M. de Neverlais n'a sous ses ordres que des troupes irrégulières, composées de braconniers, paysans et hommes de bonne volonté. M. Piquot, au contraire, commande les gardes nationales de Bellegarde et Beaune. »

J'avais entendu parler de cette organisation qui avait parfaitement fonctionné au moment du premier envahissement d'Orléans; je comptais donc beaucoup sur les forces qui m'étaient indiquées et annoncées : malheureusement la présence de l'ennemi dans les environs de la ville retenait sur les lieux ces gardes nationales, qui ne purent nous prêter leur concours.

Inspection des Forêts
FORÊT D'ORLÉANS

« Orléans, le 11 novembre 1870.

« Les brigadiers et gardes de la forêt d'Orléans sont invités à se mettre à la disposition de M. le commandant de Cathelineau et de ses officiers, pour conduire leurs troupes à travers la forêt.

« L'inspecteur des Forêts,
« DE LA VIGNERIE. »

Les troupes mises sous mes ordres allaient devenir nombre, il était donc indispensable de pouvoir faire des réquisitions sans lesquelles nous étions exposés à mourir de faim, d'autant plus que les pays que nous occupions étaient complétement ruinés par l'ennemi qui y avait séjourné avant notre arrivée.

15e Corps d'armée
ÉTAT-MAJOR GÉNÉRAL

RÉQUISITIONS

« Chevilly, le 17 novembre 1870.

« En raison de la mission qui est confiée à M. de Cathelineau, le général commandant le

15e corps d'armée lui délègue les pouvoirs de faire toutes réquisitions dont les troupes auront besoin, dans les lieux de la rive droite de la Loire qu'il lui est prescrit d'occuper, ainsi que dans tous ceux où les événements l'amèneraient à se porter.

« Le général commandant en chef
le 15e corps d'armée,

« G. DES PALLIÈRES. »

La plus grande agitation régnait entre Pithiviers et la forêt. L'ennemi allait et venait dans tous les sens; toute la plaine était constamment battue par une cavalerie très nombreuse; les habitants du pays ne pouvaient plus circuler. Nous étions accoutumés à ces mouvements, qui étaient soit l'annonce de la retraite de l'ennemi, soit, au contraire, celle de son arrivée en nombre considérable.

Voici mes renseignements :

Au général en chef de l'armée de la Loire

« 17 novembre, 4 h. du matin.

« Hier, mon exprès a conféré avec le commandant de place de Montargis, qui a affirmé avoir des renseignements très-récents et très-précis sur la marche des troupes qui se trouvent à *Sens*, au nombre de 20,000 hommes, dit-il. Cette colonne, au lieu de descendre vers la Loire, remonterait vers Nemours.

« Avant-hier, Pithiviers était libre ; hier, d'après les renseignements qui ont été donnés cette nuit à mon exprès dans la petite ville de Chambon par un commandant de garde nationale, l'ennemi serait à Pithiviers au nombre de 2,000. Ces gardes nationales, qui s'étaient réunies pour aller à Pithiviers, sont revenues sans y entrer et très-effrayées, dit mon éclaireur.

« Il y avait aussi à Chambon un colonel délégué du gouvernement de Tours, qui l'a détourné de son projet de me rejoindre cette nuit. Cependant, il a traversé Courcy, où les francs-tireurs l'ont laissé passer sans exiger ses papiers.

« Il a trouvé à Chilleurs nos chasseurs à pied et un de nos postes de mobiles de Neuville. Montargis est décidé à se défendre, mais le reste du pays est inerte. On lui a même assuré qu'à Courtenay les habitants avaient déjà souscrit 60,000 francs pour satisfaire immédiatement les Prussiens à leur arrivée et empêcher toute exaction. Tels sont, général, les renseignements que j'ai obtenus sur tout notre front ; j'ajouterai que mon homme, qui est très-fin, croit que les troupes qui apparaissent à Pithiviers reviennent de Toury, redescendant la route de Malesherbes pour tromper les habitants et leur faire croire à un secours de Fontainebleau.

« Agréez, etc.

« CATHELINEAU. »

Ce n'est pas de Fontainebleau que le secours va leur arriver à ces rusés Prussiens, mais bien de Metz, avec le prince Frédéric-Charles. Toutefois, ils voulaient nous faire croire à un changement de position de l'armée qu'ils avaient devant la nôtre, afin de couvrir le mouvement qu'ils allaient opérer par Chartres, mouvement qui, comme on le verra plus tard, devait nous être si funeste. Nous n'étions pas chargé d'éclairer la gauche de l'armée, et il est bien regrettable qu'on n'ait pu suivre l'ennemi plus exactement dans toutes ces manœuvres. J'avais de grandes craintes pour notre gauche ou notre droite, mais je ne croyais pas à une attaque de front, et l'événement a prouvé que mes craintes n'étaient que trop fondées. Je les annonçais comme suit huit jours avant l'événement.

Rapport fait le 17 novembre 1870 à général des Pallières

« L'ennemi s'est montré à Saclos, Méréville, Centray, Armeville, Charmom, Pithiviers-le-

Vieil; Basoches et Altray, menacés de loger 3,000 hommes.

« A Chilleurs, les chasseurs se sont maintenus contre Prussiens.— Mobiles installés à Chilleurs.

« Cette démonstration, qui semble n'avoir aucun but utile, n'est-elle pas faite par l'ennemi pour couvrir une attaque sur *notre gauche* ou sur *notre extrême droite* vers Montargis? Ne serait-il donc pas urgent, demain matin, que le général Bertrand vînt défendre Chilleurs et Neuville, afin que nous puissions immédiatement nous porter vers Beaune et Bellegarde, afin d'avoir toute tranquillité du côté de la Loire et en dehors de la forêt? Si vous partagez notre opinion, voudrez-vous donner des ordres en conséquence au général Bertrand, car nous ne quitterons les positions de Neuville et de Chilleurs que quand nous pourrons y être remplacés. Dans ce cas, mon général, j'attendrai immédiatement le bataillon de tirailleurs algériens comme aussi un ordre par un des escadrons de Neuville.

« Agréez, etc.

« CATHELINEAU.

« Cette nuit, nous allons faire l'impossible pour nous renseigner exactement sur les mouvements de l'ennemi et sur sa force. »

J'avais besoin de voir le général des Pallières

pour m'entendre avec lui sur beaucoup de points. Je quittai donc le château de la Rive-du-Bois, appartenant à M. le comte de Beaupréau, à quatre heures du matin pour me rendre à Chevilly. Je venais d'y arriver, lorsqu'un express arriva de Neuville annoncer que les chasseurs étaient aux prises avec l'ennemi, infanterie et cavalerie, et qu'il menaçait l'entrée de la forêt en arrière de Chilleurs, sur la grand'route de Pithiviers à Orléans.

Cette nouvelle me contrariait sans m'inquiéter. Je connaissais les forces de l'ennemi devant Chilleurs; il pouvait s'emparer de cette petite ville, qui n'était gardée que faiblement, mais il n'était pas encore concentré en nombre suffisant pour chercher à pénétrer dans la forêt. Cependant, il fallait conserver Chilleurs et je fus obligé de repartir immédiatement. Nous allions nous éloigner du quartier général; j'attachais une grande importance à cet entretien que je prévoyais devoir être le dernier. Le général Martin des Pallières, je l'ai déjà dit, travaillait avec une grande activité à la réforme de ses troupes, à leur réorganisation; son corps était le plus beau de l'armée, le plus nombreux et le mieux armé; son artillerie s'augmentait tous les jours; il était plein d'espoir; il comptait sur nous pour lui indiquer les mouvements de l'ennemi. Connaissant notre activité, il n'avait aucune inquiétude sur sa droite, que nous gardions.

Qui ne comprendra tout ce que je pouvais avoir de questions à adresser ! Libre de tous mes mouvements, je n'étais que plus esclave; je devais prévoir, supposer ce qui pouvait arriver, et j'y étais d'autant plus porté, que le général me traitait comme un ami et me témoignait la plus grande confiance.

Le général en chef était plus éloigné de nous, et depuis notre passage à Orléans, je n'avais pas trouvé le temps d'aller jusqu'à Ormes ; il est vrai que l'état-major s'était rapproché en venant à Villeneuve, mais c'était encore trop loin pour moi, qui ne pouvait quitter mes hommes, chaque heure, chaque instant, rendant nos positions plus ou moins menacés par la nombreuse cavalerie que nous avions dans la plaine devant nous, et qui se mouvait continuellement avec une rapidité incroyable.

Mon messager, mon interprête, était mon vieil ami de Puységur, sûr, réservé, fidèle, il vivait à cheval, justement estimé par le général en chef et par son chef d'état-major, le général Borel : il était toujours attendu lorsque quelque chose de nouveau s'était produit, on disait nous allons voir Puységur, qui effectivement, ne tardait point à arriver ; par le moyen de ce brave ami, nos rapports étaient suivis, et nous agissions avec la plus grande entente. Le général nous remerciait souvent, et nous donnait les marques de la plus entière confiance, aussi les postes les plus difficiles et les plus périlleux nous étaient-ils toujours réservés.

J'avais la réputation d'être un marcheur extraordinaire à pied, mais je méritais sûrement celle de mener un cheval très-vite, j'arrivais donc promptement à Neuville, je fis prendre les armes au bataillon de la Dordogne et à quelques compagnies de vendéens, et je me dirigeais en toute hâte à Chilleurs.

Les chasseurs à cheval s'y étaient barricadés, et, sans se préoccuper de leur petit nombre, ils se défendaient vigoureusement; un mal entendu les avait ainsi exposés à ce combat inégal. Leur commandant, homme très-actif et très-brave, avait donné l'ordre au commandant de la Dordogne de se porter sur Chilleurs; dans leur préoccupation, ils avaient négligé de me prévenir, de sorte que, sur de nouvelles instructions, que vous allez voir tout à l'heure, j'avais ordonné au bataillon de la Dordogne de ne pas se montrer en avant, il était donc resté à Neuville, car j'exigeais la plus stricte obéissance.

Quand j'appris ce qui venait de se passer, j'en étais désespéré, mais tout allait se réparer, et il resterait aux chasseurs la gloire d'une lutte qui les avait distingué, et qui m'avait fourni l'occasion de les apprécier, aussi me suis-je hâté de les demander au général. Ils me furent accordés à ma grande satisfaction, dès ce jour ils feront partie de mon corps, et contribueront pour leur bonne part aux succès que nous aurons.

Nous étions arrivés à Chilleurs, et quelques précautions que nous eussions prises, les prussiens avaient eu connaissance de notre marche, et allaient se retirer, comme ils le faisaient toujours quand ils ne se trouvaient pas trois ou quatre fois plus nombreux que nous. Je donnai l'ordre au commandant Marty de laisser une compagnie à Chilleurs, et de s'établir sur la lisière de la forêt, sous bois, de façon à n'y être pas vu, et surtout point apprécié quant au nombre; j'ajoutai qu'en cas d'attaque. il fallait laisser l'ennemi s'engager dans la forêt jusqu'à la grande barricade qui fermait la route, et que sitôt qu'il y serait arrivé, il fallait commencer le feu, et la défendre à tout prix ; que, bien entendu, son premier soin devait être de faire replier la compagnie de Chilleurs, et je retournai à Neuville, que je devais garder, et où j'attendais différentes compagnies de francs-tireurs qui m'y étaient annoncés.

J'y trouvais des compagnies parisiennes, section d'Orléans, au nombre de quatre mille hommes.

La Nièvre, Loir-et-Cher, Nice, qui s'étaient incorporés aux compagnies parisiennes, et enfin la légion bretonne qui n'arriva que la nuit avec la moitié de son effectif.

Je plaçai les Parisiens et la Nièvre à la droite du côté de Chilleurs, leur recommandant de faire bonne garde, mais de ne pas se montrer dans la plaine sans ordre précis.

Le lendemain matin, les prussiens qui avaient appris que nous avions dégarni Neuville, ne manquèrent pas d'y apparaître en avant, et sur la droite et sur la gauche, feignant une attaque sérieuse à laquelle je ne pouvais croire, sachant par mes éclaireurs, que leur ligne n'était pas profonde, et qu'ils n'avaient que très-peu d'infanterie devant nous.

Dès la première heure, les Parisiens tiraient sur les cavaliers, malgré les ordres que j'avais donnés de laisser venir la cavalerie jusqu'à nous; étant très en mesure de la repousser, jaurais voulu la cerner, mais impossible, l'amour du coup de fusil l'emportait sur toute autre considération; la journée se passa comme tant d'autres, à rester spectateur des manœuvres de l'ennemi, sans pouvoir l'atteindre.

Le temps était superbe; nous étions placés les uns en face des autres, comme des écoliers aux barres; quand nous avancions ils reculaient, ayant bien soin de ne pas approcher à la portée de nos armes. Le spectacle était curieux. C'était le capitaine du Ruz, le commandant Queyriaux, le capitaine de Curzon, qui tour à tour sollicitaient l'autorisation de profiter de quelques plis de terrain, de broussailles, pour s'avancer sur l'ennemi et chercher à le couper. Pour les satisfaire, je les autorisai, mais c'était inutile; les Prussiens avaient l'œil à tout; nous ne pouvions les surprendre, et, franchement, dans la plaine ce n'était pas facile.

De nouvelles troupes allaient arriver nous remplacer. Le général Bertrand devait y appuyer la droite, et nous, quitter ces parages pour Courcy, Chambon et Nibelle, points que nous devions garder intacts, et qui, heureusement pour nous, n'ont jamais été forcés pendant notre séjour dans la forêt, malgré les efforts incessants de l'ennemi.

Je viens de raconter la journée du 18 novembre; il me reste à insérer ici différents rapports ou dépêches que j'avais reçus ou que j'avais envoyés moi-même les deux derniers jours.

15e Corps d'armée
ÉTAT-MAJOR GÉNÉRAL

« Chevilly, 17 novembre, 9 h. 1/2 soir.

« Mon cher colonel,

« D'après mes renseignements, et ceux que vous

me donnez sur le corps prussien qui vient renforcer le corps bavarois de *Tann*, est arrivé par Malesherbes ce matin, et se dirige sur Loury. La démonstration sur la forêt et Chilleurs peut être sérieuse, mais à moins qu'elle ne se produise par Gien, Châteauneuf et le bord de la Loire, nos francs-tireurs seront à peu près assez forts pour l'arrêter ou du moins pour entraver notablement le progrès de sa marche. Comme je vous l'ai dit dans ma précédente lettre, il ne faut pas que l'ennemi se doute de l'importance de notre agglomération à Saint-Lyé. En conséquence, il y a lieu de ne lui faire voir aux avant-postes de nos positions, que le même nombre à peu près de troupes que ces jours derniers, de sorte que, si par exemple, vous êtes obligé d'aller défendre les routes de Beaune et Bellegarde, nous vous remplacions par les mêmes forces, afin qu'on ne puisse deviner notre intention de Saint-Lyé. Pour juger du sérieux d'une attaque par la forêt, il faut la laisser s'avancer dans le défilé pour être sûr qu'elle a l'intention arrêtée d'y pénétrer. Dans ces conditions, on l'attaque sur ses flancs ou sur ses derrières, et on prévient de sa force et de sa direction. J'estime que, tant qu'elle ne se composera pas de dix mille hommes et de vingt-quatre pièces de canon, nous n'aurons pas outre-mesure à nous en préoccuper, et nous pourrons, en vous renforçant un peu au besoin, vous laisser le soin de la détruire. Je vous envoie ce commentaire un peu plus expliqué que ma précédente lettre, pour que vous saisissiez mieux l'esprit de ma communication, que je n'ai peut-être pas bien traduit.

« Votre dévoué,

« Général DES PALLIÈRES. »

Je répondais aussitôt :

« Neuville, 18 novembre 1870.

A général des Pallières

« Mon général,

« Après avoir cherché à me pénétrer le mieux possible de vos instructions, je vais vous indiquer les principales positions que j'occuperai demain soir. — La route de Pithiviers, dans la forêt en arrière de Chilleurs aux bois que je fais surveiller, Courcy, Chambon, Montdiard et Nesploy, ayant toujours soin de dissimuler mes hommes par les bois.

« J'irai m'installer moi-même à Chambon, de manière à pouvoir parfaitement surveiller Montargis et Pithiviers, afin de vous rendre un compte exact de ce qui s'y passera. De Chilleurs à Chambon je placerai les mobiles et les tirailleurs algé-

14.

riens, de manière à pouvoir porter secours, soit à Neuville, soit à Bellegarde. Tous les francs-tireurs seront placés à ma droite et dans les petits bois en avant de Bellegarde.

« De cette manière je puis facilement, sur le moindre signal, arriver à Saint-Lyé s'il en est besoin ou m'avancer vers le canal de la Loire. Le général Bertrand n'aura à distraire de Saint-Lyé que la petite occupation de Neuville, où hier il avait déjà envoyé 600 hommes qui me semblent très-suffisants. Nous feront faire toutes nos réquisitions sur Montargis et lieux voisins. Vous n'oublierez pas, général, que vous avez eu la bonté de me promettre deux petites pièces de campagne que je tiendrai cachées derrière moi, en arrière Chambon, point de jonction de plusieurs routes. Vous savez aussi que j'ai besoin de caissons. Je vais m'occuper aussi avec la plus grande attention de la discipline de plusieurs compagnies de francs-tireurs qui me paraissent très-indépendantes. Je suis très-heureux du conseil que vous me donnez de laisser engager l'ennemi avant de le repousser; les attaques de front ne produisent jamais l'effet de celle de flanc et en arrière, quand on est assez fort pour tourner l'ennemi, et si nous n'avons à nous attaquer qu'à 10,000 hommes quand nous aurons pris nos positions, vous pouvez être bien tranquilles; je m'en charge.

« Vous remarquerez aussi, général, que ces différentes occupations me permettront facilement, par Pithiviers, de gagner Etampes quand vous aurez battu l'ennemi, ce dont je suis certain.

« Agréez, etc.,

« CATHELINEAU. »

Au milieu de toutes ces marches il fallait encore s'occuper de l'administration du corps de la Vendée qui n'avait pu se former que devant l'ennemi, et qui me donnait souvent des ennuis; le Gouvernement nous avait acceptés, et certes il se servait assez de nous; cependant, comme on va le voir, il me créait encore bien des difficultés.

A général en chef d'Aurelles

« Neuville, 19 novembre 1870.

« Mon général,

« Je viens vous remercier encore aujourd'hui des marques de confiance que vous m'avez données. Vous pouvez compter sur mon entier dévouement. J'ai déjà reçu quelques compagnies de francs-tireurs; il y a parmi elles beaucoup de réformes à faire : je les commencerai doucement, fraternellement d'abord, mais très-vigoureusement, s'il y a résistance.

« J'ai rendu compte au général des Pallières de ce que je savais sur l'ennemi et des nouvelles positions que j'avais occupées. Il me reste à vous entretenir, mon général, d'une très-fâcheuse affaire arrivée au dépôt de mon corps, à Amboise. J'avais laissé à ce dépôt, pour me remplacer, avec délégation de tous mes pouvoirs, un homme honnête et capable, M. du Château, et à côté de lui j'avais placé un certain M. X..., pour la partie essentiellement militaire. Il était lieutenant, nommé par moi, et devait recevoir ses ordres de M. du Château sur toute espèce de points. A peine étais-je parti que ce M. X... est allé à Tours se faire nommer capitaine dans mon corps par le Gouvernement, qui, chose incroyable! lui a donné une commission régulière pour le grade de capitaine, et cela sans un seul mot de ma part. Aussitôt revenu à Amboise, il a fait de l'opposition à mon délégué, et l'a consigné forcément dans sa chambre par des sentinelles armées.

« Ayant appris ce qui se passait, j'ai envoyé un petit rapport au maire d'Amboise, le priant de faire saisir X..., qui s'était fait capitaine malgré moi et qui usurpait l'autorité que j'avais donnée à un autre. Le maire, après avoir attendu, exécuta cependant les ordres que j'avais donnés, et

X... fut conduit au général de Sol, à Tours. M. le général le consigna dans la ville ; X... profita de sa liberté d'action pour rappeler à lui, d'Amboise, une quarantaine d'hommes tout équipés par moi, et se présenta au ministère pour former une compagnie de francs-tireurs avec les hommes qu'il avait entraînés. Bien plus, il nomma officiers MM. X... et X..., que j'avais renvoyés d'Amboise la veille de mon départ. M. X... avait reçu la somme de mille francs pour sa solde du lendemain : il a jugé convenable de la conserver pour ses nouveaux besoins.

« Si, mon général, vous avez jugé utile de me charger de reformer certaines certaines compagnies de francs-tireurs, combien j'ai lieu d'espérer que vous allez user de votre autorité pour faire cesser un tel scandale. J'ai envoyé au général de Sol un rapport.

Il est vraiment bien difficile, au milieu des bois, de faire une aussi longue procédure, pour arriver à la répression de pareils méfaits, détournement de fonds, insubordination des plus marquées et des plus graves.

« Agréez, etc.

« CATHELINEAU. »

J'avais écrit au ministère, pour me plaindre de ce qui s'était passé au sujet de l'officier dont je viens de vous entretenir : comment, nommer capitaine dans mes volontaires quelqu'un que je n'avais pas proposé, l'autoriser à commander une nouvelle compagnie de francs-tireurs, quand je le chassais du corps ; était-ce compréhensible. Je demandai ce qu'on avait à nous reprocher, et quelles étaient les accusations ?

La réponse ne se fit pas attendre ; on nous remerciait : quelle contradiction entre les paroles et les actes ! mais les envahisseurs étaient devant nous, la France était malheureuse, et nous étions ses enfants, et des enfants généreux, quoi qu'on ait pu en penser et dire, et toutes ces épreuves ne faisaient qu'augmenter notre énergie, notre courage.

Ministère de la guerre
CABINET PARTICULIER
DU MINISTRE.

« Tours, 15 novembre 1870 (reçu le 19)

« Monsieur le commandant,

« Nous serions bien difficiles, si nous n'étions pas satisfaits des services de vos vaillantes troupes. Nous vous en remercions tous, et nous vous prions d'en transmettre l'expression autour de vous.

« Nous vous prions également d'adresser, dans le plus bref délai, à M. le général en chef, les propositions de récompenses que vous jugerez à propos de présenter pour nous être transmises.

« Agréez, etc.,

« Pour le ministre de la guerre,
Le délégué,
« DE FREYCINET. »

Des tuiles ! il en tombe sur la tête au moment où on y songe le moins ; c'est bien le cas de le dire : nous ne savions plus ce qui se passait derrière nous, les lettres ne nous arrivaient que rarement, on formait un camp à Conlie, on y réunissait 50,000 hommes et plus. Ce n'était pas assez, on voulait encore m'enlever les quelques volontaires de ces contrées qui, après beaucoup de peine, avaient pu me rejoindre. Oh ! républicains, quelle liberté vous donnez, et quand vous êtes au pouvoir (que vous prenez largement) que faites-vous de votre devise : *Egalité, Fraternité?*

15e Corps d'armée
1re DIVISION
Etat-major

« Chevilly, le 17 novembre 1870.

« Le général commandant le 15e corps envoye à M. de Cathelineau la dépêche télégraphique ci-jointe qui lui est adressée; il l'informe en même temps qu'il demande à M. le général en chef de laisser sous son commandement les hommes engagés dans sa troupe depuis le 22 octobre et actuellement auprès de lui.

« En attendant la décision du général en chef, il l'autorise à garder les hommes qui se trouvent dans ce cas.

« *P. O.* Le chef d'état-major,

« DES PLAS. »

Dépêche télégraphique

Général en chef de l'armée de Bretagne, à commandant Cathelineau. Tours. Faire suivre.

« De nombreux mobilisés des cinq départements sont levés par vos agents. Beaucoup ont rejoint nos bataillons ou les rejoignent malgré le décret du 22 octobre qui les met inclusivement sous mes ordres; à partir de cette date tout enrôlement pour votre troupe n'est pas valable; d'ici quatre jours, tout mobilisé qui n'aura pas rejoint mon camp, sera recherché et puni comme déserteur. Je vous prie de donner des ordres immédiats en conséquence, d'autant que certains invoquent le prétexte d'engagement pour rester réfractaires.

« DE KÉRATRY. »

Cette dépêche avait étonné le général des Pallières comme elle m'étonnait moi-même; mon premier mouvement fut de la laisser sans réponse, ce que fit mon ami de Charette comme il me l'écrivait; il avait reçu de M. de Kératry la même dépêche avec ce titre :

« Mans de Conlie.

« *Général en chef de l'armée de Bretagne aux commandants Charette et Cathelineau, au Mans. — Faire suivre.* »

Charette me l'envoya et y joignit la réflexion suivante :

« Je reçois à l'instant la dépêche ci-jointe. Mon major y a répondu, quant à moi je compte garder le plus majestueux silence ! »

Et moi, toute réflexion faite, je répondais :

Dépêche télégraphique

Commandant Cathelineau à général Kératry. — Tours. — Faire suivre.

« Général, je n'ai point dans mon corps autant de volontaires des cinq départements que vous le supposez. A l'avenir, on n'acceptera que ceux qui sont en dehors du décret du 22 octobre. J'étais autorisé par le ministre de l'intérieur à conserver cinq cents hommes atteints par le décret; je n'en ai pas cent de vos départements.

« Veuillez donc, je vous prie, considérer ces braves engagés comme de bons soldats et non comme des réfractaires. En effet, s'ils méritaient ce nom, quel est celui que je pourrais donner à ceux qui sont en troisième et quatrième ligne.

« CATHELINEAU. »

Telle fut la réponse que je fis parvenir par l'état-major général, qui crut utile d'informer le ministre de cet incident, comme on va le voir :

15e Corps d'armée
1re DIVISION
Etat-major

« Chevilly, 18 novembre 1870.

« En vertu des ordres de M. le général commandant en chef l'armée de la Loire, M. le colonel de Cathelineau est autorisé à garder les hommes qui sont arrivés dans les compagnies des francs-tireurs vendéens depuis le 22 octobre dernier.

« Le général commandant le 15e corps d'armée.

« *P. O.* Le chef d'état-major,

« DES PLAS. »

Le général commandant le 15e corps a reçu du ministre de la guerre la dépêche télégraphique suivante :

« Veuillez considérer comme nul et non avenu tout ordre qui n'émane pas du ministre de la guerre. Cela répond à votre dépêche relative aux francs-tireurs Cathelineau, que vous aviserez et qui resteront avec votre armée.

« Le général commandant en chef le
« 15e corps d'armée,
« *P. O.* Le colonel chef-d'état-major,
« DES PLAS. »

M. de Kératry, quoique homme d'esprit, ne comprit pas ma réponse. En effet, les volontaires que j'avais avec moi y étaient venus en vertu d'un droit qu'eux et moi nous avions assez payé. Pour eux, que de peines et de difficultés pour me rejoindre, et pour moi que de travail et de démarches pour les avoir ! Qu'en voulais-je faire ? Qu'en avais-je fait ? Qu'allaient-ils devenir à Conlie ?

Général commandant l'armée de Bretagne à colonel de Cathelineau.

« 19 novembre 1870, de Conlie
à Chevilly.

« Je suis heureux de vous laisser les soldats

que vous me désignez ; mais je vous prie d'interdire d'autres levées, car cela jette le trouble dans la concentration des mobilisés.

« Mes compliments sur vos succès.

« DE KÉRATRY. »

Nous apprenions donc que tous les Bretons mobilisés allaient être concentrés entre les mains de M. de Kératry, sous la haute direction sans doute de M. Glais-Bizoin, et qu'on n'en voulait pas confier à Charette. Et pourquoi ? Charette n'avait-il pas fait ses preuves ? Ses zouaves ne s'étaient-ils pas bien battus ? Mais il s'agissait bien moins de repousser les Prussiens, de sauver la France, que de fonder la République. Toujours la même idée. Aussi, qu'on ne vienne pas nous dire, à nous qui avons assisté à ce malheureux drame, que les généraux soient responsables de nos malheurs. Non ! cent fois non ! Ils ne peuvent être responsables. Qui nous a perdus ? L'empire d'abord, et les républicains ensuite. L'empire a déclaré la guerre pour se maintenir au pouvoir ; les républicains l'ont continuée pour la fonder à leur manière ; et toujours la France sacrifiée. Pauvre France ! Telles étaient nos tristesses, et cependant nous voulions espérer.

15e Corps d'armée
1re DIVISION
Etat-major

« Chevilly, 18 novembre 1870.

« Monsieur le colonel de Cathelineau est informé que la légion bretonne, forte d'environ 1,500 hommes, est mise sous ses ordres et qu'elle arrivera incessamment.

« Le général commandant le 15e corps,
« *P. O.* Le colonel chef d'état-major,
« DES PLAS. »

Cette légion bretonne dont il est ici question était commandée par le colonel Daumalain; elle était formée de Bretons et de plusieurs compagnies de francs-tireurs du Midi, et d'une compagnie d'Américains; elle s'était battu pendant longtemps dans les Vosges, qu'elle avait quittés au moment où Garibaldi avait été nommé commandant des francs-tireurs de l'Est.

Armée de la Loire
GÉNÉRAL EN CHEF

« Villeneuve-d'Ancre, 17 novembre 1870.

« Mon cher commandant,

« Je vous remercie d'avoir accepté le commandement que je vous ai proposé, et dans lequel vous pouvez rendre de très grands services. Je vais m'occuper immédiatement de ce commandement, dans les conditions que vous désirez.

« Recevez, mon cher commandant, l'assurance de mes sentiments les plus distingués.

« D'AURELLES. »

J'avais, comme je l'ai dit, reçu plusieurs compagnies de francs-tireurs qui venaient de me rejoindre à Neuville ; quelques jours auraient été bien utilement employés à faire connaissance avec elles, à revoir leur organisation. Quand on est destiné à combattre côte à côte, il est indispensable de se connaître afin de s'apprécier ; comment faire une organisation solide et sérieuse aux avant-postes, où les jours se passent en escarmouches continuelles, les nuits en patrouilles et en veilles ?

15e Corps d'armée
1re DIVISION

« Chevilly, 17 novembre 1870.

« M. le colonel de Cathelineau est informé qu'il aura sous ses ordres toutes les compagnies de francs-tireurs attachées au 15e corps, savoir :

Francs-tireurs de la Vendée,
— de Nice,

Francs-tireurs de Loir-et-Cher,
— de la Nièvre,
— de Paris (section Orléans);
Légion des Bretons;
Un bataillon de mobiles de la Dordogne;
Francs-tireurs de Rochefort.

« En outre :

Un escadron de chasseurs,
Un bataillon d'infanterie (tirailleurs algériens).

« Le général commandant le 15e corps,
« *P. O.* Le chef d'état-major,
« DES PLAS. »

Le général, avec la plus grande attention, m'envoya immédiatement les troupes régulières que je lui avais demandées en acceptant le commandement des francs-tireurs; j'avais en nombre une forte brigade, presque tous les francs-tireurs qui me rejoignait avaient la réputation de se battre très-bien, quelques compagnies ne me paraissaient pas bien organisées, elles étaient mal vêtues, mal chaussées et peu disciplinées; je m'adressai à ces dernières, leur reprochant doucement leur tenue, leur promettant de les faire vêtir à neuf, et de leur accorder tout ce qu'elles pourraient désirer; qu'en retour, je leur demandais la plus grande obéissance et la plus grande union, toujours nécessaire dans une armée, mais indispensable dans la position difficile où nous nous trouvions, puis je donnai toutes mes instructions pour le changement de positions, prenant toutes les mesures nécessaires afin de cacher à l'ennemi nos mouvements vers l'extrémité nord-est de la forêt.

J'ai déjà eu l'occasion, plusieurs fois, de parler d'un brave officier de la garde nationale, le capitaine Caillard, qui avait été attaché à mon état-major par le gouvernement; j'avais demandé pour lui la croix de la Légion d'honneur, pour la conduite brillante qu'il avait tenue dans différentes affaires, aux environs de Saint-Laurent-des-Eaux, il me paraissait indispensable de récompenser le courage, à une époque où il se montrait si rare parmi les gardes nationales sédentaires, dont plusieurs déshonoraient leur titre de français, combien n'en avons-nous pas vu abandonner leurs armes à l'approche de l'ennemi, d'autres les cacher même, qui le croira, sous les ponts, jusqu'au fond de l'eau, et ici, je ne dis rien que de très-exact. Je fus donc très-heureux d'avoir à remettre la pièce suivante :

15e Corps d'armée
1re DIVISION
Etat-major

« Chevilly, le 8 novembre 1870.

NOTE

« Par décret du 12 courant, M. Caillard (Paul)

capitaine au corps des volontaires vendéens, a été nommé chevalier de la Légion d'honneur.

« Ampliation dudit décret a été remise directement à cet officier.

« M. le colonel Cathelineau voudra bien donner des ordres pour que ce nouveau chevalier soit reconnu suivant la forme ordinaire par un ancien membre de l'ordre, pris au besoin dans le régiment de tirailleurs.

» *P. O.* Le colonel chef d'état major,

« DES PLAS. »

Le régiment des tirailleurs algériens, dont il est ici question, et qu'on mettait sous mes ordres, était commandé par le commandant Bousenard, homme froid et résolu, sur lequel on pouvait compter dans toutes circonstances. Derrière les broussailles et sous bois, ces Africains se défendaient avec une énergie qui tenait de la furie. Ils avaient la plus grande confiance dans leur chef. Il avait sur eux l'ascendant nécessaire pour les bien diriger, ce qui faisait son éloge. Nous ne devions pas tarder à nous connaître et à nous estimer réciproquement. Leur arrivée fut une véritable fortune pour moi.

« 19 novembre, soir.

« *A général des Pallières.*

« Mon général, d'après vos instructions, je distribue mes forces dans la forêt d'Orléans, de manière à la bien garder et à éclairer la droite. Les renseignements de la nuit nous indiquent que l'infanterie que nous avons devant nous arrive de Loury. Ce sont des Bavarois. Un exprès, qui m'arrive de Loury, m'affirme qu'il n'y a dans cette ville que très peu d'hommes et seulement douze pièces d'artillerie légère, et que le gros de l'armée incline du côté de Chartres; leur projet semble donc être d'éviter la forêt d'Orléans et de passer à droite et à gauche. Comme il m'est arrivé beaucoup de francs-tireurs hier, je vais rester aujourd'hui à Neuville pour commencer leur organisation. Je n'ai pas vu la légion bretonne.

« Agréez, etc.

« CATHELINEAU. »

Depuis huit jours surtout nous étions si en l'air que j'avais peine à trouver le temps d'envoyer au ministre la liste des officiers qu'il me demandait; elle devait être définitive; le stage avait été suffisant; je les connaissais assez pour les apprécier : ils commandaient bien leur compagnie, avaient soin de leurs soldats, et tous m'avaient donné des preuves de leur influence sur les volontaires qui, peu de temps avant, étaient leurs camarades.

« Monsieur le ministre de la guerre, j'ai tardé à vous envoyer la liste de tous les officiers nommés pour les besoins du corps franc de la Vendée.

« Avant de vous demander pour eux une commission régulière, je voulais les éprouver au service et être certain que leur choix convenait à la bonne tenue du corps.

« Les occupations nombreuses que me donne, d'une part, l'administration du corps, et d'une autre part le métier d'éclaireur, si difficile en face de l'ennemi rusé que nous avons à combattre, m'a forcé de créer une organisation toute spéciale.

Officiers d'état-major

M. de Puységur, (Léopold), capitaine, né le 8 juin 1818, domicilié à Cheniers (Indre-et-Loire) ;

M. Henri de Formon, lieutenant, né le 14 janvier 1839, domicilié à Saint-Benoît (Indre-et-Loire).

Éclaireurs à cheval

Ces messieurs, par les sacrifices d'armements qu'ils ont faits à leurs frais, par la bravoure avec laquelle ils se sont mêlés aux lignes ennemies, ont tous mérité que je les nomme officiers et sous-lieutenants.

M. Auguis, qui les commande, est nommé capitaine.

MM.

De Avatte, né le 23 décembre 1836, domicilié à Poitiers;

Dufour ;

Dumas, né le 21 août 1843, domicilié à Champagne-Mouton (Charente) ;

Pasquet de Laurière, né le 7 avril 1842, domicilié à La Rochefoucauld (Charente) ;

De la Roche, né le 4 mai 1846, domicilié à Saint-Clar (Gers) ;

Joubert, né le 18 mars 1832, domicilié à Poitiers ;

Du Chazeaud, né le 6 juillet 1845, domicilié à la Tour-Blanche ;

Des Mazis, né le 17 mai 1842, domicilié à Drou (Haute-Vienne) ;

De Kermel, domicilié à Coray (Finistère) ;

De Bailac ;

Turteroe de la Cour, né en 1816, domicilié à Richelieu (Indre-et-Loire) ;

De Massougnes (Georges), né le 2 juillet 1842, domicilié à Bonneville ;

De Lustrac, né le 21 décembre 1835, domicilié à Sainte-Hulrade (Lot-et-Garonne).

COMPAGNIE D'ÉLITE

se composant d'éclaireurs à pied et de jeunes gens spécialement destinés à m'accompagner dans mes reconnaissances personnelles :

Capitaine : M. Viale, né le 29 décembre 1821, Bastia (Corse).
Lieutenant : M. de Vinzelle, né le 20 décembre 1838, Nantia (Haute-Vienne).
Sous-lieutenant : M. de Salmon de Loiray, né le 20 mars 1824, Epeigné (Indre-et-Loire).

Simples tirailleurs du corps franc de la Vendée six compagnies

Chef de bataillon : M. Queyriaux, né le 14 janvier 1835, Poitiers.
Lieutenant adjudant-major : M. d'Auteville, né le 13 juin 1829, Nantes.

1re COMPAGNIE

Capitaine : M. de Curzon, né le 18 octobre 1824, Poitiers.
Lieutenant : M. Lefebvre, 2 septembre 1826, Paris.
Sous-lieutenant : M. Joanneton, 23 juin 1832, Paris.

2e COMPAGNIE

Capitaine : M. de Rouziers de Ruz (Clément), 2 juillet 1840, Saint-Maurice (Charente).
Lieutenant : M. de Ressy, 3 décembre 1817, Tours.
Sous-lieutenant : M. Tardiveau, 24 décembre 1846, Possez (Loir-et-Cher).

3e COMPAGNIE

Capitaine : M. de Cacqueray (marquis), né le 13 mars 1830, Pontorson.
Lieutenant : M. Koch (Eugène), 27 juillet 1843, Paris.
Sous-lieutenant : M. Chauvin (Georges), 23 mars 1823, Blois.

4e COMPAGNIE

Capitaine : M. de Pons (comte), commandant du corps franc de Roanne rattaché au corps Vendéen, né le 29 mars 1832, Saint-Léger (Loire).
Lieutenant : M. de Galibert (Charles), 24 oct. 1824, Monclar.
Sous-lieutenant : M. Mignon, 14 mai 1851, Roanne (Loire).

5e COMPAGNIE

Capitaine : M. de Joannis (Elzéar), 1er octobre 1832, Orange.
Lieutenant : M. Lenail (Ernest), 4 juillet 1842, Blois.
Sous-lieutenant : M. de la Fère, 18 septembre 1829, Lignac.

6e COMPAGNIE

Capitaine : M. Le Hénaff (Paul), 26 juin 1832, Savenay.
Lieutenant : M. Trouette (Louis), 6 février 1842, Paris.

Sous-lieutenant : M. DE BEAUMONT (Octave), 18 avril 1832, Angers.

DÉPOT

Capitaine commandant le dépôt : M. DU CHATEAU, né le 4 janvier 1823, Reims.
Lieutenant : M. PÉLISSON.

L'ambulance se compose de :
M. le Dr BABAULT ;
MM. GENUIT, THIBAUDEAU, ROBIN, désignés tous les trois comme aides-majors par la carte délivrée par M. de Flavigny.

« Je viens donc vous prier, monsieur le ministre, de vouloir bien approuver ces nominations et faire donner à ces messieurs des commissions régulières avec la solde d'entrée en campagne.

« Personne ne demande cette solde, mais je sais que quelques-uns en ont besoin, et il y aurait indélicatese à faire des exceptions.

« Veuillez agréer, monsieur le ministre,
mes civilités empressées,

« CATHELINEAU. »

Tous les francs-tireurs qui m'étaient annoncés n'étaient point encore arrivés, et cependant il fallait partir; j'étais loin de pouvoir réaliser mes projets d'organisation et de réforme, mais que faire, Metz était tombé trop tôt pour nous; je pars de Neuville, emmenant avec moi ce brillant escadron du 10e chasseur qui avait fait cette belle défense à Chilleurs-aux-Bois. Si les préfets avaient contrarié mes projets de formation, si M. de Kératry ne consentait pas à me laisser rejoindre par ses mobilisés, dont on n'a su tirer aucun parti, et qui avec nous peut être auraient donné la victoire, car le Breton est un de nos meilleurs soldats. Les généraux n'agissaient point ainsi à mon égard, ils me demandaient beaucoup d'activité et de travail, mais en revanche me donnaient ce que je désirais.

Chilleurs était occupé par le bataillon de la Dordogne; je plaçai à Courcy, village un peu en avant de la forêt et à l'est de Chilleurs, des tirailleurs algériens cachés à l'ennemi par de petits bois; il avait à garder la route de Pithiviers descendant par Sully, La Chapelle, Fay et Donery vers les bois à Chersy; des tranchées profondes avaient été pratiquées sur cette route que l'ennemi devait chercher à prendre pour arriver sur Orléans par la rive droite sur le bord de la Loire.

En passant à Chilleurs avec la colonne, je rencontrai un officier de l'intendance qui avait été chargé de nous faire un dépôt de vivres et de munitions à Loury, dans le centre de la forêt; il s'était trompé de route, ou n'avait pas compris les instructions qui lui avaient été données, et il arrivait avec toutes ses provisions aux avant-postes; je fus vivement contrarié, comme on doit bien le penser; mais que faire, toutes les routes étaient coupées derrière lui ; il fallait accepter ce nouvel embarras et faire passer devant l'ennemi tous ces fourgons au risque de les perdre, car les points de la forêt que nous avions à garder étaient si nombreux et si importants, que nous ne pouvions pas les abandonner pour sauver nos provisions et attendre à Chilleurs que cet officier eût pu recevoir de nouveaux transports; je l'abandonnai donc à son malheureux sort, lui donnant l'ordre de regagner l'intérieur de la forêt; malgré ces ordres, deux jours après il venait me trouver à Chambon, me disant qu'il n'avait pu faire autrement; et bien mieux, il enmagasinait vivres et munitions, et partait me laissant tout sur les bras; j'étais furieux.

Après Courcy, pour entourer la forêt à l'est, nous trouvions la Rive du bois; j'y plaçai quelques compagnies de francs-tireurs que l'ennemi ne pouvait apercevoir de la plaine, ce petit village étant complétement caché par une lisière de la forêt; de là on pouvait observer Limier, Bouilly, Courcelles et Vrigny, qui se trouvaient entre Courcy et la lisière du bois. C'était le point le plus fréquenté par l'ennemi, à cause de sa proximité de la route de Pithiviers à Orléans, dont je viens de parler un peu plus haut.

J'envoyai à Nancray la compagnie des francs-tireurs de Rochefort, que j'avais trouvée parfaitement établie à Courcy, et qui s'y était maintenue depuis quelque temps avec grand succès. Le village de Nancray, situé sur le bord de la Nimarde, devait être occupé pour surveiller les mouvements de l'ennemi du côté de Beaune-la-Rolande, de Boyne, de Batilly, et aussi pour l'empêcher de descendre de Courcelles en suivant la rivière vers Chambon, Chemault et Boiscommun.

Et moi j'arrivai le 19 novembre à Chambon, avec mes Vendéens, l'escadron du 10e chasseurs et quelques compagnies de francs-tireurs. Chambon est mal placé, trop en avant de la forêt pour en être protégé, des routes tortueuses y arrivent de tous les côtés, de sorte qu'on peut y être très-facilement surpris, si on n'y fait pas une garde continuelle et des plus actives. Toutefois, par les dispositions que je venais de prendre, je n'avais rien à craindre, l'ennemi n'ayant pas encore dépassé Boyne, Barville et Egny, si ce n'est avec sa cavalerie, qu'on retrouvait partout et toujours, et sur laquelle nous tirions sans cesse.

La compagnie de Rochefort était commandée par un ancien officier de marine très-distingué, M. Le Maine, malheureusement tombé malade et porté à notre ambulance le jour où je l'avais vu à Courcy, il avait confié ses hommes au lieutenant Héraud, très-brave et conduisant très-bien sa compagnie; en l'envoyant à Nancray, mes instructions étaient précises : le commandant devait s'éclairer sur tous les points, et dans le cas d'une attaque de l'ennemi en nombre supérieur, il devait abandonner le village sans y faire de résistance dans les maisons, mais prendre les meilleures positions en arrière de Noncray, du côté de Chambon, et là, tenir jusqu'à mon arrivée, ayant bien soin de m'informer de tout ce qui pouvait s'y passer et de tous les mouvements de l'ennemi.

S'il fut arrivé qu'il eût été surpris par un ennemi tellement nombreux qu'il ne lui eût pas été possible de résister, il devait faire sa retraite vers Chambon et s'y maintenir à l'aide des petits bois taillis qui bordaient la route, et dans tous les cas tirer assez souvent pour que le bruit de la fusillade me prévint de l'attaque dirigée contre lui; toutes les fois que je donnais des positions à garder, je cherchais à tout prévoir et n'oubliais jamais d'indiquer de quel côté devaient s'effectuer la retraite, si on y était forcé; en agissant ainsi, j'ai souvent évité de vrais malheurs.

Toutes les pièces signées du 20 relatent ce qui s'est passé le 19, par cette raison que je dictais toujours de deux à trois heures du matin, seul moyen d'écrire et de se mettre au courant, ce qui n'en fatiguait pas moins mon excellent ami Henri de Formont, qui m'était beaucoup trop dévoué, et aussi voulant m'éviter des fatigues, aggravait, à mon insu, une maladie de cœur, dont plus tard il a beaucoup souffert.

A général des Pallières.

« 20 novembre 1870.

« Mon général,

« Il était temps de venir prendre nos positions, car le prince Frédéric-Charles est annoncé pour ce matin à Pithiviers, avec une avant-garde de 2,000 hommes. 1,200 hommes avec de l'artillerie sont annoncés comme allant se joindre à lui en avant de Pithiviers et ayant été vus cette nuit à Circoux.

« Ce dernier renseignement m'étonne, car hier soir rien n'annonçait ce mouvement; je tiens cependant à vous en prévenir.

« De l'autre côté, en avant de Beaune, il a incendié Barville, autour duquel il a de petits campements. Il a fait aussi hier une apparition à Montargis. La présence du prince Frédéric-Charles, si elle est vraie, et celle de l'ennemi sur tous les points à la fois en avant de la ligne de Neuville à Beaune, indiquerait un plan parfaitement arrêté de l'ennemi de passer à droite de la forêt. J'ai donné des ordres très-précis sur toute la ligne, et je surveille avec la vigilance que vous savez. — Il m'est impossible, général, de vous envoyer la situation des francs-tireurs et les propositions pour les décorations; je remets à un autre jour de répondre à ces demandes.

« Veuillez bien m'envoyer au plus vite, à Chambon, les deux pièces promises, et plus, si vous le pouvez, des caissons et un peu de cavalerie, si vous n'en manquez pas. — Je vous tiendrai au courant.

« Ne serait-il pas utile que je fusse en communication avec le général qui commande à Gien, afin que nous puissions établir immédiatement une ligne de défense entre ce point et la forêt, s'appuyant sur les bois qui relient ces deux points.

« Veuillez agréer, etc.

« CATHELINEAU. »

En même temps que j'envoyais mon rapport au quartier général, le faisant passer par le général Martin des Pallières, je donnais des ordres à mes différents bataillons disséminés dont les positions que j'ai indiqués et beaucoup trop éloignés les uns des autres, je pressais la légion bretonne de me rejoindre, et priais le commandant de la Dordogne de les mettre en marche au plutôt.

« 20 novembre 1870.

A commandant des mobiles de la Dordogne.

« Mon cher commandant,

« Je vous remercie des renseignements que vous m'envoyez ; faites partir lestement la légion bretonne, qu'elle tienne au milieu de ses rangs et dans son centre de marche ses pièces de montagne, et qu'elle se fasse éclairer en avant par une avant-garde d'au moins 400 mètres de distance, que si une attaque avait lieu sur son front, ce qui ne me semble pas possible, puisqu'il n'y a de route que celle de Courcy où elle trouverait du secours, qu'elle se retire vers la forêt sur la droite, qu'elle y prenne position et s'y défendre hardiment, et nous irons à son aide.

« Qu'après la halte à Courcy elle arrive comme je lui ai dit hier à Chambon, si elle n'a rencontré l'ennemi nulle part. Quant à vous, laissez, comme c'est convenu, une compagnie à Chilleurs, retirez-vous dans la forêt pour y prendre vos positions en avant et en arrière de la barricade, qu'à aucun prix vous ne devez laisser enlever ; si vous entendez une attaque sérieuse à Courcy, marchez-y, ayant soin, toutefois, de laisser une compagnie à la barricade et rien à Chilleurs.

« Tout à vous,

« DE CATHELINEAU. »

Le commandant des tirailleurs algériens se ressentait aussi de l'arrivée de l'ennemi à Pithiviers; il était informé, comme moi, de la présence du prince Frédéric Charles; il craignait de se trouver un peu faible en face des nombreux Prussiens annoncés; il me demandait des renforts de troupes, et malheureusement je ne pouvais lui donner que des instructions, lui promettre des secours en cas d'attaque, ce qui n'est pas toujours facile à faire à la distance où nous pouvions nous trouver entraîné par l'ennemi.

« *A commandant du 1er tirailleurs algériens.*

« Mon cher commandant,

« J'ai reçu votre exprès; il ne faut pas se dissimuler que la présence du prince Frédéric-Charles (si elle est réelle), annonce de notre côté une attaque sérieuse. Ecoutez donc de toutes vos oreilles; consignez vos hommes, et soyez prêt à marcher soit à droite, soit à gauche, au bruit du canon, puisqu'on dit qu'il y a de l'artillerie. Je vous envoie les cinq chevaux promis, vous en enverrez deux en reconnaissance sur la route de Pithiviers, et vous garderez les trois autres pour les communications. En cas d'attaque sur votre route repliez-vous sur la forêt, en avant et derrière les barricades; laissez bien la colonne s'enfoncer sous bois, ne l'attaquant que sur son flanc; faites-moi prévenir et nous serons bientôt à vous.

« CATHELINEAU. »

Une petite aventure venait d'arriver qui eût pu causer un malheur, et qui heureusement servit de leçon à une compagnie de francs-tireurs qui me rejoignait et qui agissait avec une légèreté inqualifiable. En arrivant près de Courcy, marchant vers Chambon et ne sachant rien de ce qui s'y passait, les francs-tireurs, en approchant d'un bois taillis, entendent du bruit; il crient qui vive: personne ne répond. C'était un Algérien ne comprenant pas un mot de français; le franc-tireur lâche son coup de fusil, et heureusement ne touche pas le brave soldat; mais voici que tout le poste sort furieux contre les arrivants, et on eut toutes les peines du monde à les retenir et à les empêcher d'écharper les francs-tireurs, qui franchement ne l'auraient pas volé. Comment s'avancer dans un pays sans s'informer s'il est oui ou non occupé, et quelles sont les troupes qui s'y trouvent.

15e Corps d'armée
1re DIVISION
Etat-major

(Copie)

« Chevilly, 20 novembre 1870.

« En raison des circonstances climatériques,

la ration de viande sera portée, pour toutes les troupes de l'armée de la Loire, de 350 à 400 grammes.

« Le général commandant en chef
l'armée de la Loire,
« D'AURELLES.
« Villeneuve-d'Angré, le 19 novembre 1871. »

Je ne pouvais plus douter de l'arrivée de l'armée de Metz et de la présence du prince Frédéric-Charles à Pithiviers. Pour dissimuler leur mouvement, ils arrivaient par Sens et remontaient jusqu'à Nemours pour redescendre par Pithiviers. Mes inquiétudes n'étaient donc que trop fondées, aussi avais-je demandé de nouvelles troupes si on ne voulait pas me permettre de raccourcir ma ligne de défense; malheureusement on ne m'en envoyait pas.

15e Corps d'armée
1re DIVISION
Etat-major

(Note)

« Chevilly, 20 novembre 1870.

« Le général commandant le 15e corps d'armée informe le colonel Cathelineau qu'il ne peut être mis à sa disposition un nouvel escadron de cavalerie. La cavalerie est peu nombreuse et il importe de ne pas la disséminer.

« Les obusiers de montagne annoncés doivent arriver à Chevilly aujourd'hui ; aussitôt qu'il sera possible, ils seront dirigés sur Chambon.

« Il a été donné avis à M. le colonel Cathelineau que l'artillerie tenait à sa disposition des caisses de cartouches ; il devra, ainsi que cela a été prescrit, requérir une voiture qui viendra prendre à Chevilly les caisses de cartouches que l'artillerie ne peut envoyer faute de caissons.

« M. le général commandant à Gien est invité à se concerter avec M. de Cathelineau pour la défense de la partie *est* de la forêt.

« M. de Cathelineau devra se mettre en rapport avec le général commandant à Gien, qui lui donnera, s'il y a lieu, des instructions.

« Le général commandant le 15e corps.

« *P. O.* Le colonel chef d'état-major,

« DES PLAS. »

Je demande pardon des répétitions qui se trouvent dans les rapports ou dépêches que je cite, mais je veux n'en rien retrancher, elles donnent à mon récit un caractère de vérité qui est son seul mérite, écrivant à bâtons rompus et sans suite, mettant à profit tous les instants que je puis ravir à mes occupations.

Le 19 novembre, en arrivant à Chambon, j'étais monté à cheval et m'étais pressé de donner à chaque compagnie de francs-tireurs la position qu'elles devaient occuper, avec des instructions d'autant plus détaillées, que je ne connaissais pas les officiers qui les commandaient, et qu'eux non plus n'étaient point au courant de mes habitudes et de ma manière de faire.

Je rentrai bien tard. Hommes et chevaux étaient fatigués ; de sorte que je recommandai d'une manière toute particulière aux officiers de sonder le bois, surveiller les postes et les sentinelles. Malgré toutes ces précautions, je n'étais pas tranquille, l'intendant n'ayant pu, disait-il, conduire les approvisionnements dans la forêt ; était arrivé à Chambon, rien n'était moins sûr pour nous que cette petite ville, où je m'attendais à être attaqué au premier jour. En effet, tout l'est de la forêt n'avait point été encore occupé avant notre arrivée; les Prussiens avaient intérêt à nous tâter pour savoir si nous allions lui offrir une résistance sérieuse.

Nous les gênions beaucoup; ils ne pouvaient descendre sur la Loire en traversant la forêt par Courcy et Sully-au-Bois, mes tirailleurs algériens leur fermant la route à Chilleurs-aux-Bois, le bataillon de la Dordogne faisant bonne garde sur la route directe de Pithiviers à Orléans, et moi, à

Nancray et Chambon, je barrais les différents chemins qui conduisaient aux belligérants, tout en conservant toutes nos communications libres avec notre armée qui se trouvait à Gien.

Le 20 novembre, c'était un dimanche, j'avais fait partir de bonne heure des compagnies d'éclaireurs en avant de la forêt, avec ordre de bien surveiller la plaine entre Vrigny et Courcelles, recommandant toujours de ne point se montrer en dehors du bois. Les Vendéens qui n'étaient point employés allaient entendre la messe; l'appel se terminait. Je donnais quelques instructions aux officiers et soldats, lorsqu'on arriva en toute hâte me dire que l'ennemi allait attaquer les compagnies de Rochefort à Nancray, il était environ huit heures du matin. Je demandai si on connaissait le nombre de Prussiens, s'il y avait de l'infanterie et de l'artillerie. Comme toujours, on me répondit qu'ils étaient très-nombreux et qu'ils avaient de l'artillerie. Un exprès, plus sérieux, croyait que l'ennemi était au nombre de 600 à 700 hommes infanterie avec un escadron de cavalerie.

Je partis immédiatement avec des volontaires, au nombre de trois cents hommes, une quarantaine de chevaux de l'escadron du 10e chasseurs et les éclaireurs à cheval qui n'avaient point été envoyés en reconnaissance; la distance qui nous séparait de Nancray était d'environ trois kilomètres.

La Rimande coule au pied de Nancray; deux coteaux y forment une vallée assez étroite d'abord, qui s'élargit vers Courcelles, l'un d'une pente longue et douce regarde l'ouest et le village en descendant de Batilly, l'autre assez raide regarde l'est. Nancray est bâti sur les deux côtés de la grand'route, où se réunissent avant d'y arriver les chemins de Nibelle, Chambon, Boislonne et ceux de toutes les bourgades et villes du sud-est de la forêt pour aller par Batilly et Sceaux à Sens. C'est la rue principale, pour mieux dire, la seule du village, situé dans une position charmante à l'œil, mais mauvaise au point de vue de la défense, étant complétement dominé par le coteau de Batailly; mais au-dessus, vers Chambon, celui qui peut s'y établir le premier reprend tous les avantages.

J'étais donc impatient d'arriver avant l'ennemi. Les Prussiens ne sont pas prompts dans leurs mouvements, ils hésitent et n'avancent que lorsqu'ils ont la certitude de ne rencontrer aucun obstacle sérieux. Cette hésitation fut mon salut. En arrivant sur la côte, je fis fouiller le petit bois qui s'y trouvait et je vis que, conformément aux ordres donnés, la compagnie de Rochefort s'était retirée du village et se maintenait à mi-côte sur la gauche vers Chambon et de là entretenait sur l'ennemi un feu très-nourri ; mais plus avancé sur notre gauche en regardant Nancray se trouvait un moulin à vent que l'ennemi occupait assez fortement et devant ce moulin couvert par son feu, les cavaliers prussiens semblaient se préparer à tourner nos camarades postés entre Nancray et le moulin, je n'entendais pas le canon et je remarquai bien vite que ce qu'on avait pris pour de l'artillerie n'était autre que des fourgons-prolonges dont ils se servaient pour conduire les hommes fatigués et marcher plus rapidement et qu'ils chargeaient d'objets requis en s'en retóurnant, quand ils avaient la chance de ne trouver aucune résistance ou de la surmonter, si elle n'était pas trop vigoureuse.

Je pris immédiatement mon parti, cent hommes furent placés de manière à surveiller le moulin et à arrêter l'ennemi qui pourrait y être retranché, les deux cents disposés en tirailleurs grossirent les rangs des francs-tireurs de Rochefort, puis m'adressant au capitaine Haubt, commandant l'escadron de cavalerie ; faites-moi, lui dis-je, une charge à fond dans le village pour déloger ces Prussiens et quand ils vont sortir je me charge de les bien recevoir, le lieutenant de Colonjon eut l'ordre d'exécuter ce mouvement, ce qu'il fit avec un entraînement digne de tout éloge, et comme je l'avais prévu, les Prussiens au pas de course et passablement en désordre tournèrent devant nous en suivant la vallée pour rejoindre Courcelles qui les ramenait à Boyne d'où ils étaient partis, aussitôt qu'ils furent délogés du village, rien ne les dérobait à nos feux qui furent alors très-vifs et leur firent beaucoup de mal: mais sitôt que les Prussiens furent arrivés en face du moulin à vent qui les protégeait, ils ralentissent leur marche et commencent à se reformer avec le plus grand ordre, je descendis rapidement le coteau tirant toujours et les poursuivant, ils furent bientôt hors de portée, nous étions les uns et les autres dans une coulée de prairies, eux sans doute inquiets de ce qui se passait sur la crète vers Chambon et nous aussi de ce qui pouvait nous arriver du côté de Boyne ou Batilly, Mus par les mêmes sentiments nous faisions les mêmes mouvements, le terrain était plat, la cavalerie pouvait jouer un rôle important, il fallait la paralyser en marchant en colonne serrée, eux reculaient toujours et nous, nous les suivions.

J'avais un grand intérêt à ne pas marcher vite, afin d'amuser les Prussiens et de donner le temps à des compagnies qui avaient été en reconnaissance, à l'extrémité de la forêt, d'arriver en avant de l'ennemi et de lui couper la retraite. De Puységur était avec ces compagnies et les commandait.

Il avait entendu la fusillade et parfaitement compris le mouvement qu'il allait exécuter, si un de mes éclaireurs un peu jeune, que je lui avais envoyé, ne lui avait indiqué comme point de jonction un moulin tout autre que celui au-dessous duquel l'action se continuait. Cette méprise me parut très-regrettable; cependant, nous verrons bientôt qu'elle fut très-heureuse et providentielle!

Ce renfort prit donc l'ennemi en flanc et en arrière, au lieu de le tourner en tête, mais à l'aide de petits bois il était arrivé assez près pour lui faire beaucoup de mal; si donc nous ne l'avions pas enveloppé, nous avions pris le village, d'où nous les avions chassés et poursuivis pendant quatre kilomètres; ils avaient laissé des morts et avaient emporté un assez bon nombre de blessés dans leurs fourgons; ils ne leur avaient donc pas été tout à fait inutiles.

Revenons au moulin, où s'était passé un fait bien extraordinaire : un cavalier Prussien, prenant mes sentinelles avancées et effacées dans le bois pour siennes, marche tranquillement vers elles. A quinze pas je m'aperçois de son arrivée, que je ne puis expliquer; il est froidement ajusté par mes meilleurs tireurs. Eh bien, il faut le dire, tous l'ont manqué, et le Prussien s'en est retourné, très-vite c'est vrai, mais sain et sauf. Ce fait, qui semble extraordinaire, s'est renouvelé souvent, fort heureusement pour mes éclaireurs à cheval et les chasseurs, qui se faisaient tirer constamment par les Prussiens.

La compagnie de Rochefort avait eu trois blessés ; elle aurait dû être décimée, et si nous avions tardé de quelques minutes à arriver, elle était détruite ou prisonnière, par l'effet du mouvement tournant que l'ennemi préparait au moulin à vent que j'ai déjà signalé.

Bravo ! officiers et soldats, les Vendéens ne vous oublieront jamais et toujours vous compteront au nombre de leurs frères les plus braves.

Il était à peu près onze heures quand l'ennemi disparut pour nous, se retirant vers Boyne. La compagnie de Rochefort reçut l'ordre de se retirer vers Chambon et d'y emporter ses blessés. Les compagnies de Puységur retournèrent à leur poste, et moi je repris lentement la route de Courcelles à Chambon, ne conservant qu'une centaine d'hommes.

Nancray, Courcelles et Chambon étaient des positions difficiles, on n'y voyait pas l'ennemi de loin, si ce n'est d'une espèce de tumulus qui se trouvait en avant de Chambon et qui nous permettait de découvrir toute la plaine jusqu'au delà de Pithiviers ; mais, par la disposition du terrain et des fourrés qui s'y trouvaient, un espace d'environ huit kilomètres devant nous et sur les côtés était complétement impénétrable à la vue, de sorte que si l'ennemi avait fait à notre insu des mouvements pendant la nuit, il pouvait tomber à l'improviste sur ces positions avec une grande facilité, ce qui était arrivé à Nancray, et ce que nous allons voir se renouveler tout à l'heure.

Nous entrions à Chambon, midi sonnait, quand mes éclaireurs arrivent me dire que la colonne que nous avions chassée devant nous avait reçu des renforts considérables et qu'après s'être formée sans doute derrière les hauteurs au nord de Courcelles et de Nancray, elle remontait la rivière vers Nancray, qu'elle paraissait très-nombreuse, infanterie et cavalerie, et qu'on distinguait parfaitement huit à dix pièces d'artillerie. La prudence exigeait ma retraite en arrière de Chambon, dans la forêt, pour y attendre l'ennemi que, là, nous pouvions arrêter facilement, mais toute retraite décourage les hommes, elle devait surtout étonner les miens, qui, depuis le commencement de la campagne, n'avaient encore jamais été dans l'obligation de se replier, puis toutes nos provisions, toutes nos munitions avaient été malheureusement conduites à Chambon. Comment se résigner à les abandonner à l'ennemi.

D'un autre côté, la Dordogne était à Chilleurs-aux-Bois, les tirailleurs à Courcy, où des démonstrations de l'ennemi les retenaient malgré le grand désir qu'ils avaient d'arriver à notre secours ; car ils avaient parfaitement entendu nos engagements la matinée. Les autres compagnies de francs-tireurs en avant de la forêt de Courcelles devaient y rester pour empêcher l'ennemi d'arriver sur Chambon par cette route.

La légion bretonne ne nous avait pas encore rejoint, ses bagages étaient trop lourds, trop nombreux, et les charrettes impossibles dans les chemins de la forêt, je ne pouvais donc pas compter sur elle. Telle était ma situation, ma ligne était trop longue, j'avais signalé cette difficulté et demandé de nouvelles troupes, mais je n'en avais pas reçu; la chance que j'avais eu jusqu'à ce jour de n'avoir éprouvé aucun échec donnait aux généraux une confiance en nous, qui nous a mis souvent dans des difficultés énormes.

Après tout ce que je viens de dire, on comprend que je ne devais pas me retirer, je ne le voulais, du reste, à aucun prix; je fis faire demi-tour à mes cent hommes, j'envoyai rapidement prévenir les compagnies libres, et nous voici partis vers l'ennemi. Serais-je assez heureux pour arriver avant lui et reprendre les positions du matin? Telle était ma seule préoccupation, mais j'acquis bientôt la certitude qu'il était trop tard, et que l'ennemi s'y était établi lui-même.

Le maire de l'endroit nous rejoint en route, cet

homme était affolé, il pleurait, il se lamentait, il disait que les Prussiens allaient brûler, saccager le village, tuer les femmes et les enfants, en un mot, il était si extraordinaire, que je fus obligé de lui imposer silence, son langage était propre à décourager ceux qui l'entendaient; je lui reprochai la faiblesse qu'il montrait, je lui demandai ce qu'était devenu sa garde nationale, lui observant que je trouvais bien étonnant qu'il ne fût pas à côté d'elle et avec nous pour défendre son propre pays. Mais toutes ces réflexions étaient inutiles adressées à un pareil homme!

Sachant les positions prises, je devais attendre les différentes compagnies qui pouvaient me rejoindre; toutefois, il me tardait de reconnaître par moi-même le nombre de l'ennemi, qui presque toujours était sensiblement augmenté par les rapports des habitants. Je m'avançai donc sur Nancray avec toutes les précautions possibles, me dirigeant sur la gauche afin de profiter d'un mamelon pour juger et le nombre des Prussiens et leurs positions prises.

Cette fois, rien n'était exagéré; au contraire, ils étaient peut-être plus forts qu'on ne me l'avait indiqué; j'étais accompagné de ma garde fidèle, je n'avais rien à craindre d'un coup de main, mais je ne devais pas la sacrifier. Entre Nancray et Chambon se trouvent de petits bouquets de bois qui cachent complétement à la vue la route qui y conduit de Nancray, et que les inégalités du terrain ont forcé de rendre tortueuse. Je profitai aussi avantageusement que je le pouvais de ces bois si répétés pour m'y établir et développer mes hommes en tirailleurs; ils étaient très-espacés, de sorte que l'ennemi, qui n'avait pu nous voir distinctement, ne pouvait en apprécier le nombre. Nous étions à peu près ainsi établis à cent mètres des Prussiens, qui comme nous étaient également rangés en ligne, avec cette différence qu'ils étaient vingt contre un. Mes éclaireurs à cheval se promenaient entre les lignes et s'avançaient résolument jusqu'à l'ennemi, qui leur envoyait quelques coups de fusil sans commencer rien de sérieux. Son incertitude me rassurait et me donnait l'espoir de gagner assez de temps pour voir arriver les secours que j'attendais. Cependant, craignant un engagement qui se fut produit beaucoup trop tôt pour moi, sans faire connaître à mes braves volontaires les impressions que j'éprouvais, je les fis reculer de quelques centaines de mètres, leur faisant comprendre le double avantage qu'ils y trouveraient, celui d'une meilleure position et celui de se rapprocher de leurs camarades, qui ne pouvaient manquer d'arriver. Ils exécutèrent ce mouvement avec un ordre et un sang froid remarquables, je crois même que l'ennemi ne s'en était point aperçu; je pris les mêmes dispositions, attendant toujours et commençant à m'impatienter vivement de ne voir rien arriver; enfin, pour la troisième fois, je fis replier mes cent hommes, et pendant le mouvement nous fûmes rejoints par les seules compagnies que j'attendais, environ quatre cents hommes. Il était deux heures de l'après-midi, nous n'étions plus qu'à cent mètres du bourg de Chambon, j'avais cinq cents hommes et je ne voulais pas que l'ennemi s'emparât du village. A la droite de la route se trouvait un terrain en contre-bas, profond d'environ 1 mètre 20; c'est là que je masquais tous mes hommes, les tenant en ligne, le fusil appuyé sur la terre et le corps complétement effacé.

Cette bande était pleine de peupliers d'une certaine grosseur qui constituaient encore un meilleur abri et devant nous se trouvait des terres labourées d'une largeur d'environ 80 mètres qui nous séparait d'une ligne de bois et de quelques maisons dans lesquels, sans aucun doute, les Prussiens allaient se cacher pour commencer l'attaque aussitôt qu'ils nous verraient. Une dizaine de soldats de la compagnie d'élite, par un ordre mal compris, s'étaient avancés sur la route entre nos positions et les bois dont je viens de parler. ils furent la cause de l'attaque de l'ennemi. La fusillade s'engagea sur toute la longueur de leur front qui était fort étendu et débordait le nôtre à droite et à gauche. Ces hommes mal engagés ripostèrent et se replièrent vers nous. J'ordonnai de rester immobile et de ne commencer la riposte que lorsque j'en donnerai le signal. Si nous avions été en nombre égal ma position eut été excellente les officiers et les soldats étaient pleins d'ardeur, ils aimaient à marcher à la baïonnette et si l'ennemi s'était montré, je n'avais pas beaucoup de chemin à faire pour l'atteindre ; une demi-heure environ s'était ainsi passée lorsque je crus devoir commander le feu.

Celui de l'ennemi était très-actif, mais les projectiles nous passaient au moins à deux mètres au-dessus de la tête, des branches craquaient et aucune balle ne nous atteignait. Chacun gardait les positions et l'engagement durait depuis près d'une heure lorsque tout à coup, les Prussiens diminuèrent leur tir. Je fus étonné de ce silence que rien ne semblait justifier, j'attendis quelques minutes et fit partir des éclaireurs à cheval inspecter les bois qui se trouvaient sur ma droite craignant un mouvement tournant. L'artillerie seule n'avait point cessé tonner, mais les obus allaient tomber sur les terres labourées derrière le village, la plupart s'enfonçaient en terre et ceux qui éclataient ne pouvaient qu'écorcher quelques arbres, dont nous étions éloignés.

Aussitôt que j'eus connaissance des mouvements de l'ennemi, je fis défiler mes hommes deux à deux et je les dirigeai tranquillement sur un terrain découvert et élevé vers la route dans laquelle l'ennemi s'engageait sous bois pour nous tourner sur notre droite et vers la forêt.

Chambon était donc complétement dégarni, et si l'ennemi eût été plus hardi, il eût pu facilement y pénétrer, mais je supposai qu'il n'aurait pas pris ce parti, ne pouvant imaginer que j'eusse ainsi complétement abandonné la seule position qui pouvait se défendre; d'un autre côté, mes éclaireurs vinrent me prévenir que les Prussiens s'étaient arrêtés dans leur mouvement tournant, je m'arrêtai aussi, la nuit commençait à arriver; notre uniforme étant bleu foncé, on devait avoir de la peine à nous distinguer. La cavalerie était massée dans le village, et quelques compagnies de francs-tireurs commençaient à rentrer; j'étais sauvé. L'artillerie tirait toujours, mais sans nous faire le moindre mal; peu à peu l'ennemi que j'observais de très-près commença à se replier, et, moi, à avancer vers lui. Mais la nuit était complète, j'avais réussi à arrêter les Prussiens et à sauver Chambon et tous les bagages qui l'encombraient, car je ne pouvais penser un instant qu'un ennemi qui n'avait pas été hardi pendant qu'il faisait jour, pût l'être lorsqu'il faisait nuit.

A la dernière heure, la légion bretonne était enfin arrivée, si elle avait pu gagner quelques heures, nous eussions culbuté l'ennemi, et nous lui eussions peut-être enlevé les pièces qu'il avait mis en batterie; mais j'étais assez content du résultat obtenu avec si peu de monde, et je commençais à respirer.

Comme je l'ai dit, le défilé s'était fait sur un terrain découvert et élevé, les Prussiens nous voyaient très-bien, aussi avaient-ils recommencé leur tir avec un nouvel acharnement, les balles sifflaient, enlevaient la terre à nos pieds; cette fois, ils tiraient trop bas, et pendant cet engagement, qui dura plus de deux heures, je n'eus qu'un seul homme blessé dans les deux cuisses, et j'eus le bonheur de le revoir guéri et dans nos rangs six semaines après. Au plus fort de l'action, deux de nos braves volontaires qui se trouvaient couchés malades à Chambon, n'avaient pu résister au désir qu'ils avaient de combattre à côté de leurs frères. Comment, se disaient-ils, on se bat, et nous sommes ici, et tous les deux se lèvent et se traînent jusqu'à nous; l'un d'eux, qui tremblait la fièvre, ne la ressentit plus une fois échauffé, et depuis, elle ne l'a jamais repris. J'indique, en passant, ce rèmède si simple, quand on peut l'employer, à céux qui pendant des mois entiers dépérissent atteints par ce vilain mal que les médecins et la pharmacie ont souvent tant de peine à faire disparaître. Ces deux braves étaient deux soldats de la compagnie d'élite des Ormeaux et de Saint-Romain, ce dernier peut donner la recette contre la fièvre. La journée était terminée, les hommes étaient debout depuis cinq heures du matin, la plupart n'avaient presque rien mangé; il était temps de faire les distributions de vivres et les feux; des postes avancés, des grand'gardes furent établis partout, et je rentrai. J'étais levé depuis deux heures du matin, j'avais mangé une croûte de pain que m'avait donné le jeune O'Mahony; mais plus vigoureux que mes hommes, je rentrai sans être trop fatigué pour écrire le long rapport que vous allez lire, et les ordres indispensables à envoyer, car je craignais une attaque plus sérieuse pour le lendemain.

Telle fut pour nous la journée du 20 novembre. On ne pouvait plus en douter, le prince Frédéric-Charles était arrivé. C'étaient des Prussiens et non plus des Bavarois que nous avions devant nous.

Profitant de la nuit, j'envoyai de tous côtés des éclaireurs à pied dans les lignes ennemies pour les surveiller, comme nous, ils se reposaient et mangeaient. Mon projet était de tomber sur eux vers quatre heures du matin. Mais avant tout, je

18.

devais me débarrasser des provisions et munitions qui m'avaient si vivement préoccupés pendant la journée ; toute la nuit fut employée à vider les magasins et à faire partir tous les bagages pour Ingranne, où je devais établir mon quartier général.

Je serais bien embarrassé si j'avais à citer les officiers et soldats qui se sont distingués dans cette journée ; tous avaient montré un sang-froid et une énergie qui m'avaient étonné. Henri de Formont, qui ne m'avait pas quitté un instant, avait couru les plus grands dangers. On ne peut, en vérité, s'expliquer comment on peut rester à cheval si longtemps et immobile sans être transpercé de balles.

Suit le rapport superficiel de la journée, où je répète des faits racontés et que je ne veux pas omettre à cause de son caractère officiel, puis les ordres et lettres écrites.

A général des Pallières.

« 21 novembre 1870, 2 h. matin.

« Mon général,

« Le but de l'ennemi me semble aujourd'hui certain, ses dispositions sont telles qu'il me paraît difficile de s'y tromper, il veut envahir la forêt, non pas par une seule route, mais toutes les routes à la fois, et même sous bois. Ce qui l'explique, c'est la composition de ses troupes, au lieu d'avoir devant nous, comme toujours, beaucoup de cavalerie, nous n'avons presque que de l'infanterie, divisée par groupes de quinze cents, deux et trois mille hommes.

« Ces troupes ont leur quartier général à Pithiviers, où elles doivent se trouver réunies, d'après mes informations, au nombre de trente ou trente-cinq mille hommes avec relativement beaucoup d'artillerie. Hier, elles ont attaqué en même temps Beaune, Nancray, Courcy et apparu à Chilleurs. Je ne sais ce qui s'est passé plus loin, vers Neuville.

« Ceci expliqué, vous comprendrez parfaitement, mon général, qu'une colonne de dix mille hommes se présentant sur un même point l'enfoncera si je ne puis y porter des forces suffisantes, et cependant Chilleurs, Courcy doivent rester occupés. Comment donc, avec les treize cents hommes qui me restent, arrêter l'ennemi, qui peut se présenter pour entrer dans la forêt à Bois-Commun, à Chambon, en avant de Bouilly et de Vrigny, et peut-être plus bas jusqu'à Bellegarde; il me paraît donc indispensable que Saint-Lyé avance immédiatement ses troupes sur la ligne en tête de la forêt, afin que les troupes que j'ai à Courcy et Chilleurs, puissent en garder le côté *est*, regardant la vallée de la Loire, où les Prussiens ne s'engageront que lorsque eux-mêmes auront occupés les bords de la forêt.

« Tous ces raisonnements s'appuient sur les manœuvres de l'ennemi autour de moi.

« Hier matin, à huit heures, les Prussiens sont venus à Nancray, où j'avais mis les francs-tireurs de Rochefort pour couvrir ma position de Chambon, descendant de Pithiviers ; ils avaient avec eux un escadron de cavalerie et cinq cents hommes d'infanterie.

« Nancray se trouve dans un fond, et malgré les soins pris par la compagnie de Rochefort pour s'éclairer, elle n'a pu les voir que lorsqu'ils étaient à un kilomètre de la butte.

« J'étais prêt, mais j'avais trois kilomètres à faire ; l'engagement s'est fait entre la compagnie de Rochefort et l'ennemi ; elle avait, selon mes ordres, quitté le village pour prendre des positions en avant. Malgré sa résistance très intelligente, l'ennemi s'est emparé du village. Mais nous sommes arrivés au nombre de 300 hommes : j'ai repris le village, et fait rentrer toute la colonne. L'escadron de cavalerie s'est conduit avec un entrain très-remarquable. (Je n'avais que 300 hommes, parce que j'avais été obligé de garder la tête de la forêt sur Vrigny et Courcelles.)

« A midi et demi, l'ennemi apparaissait de nouveau (j'oubliais de dire que, le matin, nous avions chassé l'ennemi au delà de Courcelles) ; ses forces étaient d'au moins 2,000 hommes d'infanterie et 100 chevaux. Quand j'arrivai sur le village de Nancray, il était occupé, et les hauteurs entre le village et moi l'étaient également, n'ayant pu me faire éclairer assez loin par la cavalerie qui était fatiguée de la matinée, ainsi que les éclaireurs; je n'avais à leur opposer que 400 hommes. Malgré la différence du nombre, ne voulant à aucun prix les laisser venir à Chambon, où j'étais encombré par les vivres qui, au lieu de rester à Lorris, étaient venus m'y trouver, je me suis avancé résolûment sur la route de Nancray, qui ne nous laissait plus que des positions désavantageuses : mon projet, en agissant ainsi, était d'intimider l'ennemi ; effectivement, j'ai conservé la confiance de mes hommes en les faisant se retirer de positions en positions pour gagner du temps. Trois heures nous les avons arrêtés, malgré une vive fusillade et leur artillerie, qui se composait de huit pièces de campagne dont une partie seulement fut mise en batterie. J'ai eu le bonheur de n'avoir que quatre blessés, un seul grièvement.

« A trois heures, l'ennemi s'est décidé à faire un mouvement tournant par la forêt ; m'en étant aperçu, j'ai porté toutes mes forces dans une allée latérale, pensant redescendre sur le bourg, quand j'avais arrêté le mouvement tournant; mes manœuvres ont parfaitement réussi, et j'ai conservé toutes mes positions.

« Pour cette nuit j'avais une chose indispensable à faire : diriger sur la forêt tous mes bagages ; je m'occupe avec activité.

« Une attaque de nuit me souriait ; mais ayant devant moi 5 ou 6,000 ennemis campés au-dessus de Beaune, à Courcelles, à Vrigny, j'eus commis une imprudence.

« La légion bretonne ne m'est arrivée qu'au nombre de 650 hommes au lieu de 1,500 annoncés et avec les bagages d'une armée de 10,000 hommes. Quel embarras !

« Je me suis étendu longuement sur ce fait que l'ennemi veut d'abord envahir la forêt ; en effet, s'il ne voulait que passer entre la Loire et elle, il partirait de Montargis en colonnes serrées. Mon général, vous connaissez maintenant la position ; si vous êtes de mon avis, vous ferez partir des troupes de Saint-Lyé qui, en occupant Neuville, Courcy, Chilleurs, me permettront de ramener vers moi les tirailleurs et les mobiles, et encore serais-je très-faible en nombre pour arrêter l'ennemi qui se présente partout, et notez-le bien, avec des soldats prussiens et non plus bavarois. J'aurai aussi indispensablement besoin d'un autre escadron de cavalerie avec un capitaine commandé par celui qui est avec moi, avec lequel je m'entends très-bien et qui est d'un entrain extraordinaire au feu ainsi que ses officiers.

« Agréez, etc.,

« CATHELINEAU. »

Les Prussiens avaient eu beaucoup de morts et de blessés, ce qui se comprend parfaitement, ils étaient cachés dans des bois taillis qui les abritaient assez pour nous en dérober le nombre, mais ne les protégeaient pas contre nos balles.

Selon leur habitude, leur premier soin fut de les rechercher tous et de les enlever.

Enfin, au moment où, débarrassé de mes entraves, j'allais partir pour attaquer l'ennemi, il partait lui-même ; je renonçai donc à mon projet et fis un autre plan que voici :

Mes bagages et munitions furent envoyés à Ingranne, ce petit bourg était situé dans une plaine au centre de la forêt vue de l'est à l'ouest, aucune route très-fréquentée ne la traversait elle n'était pas éloignée cependant de la grande route de Pithiviers à Orléans. C'est là que j'allais m'établir, Chambon continue d'être occupé, Nibelle et tout l'est de la forêt et de plus Courcy au nord. Un lieu très-central appelé les Huit-Routes était le rendez-vous de chaque matin pour toutes les troupes qui n'étaient pas aux avant-postes, de cette manière si un point était plus sérieusement attaqué qu'un autre nous pouvions dans trois-quarts d'heure, une heure, le secourir assez à temps pour qu'il ne pût être enfoncé. Au moyen de cette position et avec ces arrangements j'ai pu continuer de garder la forêt et l'empêcher d'être forcée sur aucun des points qui nous étaient confiés, pendant tout le temps que nous avons été chargé de ce soin. Tous les jours nous avions des engagements tantôt sur un point tantôt sur un autre, Chambon et Nancray étaient le principal objectif de l'ennemi, je ne les raconterai pas, toutes les escamourches d'avant-postes se ressemblent, je craindrais de fatiguer mes lecteurs, et pour vous, mes chers volotaires, vous vous les rappellerez toujours comme souvenir des fatigues que vous avez eues à supporter pour votre pays.

Depuis plusieurs jours j'annonçais l'arrivée du prince Frédéric-Charles à Pithiviers avec l'armée de Metz ; on ne pouvait pas en douter, les dispositions de l'ennemi étaient changées, le duc de Mecklembourg s'était rabattu vers Chartres qu'il menaçait sérieusement, et le prince semblait vouloir arriver à Orléans par la forêt ou par Bellegarde. Notre armée de Gien s'avançait donc vers cette ville, afin de lui fermer le passage. Le général Crouzat commandait cette armée, dont l'aile gauche était dirigée par le général de Polignac qui avait brillamment combattu en Amérique; ses avant-postes arrivaient jusqu'à Boiscommun, près Nibelle; nos rapports furent aussitôt des plus suivis et des plus agréables; nous avions les mêmes connaissances, les mêmes amis et le plus grand intérêt à nous entendre sur la défense et la conservation de positions dont nous étions solidaires; en effet, la forêt prise par l'ennemi rendait la position de cette armée impossible à tenir, et cette armée repoussée, la forêt était tournée par l'Est et Orléans compromis. Nous avions échangé plusieurs dépêches à ce sujet; j'étais allé voir le général qui m'avait fait connaître le projet qu'ils avaient d'attaquer Beaune-la-Rolande dont l'ennemi s'était emparé; et où il s'était fortifié ainsi que sur la butte de Saint-Michel, entre Bellegarde et Beaune-la-Rolande, mais beaucoup plus près de cette dernière ville.

Le général de Polignac m'avait demandé si je pouvais lui garantir toute sécurité du côté de Chambon et Nancray; je lui répondis que je m'étais chargé de défendre la pointe Est de la forêt, que ces deux villages en étaient la clef, et qu'à mon avis qui perdait la clef perdait le trésor; quand à mon concours, je l'assurai qu'il lui était tout acquis, qu'il pouvait y compter, sans réserve, ce qui était dit et promis devait se faire, et le général se rappellera toujours que dans cette circonstance j'ai tenu longuement ma promesse. Avant de commencer le récit de cette journée, une des plus chaudes de la campagne, je dois citer les dépêches et rapports des jours précédents.

« Neuville, le 21 novembre 1870.

« Monsieur,

« J'ai l'honneur de vous informer que par ordre du général commandant la 1re division du 15e corps, j'ai été désigné pour venir occuper les points de Neuville, Chilleurs-aux-Bois, Courcy, avec le reste du régiment de marche des tirailleurs algériens et avec l'escadron de cavalerie. J'ai donc reparti cette colonne sur les trois villages en question.

« Je suppose que l'autorité supérieure vous a donné avis de cette mesure.

« Je me rends aujourd'hui à Courcy, pour installer le détachement qui doit y rester, mais j'en partirai à quatre heures pour revenir à Neuville, où j'ai l'ordre de demeurer provisoirement. Comme nous devons concourir au même but, celui d'observer les mouvements de l'ennemi et de garder la partie des bois qui se trouve sur nos derrières, ne pourriez-vous pas venir cette après-midi à Courcy, où nous causerions de la mission qui nous est confiée. Si vous ne le pouvez pas, je resterai ce soir à Neuville, où j'ai beaucoup à faire, mais, demain ou après-demain, je reviendrai à Courcy, et j'espère avoir le temps de pousser jusqu'à votre campement pour avoir le plaisir de vous voir.

« Veuillez agréer, etc.

« Le colonel du régiment de tirailleurs algériens,

« CAUDEMONT. »

Rapport du 20, de la compagnie des francs-tireurs de Rochefort.

« Mon général, selon vos instructions du 19 courant, je suis allé occuper avec ma compagnie le village de Nancray. Pendant la nuit, rien de nouveau ne m'a été signalé par les avant-postes que j'avais placés autour du village.

Le 20, à 7 heures du matin, trois éclaireurs prussiens se sont présentés sur la route qui conduit à Courcelles. Un garde national, sans attendre mes ordres, a fait feu sur eux à une assez grande distance; ils se sont immédiatement retirés, mais, une demi-heure après, une colonne composée d'environ 100 cavaliers et 400 fantassins a débouché sur la susdite route. Les cavaliers ont d'abord fait une reconnaissance autour du village, en ayant soin de se tenir hors de la portée de nos armes, puis les fantassins se sont déployés en tirailleurs, toujours du côté de la route de Courcelles, et ils ont ouvert le feu contre nous environ à 500 mètres de nos positions.

« Il y a été répondu vigoureusement par une partie de mes hommes, tandis que l'autre était occupée à barricader les principales entrées du village.

« La ligne d'attaque de l'ennemi fut bientôt déployée du nord-est au sud du village, et le feu devint plus vif des deux côtés : l'attaque des Prussiens se dirigeait surtout du côté du presbytère, où une dizaine de mes hommes étaient embusqués sous les ordres du sous-lieutenant Goguet.

« Cet engagement a duré plus d'une heure, et l'ennemi s'est retiré en bon ordre du reste à l'arrivée de la colonne que vous commandiez.

« J'ai le regret d'avoir à vous signaler que, de notre côté, nous avons eu un homme très-grièvement blessé et trois autres légèrement atteints dans cette affaire. Par contre, suivant les rapports des habitants de Nancray, l'ennemi aurait eu seize hommes tués et deux fourgons ont été nécessaires pour emporter les blessés.

« D'après les papiers trouvés sur plusieurs des tués, nous aurions eu à lutter contre l'avant-garde de l'armée du prince Frédéric-Charles.

« Permettez-moi de vous signaler le sang-froid et le courage dont tous les hommes composant ma compagnie ont fait preuve pendant tout cet engagement.

« Pour ma part, je n'ai qu'à m'en louer.

« Je suis, etc.

« Le lieutenant commandant les francs-tireurs de Rochefort,

« AD. HÉRAUD. »

Après la bataille de Chambon-Nancray, j'ai fait l'éloge de la compagnie des francs-tireurs de Rochefort et suis très-heureux de pouvoir inscrire ici le rapport que son commandant m'envoya à ce sujet.

J'avais fait connaître l'arrivée d'un nombre considérable de Prussiens ; je demandais du renfort ; les pièces suivantes traitent de cette affaire, qui intéressera mon lecteur ; on y trouvera aussi différents rapports :

« Mon commandant,

« J'exécuterai vos ordres, et quand je serai relevé j'irai occuper le point que vous m'indiquez dans votre dépêche. En recevant votre lettre de cette nuit, toutes mes dispositions étaient prises

19.

pour vous rejoindre par la ligne la plus courte et, à cet effet, j'avais résolu d'expédier mes voitures sur Ingrannes, où j'ai même dirigé un convoi appartenant aux francs-tireurs.

« Aujourd'hui rien encore, l'ennemi occupe tous les points de Marvau-sous-Bois, Bougainville et on les comptes dans ces localités environ 2 ou 300, mais pas plus.

Agréez, etc.

« Le chef de bataillon des tirailleurs,

« BOUSSENARD. »

15e Corps d'armée
DIVISION DE CAVALERIE

« St-Lyé, 21 novembre 1870.

« Mon cher colonel,

« J'ai reçu la lettre que vous m'avez fait l'honneur de me transmettre sous le couvert de M. le colonel Chopin.

« Elle a été lue avec attention, et je regrette de vous annoncer qu'il m'est complètement impossible, sans enfreindre les ordres les plus précis du général en chef, de dégarnir St-Lyé, pour occuper plus fortement Neuville, Courcy, Chilleurs-aux-Bois ; j'avais parlé dans ce sens au général en chef, mais sa pensée était tout à fait apposé à la mienne.

« Je crois que, conformément aux ordres qui vous ontété donnés, vous devez vous attacher à défendre les abords de la forêt, les tranchées qui y sont pratiquées et surtout à maintenir constamles hommes sous bois pour bien pénétrer l'ennemi que la forêt est complètement occupée et qu'il ne peut s'y engager impunément.

« Rentrez donc sous bois et développez-vous-y en tirailleurs, comme vous le dites.

Recevez, etc.,

« Le général commandant la division de cavalerie du 15e corps.

« DE LONGUERUE. »

15e Corps d'armée
DIVISION DE CAVALERIE

« Saint-Lyé, 21 novembre 1870.

« Mon cher colonel,

« J'ai l'honneur de vous prévenir que, conformément aux ordres du général de division, j'ai fait partir pour Chilleurs et Courcy un bataillon de tirailleurs, commandé par un officier supérieur, et un escadron de dragons, qui seront mis à votre disposition pour assurer la sécurité de Chilleurs Courcy, Chambon.

« Il est indispensable que vous persistiez à conserver la ligne des bois en profitant de tous les obstacles qui peuvent s'y trouver.

« Recevez, etc.

« Le général commandant la division de cavalerie du 15e corps,

« DE LONGUERUE. »

15e Corps d'armée
DIVISION DE CAVALERIE

« Saint-Lyé, 21 novembre 1871.

« Mon cher colonel,

« Le général en chef me fait connaître qu'il donne l'ordre au général Crouzat, commandant à Gien, de partir demain 22 du courant de cette ville, avec 20,000 hommes et quatre batteries d'artillerie, pour Loury.

« Je vous donne avis de ce mouvement; prenez les mesures pour que les positions occupées par vous soient maintenues jusque-là.

« J'envoie demain 500 hommes du 29e de marche à Chilleurs, pour défendre à tout prix la route de Pithiviers à Orléans, à laquelle M. le général en chef attache une importance extrême.

« Recevez, etc.

« Le général commandant la division de cavalerie du 15e corps,

« G. DE LONGUERUE. »

A général d'Aurelles.

« 22 novembre 1870.

« Mon général,

« Je vous envoie directement mes impressions sur ce qui s'est passé dimanche, afin que vous jugiez la position dans son ensemble, puisque vous recevez des renseignements de toutes parts. Ce matin, je veux vous entretenir de la garde nationale, avec laquelle j'avais l'ordre de m'entendre, pour la défense de la forêt; il y aurait, il me semble, urgence à prendre une mesure énergique, qui permit d'utiliser une quantité énorme d'hommes vigoureux, qui dans ce pays pourraient résister avantageusement à l'ennemi. MM. Guyot et Pignot, colonel et commandant de ces gardes nationales, ont leur organisation parfaite sur le papier, mais l'ennemi arrive, personne ne paraît encore.

« On trouve sur toutes les routes des gens ayant des fusils derrière tous les buissons, et pas un seul n'arrive se mettre en ligne quand il entend la fusillade.

« Ainsi, dimanche toute la journée, nous avons résisté à un ennemi relativement très-nombreux pour nos forces, et pas un capitaine de ces gardes nationales n'est venu me demander ce qu'il y avait à faire, pas un garde national n'est venu se mêler à nous, cependant nous défendions leur pays.

« La présence de l'ennemi a empêché les levées et la régularisation des hommes; ne serait-il pas temps aujourd'hui de prendre une mesure prompte et énergique qui les rendit utiles, je vous le demande, mon général?

« Quand je fis des reproches aux individus, ils dirent que leurs chefs n'apparaissaient jamais et que les maires leur disaient de déposer les armes.

« J'ai reçu plusieurs compagnies de francs-tireurs, il y en a de très-bien, d'autres auxquelles il faut apporter quelques réformes, et d'autres, franchement, qui ne valent pas la dépense que fait l'Etat pour les nourrir, et qui, bien plus, semblent être un ramassis de bandits, pillant partout et se battant très-mal. Sitôt que j'aurai un peu de repos, j'entrerai dans les réformes que j'aurai l'honneur de vous soumettre.

« Rien de nouveau autour de nous sur l'ennemi qui, hier, est resté assez tranquille à quelques kilomètres en avant de la forêt, un peu partout au nombre de 2 ou 3 mille hommes par différents campements; il a son quartier-général à Pithiviers.

« Aujourd'hui, il fera peut-être des mouvements qui nous indiqueront ses projets. Je vous en aviserai.

Veuillez agréer, etc.

« CATHELINEAU. »

Garde nationale
de Beaune-la-Rolande
Etat-major

« Mon colonel,

« J'ai reçu fort tard votre lettre de ce jour, et je m'empresse de vous affirmer que je vais me mettre en mesure de réunir toutes les forces de la garde nationale, non organisées par l'administration départementale, marchant jusqu'à ce jour au titre volontaire, et dont la révision n'a eu lieu que le 19 novembre; à ce sujet, je vais me transporter pour vingt-quatre heures à Orléans, pour obtenir les pouvoirs nécessaires à la réunion, l'équipement et l'armement des gardes nationaux mobilisés. Je me permets de vous joindre deux mots sur la situation de la route de Bellegarde à Châteauneuf, route non défendue et fortement menacée, si nous en croyons deux espions arrêtés par la garde nationale et dirigés par Bellegarde sur Orléans.

« Les troupes les plus proches de ce point menacé sont à Coudray, près Lorris. Le général Maurandy est sur la Loire, à Sully, et un corps de 120,000 Français est à Gien. Tout cela permet, ce me semble, de renforcer la ligne de Combreux à Fay et de Bellegarde à Châteauneuf.

« Douze mille Prussiens sont campés entre

Boyne, Renneville, Courcelles et Nancray. Un corps plus important est à Barville, Egry et Ausy. Montargis est toujours occupé ; toujours forte artillerie dans les corps de Frédéric-Charles.

« Là se bornent nos renseignements certains, renseignements que je ne pourrai continuer qu'à mon retour d'Orléans à Sury-aux-Bois.

« Veuillez agréer, etc.

« Le commandant des gardes nationales,

« PIGNOT. »

« Courcy-aux-Loges, 22 novembre 1870.

« Mon commandant,

Dois-je venir seul, ou avec mon bataillon? Je vous prie de me le faire dire. Les ennemis occupent Acoux en nombre considérable (1,500). Ce sont, dit-on, les mêmes avec lesquels vous avez été engagé il y a trois jours. Je n'ai pas encore de renseignements de ce matin, mes grands'-gardes ont cependant été tranquilles.

« Croyez, etc.

« Le commandant du 1er bataillon des tirailleurs algériens,

« BOUSSENARD. »

« Chilleurs-aux-Bois, le 22 novembre 1870.

« Mon colonel,

« J'ai reçu votre lettre avec la série des mots

d'ordres et les deux dépêches télégraphiques; je vais retourner celle du préfet de la Dordogne qui ne concerne que les bataillons qui ont donné à Coulmiers et adressée au colonel commandant le régiment.

« J'ai l'honneur de vous prier de vouloir bien la faire parvenir à son adresse réelle.

« Nous avons eu ici, hier, quelques petites démonstrations de l'ennemi en avant de Montigny; nous n'avons pas bougé. Dans la matinée, il y a eu quelques fusillades vers Neuville; j'en ignore le résultat.

« Cette nuit sont arrivés un bataillon de turcos et un escadron de dragons; ils sont campés en avant de mon bataillon, près de Chilleurs.

« Veuillez agréer, etc.

« Le chef de bataillon des mobiles de la Dordogne,

« MARTY.

A général des Pallières.

« 22 novembre 1870.

« Mon général,

« Je suis très-heureux des dispositions prises, car il se confirme de plus en plus que le prince Frédéric-Charles est à Pithiviers et dans les environs avec une quarantaine de mille hommes. Va-t-il au secours de l'armée de Toury? veut-il entrer dans la forêt? veut-il passer à côté? c'est ce que jusqu'à présent je ne suis pas capable de deviner; mais il y avait évidemment des précautions à prendre. Chambon est surveillé ce matin par quatre cents hommes, et je me tiens avec mes troupes au rond-point des Huit-Routes, sur celle d'Ingrannes à Chambon, pour porter facilement secours à Courcy, soit à Chambon. Je prendrai demain les mêmes dispositions, et croyez bien qu'avant de passer, il faudra que l'ennemi nous marche sur le corps.

« Veuillez agréer, etc.

« CATHELINEAU. »

« Neuville, le 22 novembre 1870.
(Reçue en retard.)

« Prière à M. le colonel de Cathelineau de vouloir bien venir à Courcy aussitôt la dépêche reçue, afin d'y recevoir les instructions que le général commandant la 2e brigade est chargé de lui donner par ordre supérieur.

« Le général commandant la 2e brigade,

« CHOPPIN. »

« Orléans, 22 novembre 1870.

« Copie conforme de la pièce suivante est notifiée à M. le colonel Cathelineau. Des instructions ont été données aux fonctionnaires de l'intendance du 15e corps, afin qu'il soit pourvu, dans la mesure des ressources dont il dispose, aux besoins de la troupe dont il s'agit.

« Le sous-intendant militaire faisant fonction d'intendant du 15e corps.

(*Signature illisible.*)

« Monsieur l'intendant,

« Je reçois aujourd'hui de M. le ministre de la guerre une lettre en date du 17 novembre, n° 837, ainsi conçue :

« Monsieur l'intendant, je vous prie d'assurer sans retard le payement des allocations dues aux soldats de M. de Cathelineau.

« Ce corps ayant été mis à la disposition de l'autorité militaire, il y a lieu de les traiter comme la ligne.

« Recevez, etc.

« Le délégué de la guerre,

« DE FREYCINET. »

« Veuillez, je vous prie, assurer l'exécution des mesures prescrites à l'égard de ce corps, que sa position semble rattacher au 15e corps.

« Recevez, etc.

« L'intendant en chef,

« BOUCHÉ. »

Au commandant Marty.

« 23 novembre 1870.

« Mon cher commandant,

« De nouveaux ordres me forcent à changer mes dispositions.

« Le général en chef, craignant une attaque sérieuse, sur la route de Pithiviers à Orléans, où vous vous trouvez, va vous renforcer de 500 hommes du 29e régiment de marche. Ne quittez donc pas vos positions à leur approche, et défendez la route à tout prix.

« Il vous arrivera du secours de Saint-Lyé et de moi, si nous ne sommes pas attaqués en même temps.

« Agréez, etc.

« CATHELINEAU. »

Etant chargé de m'occuper des routes, ce que je ne m'attendais pas à faire, j'eus recours à un brave officier, Gustave Lefebvre, qui, ingénieur à Paris, était venu s'offrir à nous comme simple volontaire ; il avait gagné rapidement ses épaulettes par son mérite, qui égalait sa bravoure.

« Détruire la route n° 3, qui passe par Courcy-sous-Bois venant de Pithiviers à Fay-aux-Loges, ainsi que la route de Bois-Commun (sous bois) à Combreux, route n° 9. La route de Bellegarde à Châteauneuf, n° 69, dans les bois au-dessous de Chicamour, doit être rendue impraticable. »

(Sans adresse, date ni signature.)

15e Corps d'armée
ÉTAT-MAJOR GÉNÉRAL

« Chevilly, 23 novembre 1870.

« M. le colonel Cathelineau fera détruire la route n° 3, qui passe par Courcy, dans la partie boisée en avant de Fay-aux-Loges.

« La route sous bois de Bois-Commun à Combreux sera aussi coupée (route 9).

« La route de Bellegarde à Châteauneuf sera rendue impraticable à l'artillerie au-dessous de Chicamour, dans les bois.

« A cet effet, M. le colonel Cathelineau fera des réquisitions aux maires pour que des travailleurs soient mis à sa disposition.

« En labourant les terres sur une certaine étendue de passage, les routes deviennent impraticables aux chevaux, voitures et canons.

« Le général commandant le 15e corps.
« *P. O.* Le lieutenant-colonel chef d'état-major,
« A. DES PLAS. »

Rapport sur les travaux faits aux routes 3, 9, 69.

« Ingrannes, 25 novembre 1870.

« 1° La route 3 est coupée entre Courcy et la Motte-des-Buest;

« 2° La route 9 est coupée par trois tranchées à l'endroit dit des Bois-de-Beaumont, à quatre kilomètres de Combreux. Ces tranchées sont bonnes, bien faites; la position est avantageuse; elle oblige les colonnes qui se présenteraient à s'engager dans des bois faciles à défendre par des tirailleurs;

« 3° La route 69, de Bellegarde à Châteauneuf, est coupée par deux tranchées; elles sont parfaitement établies : la première, placée à l'entrée des bois, est très-solidement établie, son seul défaut est d'être à l'entrée du bois, et je l'aurais déplacée, si elle n'était renforcée par une seconde tranchée placée sur la même route, à 400 mètres en arrière.

« Quelques travaux supplémentaires ont été exécutés sur ces divers points.

« Les maires de Combreux et de Chicamour se sont empressés de faire le nécessaire.

« Les ordres que vous m'avez donnés se trouvent donc exécutés.

« Votre obéissant,

« LEFEBVRE,

« Lieutenant à la 1re compagnie du corps franc de la Vendée. »

A lieutenant-colonel Daumalain, commandant la légion bretonne.

« 23 novembre 1870.

« Mon cher commandant,

« Je vous renouvelle les ordres d'hier. Partir à six heures avec 300 hommes pour vous rendre sur la lisière de la forêt, en face de Chambon ; vous faire éclairer en avant par les cavaliers mis à votre disposition ; si vous avez la certitude que l'ennemi ne se trouve pas à Chambon, comme je le crois, faites une apparition dans le bourg et en avant de Nancray ; surveillez attentivement la route de Courcelle sur les hauteurs, afin que l'ennemi ait connaissance de votre présence ; s'il apparaissait lui-même en forces supérieures aux vôtres, vous vous replierez, sans qu'il le voye, sur les abords de la forêt, et me préviendrez du point menacé ; vous tiendrez bon jusqu'à mon arrivée.

« Agréez, etc.

« CATHELINEAU. »

A colonel Chopin.

« 23 novembre 1870.

« Colonel,

« Je reçois de votre part une invitation de me rendre à onze heures à Neuville. Il me semble que cette réunion à onze heures, permettez-moi de vous le dire, serait bien malheureuse au moment où les miens peuvent être engagés, car, si vous avez l'ennemi à Ascher, il y a trois ou quatre jours que nous l'avons sur plusieurs points plus près de nous. Pour cette raison, j'avais demandé du secours; il m'avait été accordé par le général, et je n'ai rien reçu de contraire à ces ordres, et, hier soir encore, le général en chef me faisait dire qu'il avait accordé tout ce que j'avais demandé. Comment se fait-il que, ce matin, au lieu de se renforcer par la gauche, où se trouve un grand nombre de troupes, on enlève à l'extrême droite le peu qu'elle ait, et contrairement à tous les ordres qui me sont donnés par écrit?

« Il est bien entendu que, si je n'étais pas attaqué ce matin et que vous le fussiez vers Chilleurs et Neuville, j'irai à votre aide, mais je regarde ce mouvement comme dangereux, car on peut nous attaquer sur tous les points à quelques heures de distance et je crois que c'est leur projet, puisqu'ils sont en mesure de le faire et dans ce cas, je vais me trouver très-faible et trop éloigné pour avoir du secours.

« Je ne quitterai donc pas mon poste à cette heure et aurai le regret de ne pas vous voir.

« Agréez, etc.,

« CATHELINEAU. »

Au général des Pallières.

23 novembre 1870.

« Mon général,

Jusques à hier toutes choses ont marché avec l'activité et l'ordre que je vous connais et qui signalent votre commandement, mais depuis hier, à côté des ordres écrits que j'ai reçus, on m'envoie des notes qui me troublent beaucoup dans la défense si difficile que vous m'avez confié; hier on m'appelait à Courcy lorsque j'étais en surveillance sur les points menacés en avant de la forêt vers Chambon : aujourd'hui, vous pourrez juger, par les notes que je reçois et par ma réponse, de l'incertitude dans laquelle on me laisse.

« Veuillez examiner cette position et me dire ce que j'ai à faire.

« Veuillez agréez, etc.,

« CATHELINEAU. »

A général des Pallières.

23 novembre 1870.

« Mon général,

« Vous pouvez être parfaitement tranquille au sujet des routes, demain dès la première heure, le travail sera commencé sur toute la ligne et mené le plus promptement possible.

L'ennemi semble se défier de nous, il nous croit sans doute, beaucoup plus nombreux que nous ne ne sommes, et tous les jours pour l'entretenir dans cette heureuse illusion, je fais des apparitions dans les villages à la pointe de la forêt. Un uhlan, par trop osé, a été victime de son imprudence. Beaune est occupé depuis hier, on doit donc se défier singulièrement d'une armée descendant de Montargis sur Bellegarde. Il se confirme de plus en plus que Frédérick-Charles est devant nous, je n'ai aucune nouvelle importante à vous communiquer.

« Veuillez agréer, etc.

« CATHELINEAU. »

A commandant Marty.

« 23 novembre 1870.

« Mon cher commandant,

« J'apprends que demain vous serez remplacé à

Chilleurs, aussitôt l'arrivée des troupes, veuillez bien, je vous prie aller occuper Courcy, de la même manière que Chilleurs, c'est-à-dire, prendre la forêt comme point de défense. Je vais m'occuper de toutes affaires, je vaïs avoir des cartouches.

« Agréez, etc.

« CATHELINEAU. »

A commandant Boussenard.

« 23 novembre 1870. »

« Mon cher commandant,

« Demain matin, les mobiles, d'après les ordres de ce soir, iront vous remplacer à Courcy, d'où vous voudrez bien partir pour la Rive-du-Bois.

« Agréez, etc.

« CATHELINEAU. »

Comme on va le voir, les affaires de discipline ne marchaient pas vite, il semblait toujours rester quelque part auprès du ministre, un peu de levain de haine qu'on avait voué au corps de la Vendée, au lieu de la répression que je demandais, on donnait des récompenses, c'est incroyable à dire, et cependant très-vrai.

A général des Pallières.

« 23 novembre 1870.

« Mon général,

« Je voudrais, enfin, que cette affaire de X... se termina ; vous comprendrez combien il m'a été pénible, après avoir sacrifié, par obéissance, l'avenir de mon corps, puisque je suis partis quinze jours après le premier rendez-vous, de voir mon dépôt tombé malgré moi à la merci d'un intrigant, qui, sans autorisation aucune de ma part, avait su se faire donner du Ministère de la guerre une commission de capitaine, lorsque, préoccupé de choses plus essentielles, je n'en avais demandée pour personne. Les faits se passaient à la fin d'octobre, et c'est, vers les premiers jours de novembre, que ce malheureux emmenait d'Amboise des hommes que j'avais habillés pour m'en servir, recueillant ceux que j'avais revoyés, les nommant officiers et s'en servant comme base de formation d'un corps de francs - tireurs d'Indre-et-Loire, dont il a obtenu le commandement.

Non-seulement il a pris mes hommes, mais encore, avant de partir, il a emporté mille francs, qu'il avait reçu pour la solde de ces mêmes hommes au dépôt.

« Vous comprenez, général, combien il m'est

impossible, dans la vie que je mène, de suivre régulièrement les affaires de ce genre, et cependant ces faits méritent une répression urgente, ou tout est perdu en fait de discipline. J'ai envoyé un rapport au général commandant la place, un autre autre général Levilbo, et tout cela n'a servi à rien, il n'a pas empêché M. X.., de former un nouveau corps. Quel chef! quel corps!

« Veuillez agréez, etc.

« CATHELINEAU. »

Copie d'une lettre adressée au colonel Chopin.

15e Corps d'armée
ÉTAT-MAJOR

« Chevilly, 23 novembre 1870.

« Colonel,

« Afin qu'il ne puisse se produire d'incertitude dans vos rapports avec M. de Cathelineau, commandant les francs-tireurs du 15e corps, je vous informe que ce commandement relève directement du commandement en chef du 15e corps.

« Vous n'avez donc pas d'ordres à donner à M. de Cathelineau. Vous devez vous borner à lui donner des indications sur les manœuvres de l'ennemi, de même que lui doit vous faire parvenir les mêmes avis lorsqu'il y a lieu.

« M. de Cathelineau est chargé de la défense de la partie nord-est de la forêt, et les troupes régulières mises sous ses ordres (1er bataillon de tirailleurs et un escadron de chasseurs), sont complétement à sa disposition.

Je vous prie de prendre bonne note de ces dispositions.

« Le général commandant en chef le 15e corps,

« DES PAILLIÈRES.

« *P. C. C.*, le lieutenant-colonel,
chef d'état-major général,
(*N'a pas signé*).

15e Corps d'armée
ÉTAT-MAJOR

« Chevilly, le 23 novembre 1870.

« Monsieur le colonel Cathelineau, dans le cas où l'armée se porterait en avant, devra rester dans la forêt avec les francs-tireurs et les troupes régulières mises à sa disposition, et surveiller la portion comprise entre Chambon et les Bordes; s'il se présentait quelque troupe ennemie, il devra en aviser de suite le général commandant le 15e corps et le général commandant à Orléans.

« Le général commandant le 15e corps,
« *P. O.* Le lieutenant-colonel, chef d'état-major,
« DES PLAS. »

« Saint-Lyé, le 23 novembre 1870.

« Mon cher colonel,

« Je m'empresse de vous faire savoir que le général Crouzat a dû arriver ce matin à Lorris avec 20,000 hommes et 4 batteries.

« D'autre part, nous allons demain occuper Chilleurs avec deux brigades d'infanterie et de cavalerie.

« Les deux mouvements que je vous signale assurent votre position et vous faciliteront l'exécution des ordres que j'ai été chargé de vous transmettre de la part du général en chef

« Le général commandant la 2e brigade,

« CHOPIN. »

« 23 novembre 1870.

« Mon cher colonel,

« Lorsque je vous ai prié de vous rendre à Neuville, je n'agissais pas spontanément et ne faisais qu'exécuter les ordres qui m'avaient été donnés par le général en chef.

« Je devais aussi, par ordre, avoir un entretien avec vous ne sachant exactement le lieu de votre quartier général, j'avais tenté, sans trop d'espoir, de vous voir à Neuville.

« Ai-je besoin d'ajouter que j'approuve toutes

les observations contenues dans cette lettre? mais je vous le répète, moi-même je n'ai fait qu'obéir.

« Veuillez agréer, etc.,

« Le général commandant la 2e brigade de la 1re division du 15e corps,

« CHOPIN »

« 23 novembre 1870.

« Mon cher commandant,

« Je reçois de M. le général commandant du régiment des tirailleurs algériens la dépêche suivante :

« Je reçois à l'instant la nouvelle émanant du maire d'Achères au commandant des troupes de cavalerie à Neuville, qu'un corps prussien menace de marcher sur Orléans, soit par Neuville, soit par Chilleurs-aux-Bois. Pour être prêt, donnez s'il vous plaît l'ordre au commandant Larres de revenir immédiatement à Chilleurs avec les deux compagnies du 2e bataillon, ainsi qu'à la division de cavalerie arrivée hier soir à Courcy. Si j'apprends des nouvelles plus positives, je vous en informerai aussitôt. Je reste seul avec mon bataillon à Courcy-aux-Loges.

« Agréez, etc.,

« Le chef de bataillon des tirailleurs algériens,

« BOUSSENARD. »

« Chilleurs-aux-Bois, 23 novembre 1870.

« Mon cher camarade,

« D'après divers renseignements qui sont parvenus à Neuville et ici, un corps prussien devrait marcher ou plutôt se préparerait à marcher sur Orléans. Le lieutenant-colonel du 29e commandant la brigade à Saint-Lyé en a été averti par le chef d'escadron commandant les troupes de Neuville.

« Dans le cas où nous serions attaqué par Chilleurs-aux-Bois, j'ai écrit au commandant Rousseнard de donner l'ordre au commandant Lavec de venir immédiatement à Chilleurs avec les cinq cents hommes et les deux pelotons qui sont arrivés hier à Courcy.

« A l'instant même je reçois encore du chef d'escadron de Neuville la nouvelle que l'ennemi concentre ses forces d'infanterie dans les villages d'Aschères, Taillay et Montigny, et qu'il a y de l'artillerie à Crottes.

« A ce matin le plaisir de vous serrer la main.

« Votre tout dévoué,

« CAUDEMONT,

« lieutenant colonel des tirailleurs algériens. »

Depuis longtemps je désirais envoyer un état de proposition, mais pour le bien faire il fallait se

21.

recueillir. Officiers et soldats, tous étaient braves, les distinctions étaient donc difficile à réduire à un petit nombre. Puységur ne voulait pas de récompense, d'autres pensaient comme lui.

A général d'Aurelles.

« 24 novembre 1870.

« Mon général,

« Vous m'avez demandé que je vous adresse des propositions pour la Légion-d'Honneur pour les corps de francs-tireurs qui sont sous mes ordres. Pendant toute notre expédition sur la rive gauche de la Loire et aussi depuis que nous sommes connus à la garde de la forêt d'Orléans, trois personnes que j'ai à vous signaler, je ne dirai pas comme les plus braves (car presque tous le sont au même degré dans mon corps), sont :

« 1° M. Queyriaux, chef de bataillon;

« 2° de Vinzelle, lieutenant de la compagnie des éclaireurs à pied, qu'au ministère on a établi, je ne sais pourquoi la compagnie hors rang, quoique ce soit elle qui marche toujours le plus en avant et par conséquent la plus exposé. (Ci-joint, à ce sujet une petite réclamation que je vous prie d'apostiller et d'envoyer au ministère.)

3° M. Duffour, officier, éclaireur à cheval qui

malgré la hardiesse de tous, a su se distinguer entre eux, par son audace, toujours accompagnée de la plus grande prudence.

« Parmi les sous-officiers et soldats, je propose Guerry-David qui s'est toujours distingué par sa bravoure, sa bonne tenue et l'entrain général.

« Veuillez agréez, etc.,

« CATHELINEAU. »

Suit le rapport pour le même objet sur les chasseurs à cheval.

A général d'Aurelles.

« 24 novembre 1870.

« Mon général,

« Quoique dans vos dépêches vous ne me demandiez de vous signaler que des hommes méritant des récompenses dans les différentes compagnies de francs-tireurs réunis sous mes ordres, permettez-moi d'insister, d'une manière toute spéciale, pour que les troupes également misent à ma disposition vous soient signalées pour les récompenses qu'elles ont méritées. M. le capitaine Haub, dans le mémoire qu'il m'a présenté, et que je joins à cette pièce, demande à ce que M. de Colonjon, sous-lieutenant, et Dedouette, maréchal-des-logis, soient proposés, l'un pour la croix de la Légion d'honneur et l'autre pour la médaille militaire, et moi je demande instamment que le capitaine Haubt soit récompensé, soit par la croix de la Légion d'honneur, soit par un grade supérieur au sien. J'appui ma demande pour ces trois messieurs, sur ces deux faits qui se sont passés devant moi.

« Le premier, la magnifique défense que l'escadron a faite seul à Chilleurs, luttant pendant toute la journée du 17 novembre, et le lendemain contre des forces supérieur qui devaient, de toute nécessité, emporter cette position, sans la valeur de tout l'escadron, et en particulier des personnes citées.

« L'affaire de Naucray, le 20 novembre. Ce village, ainsi que ces abords, étaient occupés par 500 Prussiens et un escadron de cavalerie. Avec 200 hommes du corps-franc de la Vendée, la compagnie de Rochefort composée d'une centaine d'hommes, nous avons enlevé les positions et repoussé l'ennemi en un instant, et la rapidité de l'issue est particulièrement due à la charge vigoureuse et hardie exécutée par l'escadron de chasseurs.

Je renouvelle donc, mon général, mes instances pour que vous veüillez bien approuver la demande ci-dessus.

« J'aurais à vous préparer d'autres rapports que je n'ai pas eu le temps d'examiner, en raison de mes nombreuses occupations.

« Veuillez agréer, etc.

« CATHELINEAU. »

« Courcy-aux-Loges, 25 novembre 1870.

« Mon commandant,

« Aujourd'hui, à une heure, j'ai vu passer le bataillon de la Dordogne qui se dirigeait sur Chambon. Voilà donc une moitié de programme, la deuxième consiste à voir tout de suite des troupes françaises, se dirigeant de Boissonnière sur Pithiviers. Je suis tout à fait en dehors de la route que peuvent suivre ces troupes, et j'ignorerai sans doute leur passage. Cependant, j'ai envoyé un exprès au maire de Bois-Commun, pour qu'il me renseignât, et j'attends encore la réponse.

« Je crois que le plus simple serait que vous me fassiez prévenir du moment où je dois quitter Courcy, je me rendrai alors à Sury comme vous m'en avez donné l'ordre.

« J'ai toujours devant moi des maraudeurs ennemis, mais ils ne sont pas trop inquiétants, ils essayent cependant de voir si le pays est libre oui ou non en avant d'eux.

« Je m'attendais à un mouvement aujourd'hui; c'est dans ce but que j'avais demandé des vivres à Sury, mais si je ne pars pas demain, j'en manquerai totalement, car ils se terminent aujourd'hui.

« J'attends donc vos ordres pour quitter ou rester à Courcy.

« Croyez, mon commandant, à tous mes sentiments dévoués et respectueux.

« Le chef de bataillon,

« BOUSSENARD. »

« Mon commandant,

« Les nommés A..., C..., V..., le premier caporal et les autres soldats à ma compagnie, mettent depuis hier matin le désordre le plus complet dans la compagnie, en excitant les autres à les suivre dans leur complot dirigé contre moi. Pour éviter bien des choses fâcheuses que je ne voudrais pas faire, je viens vous prier, mon commandant, de vouloir bien m'aider à retirer ces hommes de ma compagnie, afin d'avoir la paix et la tranquillité, une pareille chose ne pouvant durer plus longtemps.

« Je suis, etc.

« Le capitaine commandant la compagnie,

« G..... »

J'ai dit que certaines compagnies de francs-tireurs avaient besoin de réformes; les lettres qui vont suivre le démontreront assez clairement. Mais comment se battre ou marcher aux avant-postes toute la journée, et trouver le temps de réformer et d'organiser? L'orthographe de la pièce suivante est conservée comme curiosité.

« Notre cher comandant,

« Nous avons quitté notre sol paternel pour vanger la belle France depuit plus de quatre moi menacées.

« C'est pourquoi nous prénons la liberté pleine de vous adresser la présente lettre. Se serai, cher et aunorable comandant, dabord de nous changers notre compagnie.

« Parsque vous savez très-bien que notre capitène a voulu tué un de nos hommes, et nous ne comprendions pas coment qu'il ait osé revenir à nous. Ainsi nous vous souplions de nous acorder ce que nous prenons la grande liberté de vous demander.

« Nous sommes pour la vie vos enfant dévoué.

« Ont signé pour toute la compagnie :
« 28 francs-tireurs de la Phalange-Niçoise. »

A général des Pallières.

« 24 novembre 1870.

« Mon général,

« Je reçois des plaintes du capitaine de la compagnie des Alpes-Maritimes, contre presque tous ses soldats, et les officiers et soldats de cette compagnie m'adressent de leur côté contre leur capitaine une pétition signée d'un grand nombre d'hommes qui aiment mieux se retirer que de servir sous ses ordres.

« M. X..., capitaine de la compagnie des Alpes-Maritimes, se rend, par son arrogance habituelle, indigne et incapable du commandement qu'il a reçu ; il est accusé d'avoir tiré un coup de revolver à la tête de l'un de ses hommes dans un mouvement de colère, et, tous les jours, il fait de semblables menaces à ceux qu'il croit devoir reprendre.

« Je demande donc que, pour ces deux chefs d'accusation, il soit soumis au jugement de la cour martiale.

« Quant à la compagnie très-indisciplinée et possédant cependant quelques hommes encore susceptibles de rendre quelques services à l'État, je demande qu'elle soit dissoute, pour que les individus soient reversés dans les différentes compagnies de francs-tireurs ou de l'armée (compagnie de discipline).

« J'attendrai, mon général, vos ordres à ce sujet.

« Veuillez agréez, etc.,

« CATHELINEAU. »

15e corps d'armée
ÉTAT-MAJOR

« Loury, le 15 novembre 1870.

« En réponse à sa lettre de ce jour et au rapport qui y est joint, M. de Cathelineau est informé qu'il a dans les troupes sous ces ordres les éléments nécessaires à la composition d'une cour martiale. Chaque fois que de semblables faits se présenteront, il devra la réunion sans attendre l'autorisation du général en chef et faire exécuter les jugements.

« M. le colonel Cathelineau est autorisé à dissoudre la compagnie des Alpes-Maritimes, mais les hommes devraient immédiatement être incorporées dans d'autres compagnies.

« Le général commandant le 15e corps approuve les dispositions prises en vue d'un mouvement de troupes.

« Le chef d'état-major général,

« DES PLAS. »

A commandants des tirailleurs algériens.

« 24 novembre 1870.

« Mon cher commandant,

« Veuillez me dire si vous avez connaissance du passage de l'armée.

« Quant aux vivres, soyez sans inquiétude, j'en ai à Ingrannes et à Goury.

« Agréez, etc.

« CATHELINEAU. »

« Bois-Commun, 24 novembre 1870.

« Mon colonel,

« J'occupe Bois-Commun depuis ce matin, après avoir délogé l'ennemi qui occupait les dernières maisons du village. Nous avons tenu toute la journée la cavalerie prussienne à distance par un feu qui leur a occasionné la perte d'une centaine d'hommes. J'arrive du quartier général du 20e corps, qui est installé près de Montliard ; je partirai probablement cette nuit pour Saint-Loup, ayant ramené ici un bataillon de mobiles pour me relever.

« On m'a demandé au quartier général de m'informer exactement des troupes qui occupent Nibelles. On m'assure que rien vous trouvez de ce côté. Je vous prie donc de me faire savoir immédiatement ce qui se passe *à Nibelles*.

« Recevez, etc.

« Le commandant du 6e bataillon de tirailleurs algériens,

« DE LUPÉ. »

15e Corps d'armée
1re DIVISION
Etat-major

« Loury, le 25 novembre 1870.

« Des francs-tireurs isolés se présentent souvent à la division pour rejoindre leurs compagnies. M. le colonel de Cathelineau est prié de tenir le général commandant la division au courant des divers mouvements opérés par ces compagnies et les emplacements qu'elles occupent.

« Le général commandant la 1re division d'infanterie du 15e corps,

« DUTIAUX. »

A commandant Marty.

« Ingranne, le 28 novembre 1870.

« Mon cher commandant,

« Sitôt que vous verrez le premier soldat du corps qui est en ce moment à Loury, arriver à nous suivi de la colonne, levez le camp et allez vous installer entre la forêt et Chambon, dans un petit bourg appelé le Bourg-d'en-Haut, vous développant au sud vers Nibelle, toujours sur la lisière de la forêt.

« Comme nous n'avons pas à craindre après cette journée, d'attaque sérieuse vers ce point, espacez vos compagnies, de manière à dépasser Nibelle.

« Agréez, etc.

« CATHELINEAU. »

« 26 novembre 1870.

« Mon colonel,

« Je suis à Nibelle, j'ai essayé de camper à Bout-d'en-Haut, cela m'a été impossible.

« J'ai placé en avant de Nibelle, au village, sur la hauteur et sur la route de Chambon, deux compagnies d'avant-garde.

« Mes hommes sont tous logés ici ; j'ai placé des postes à toutes les entrées du bourg.

« Faites-moi connaître par les hommes que je vous envoie vos instructions pour demain.

« Je n'ai pas eu le temps de refaire mes états de proposition ; il suffira de faire les changements indiqués.

« J'ai reçu du colonel de mon régiment une lettre que je livre à votre appréciation. Vous y verrez percer, connaissant l'homme, l'ironie et le sarcasme.

« Vous seul pouvez venger le 3e bataillon en répondant à cette lettre par l'obtention de quelques faveurs pour mon bataillon qui, en résumé, a mérité, pour les services qu'il a rendu avec les francs-tireurs vendéens, de rester à hauteur des autres bataillons, qui n'ont eu en définitive qu'un seul coup de collier à donner.

« Veuillez agréez, etc.,

« Le chef de bataillon,

« MARTY. »

A général des Pallières.

« Ingranne, 25 novembre 1870.

« Mon général,

« Les deux corps d'armée se sont avancés hier à peu près à la même hauteur, l'un à Toury, l'autre à son quartier général à Montliart. Des engagements ont eu lieu vers Montharrois, ce qui n'a pas empêché, je crois, les avant-gardes d'avancer en avant, car le canon montait toujours.

« Un commandant de francs-tireurs, M. de Lupé, m'a fait demander à minuit quelles étaient les positions de l'ennemi en avant de Bois-Commun et vers Beaune. Je n'ai pu lui donner de renseignements certains que sur les abords de la forêt, Chambon, Nancray, parce qu'hier soir, M. de Lupé, avait arrêté mon éclaireur, porteur cependant de papiers plus que suffisants pour le faire reconnaître. Ces mesures sont vraiment déplorables.

« Sitôt que l'avant-garde du corps de Loury aura dépassé la forêt à Chilleurs, je fais partir mon bataillon de mobiles pour occuper le dessous de Chambon, sur la lisière de la forêt et aussitôt que le corps qui est à Montliart aura dépassé la forêt, je me développe au nord-est, dans la position que vous m'avez indiqué jusqu'à Bordes.

« Veuillez agréez, etc.,

« CATHELINEAU. »

A commandant du 1er bataillon tirailleurs algériens.

« Ingranne, le 25 novembre 1870.

« Mon cher commandant,

« Laissez passer les mobiles vers Chambon, vous ne quitterez Courcy que lorsque vous aurez la connaissance (de visu) de troupes venant de Bois-Commun et de Montliart arrivées à votre hauteur pour Pithiviers ; dans ce cas, vous vous rendez dans le chemin direct, du rond point des Huit-Routes et vous allez camper à Livry, sur le canal, vous vous développez par compagnie jusqu'à Chatenoy, ne craignez pas d'être trop faible nous ne sommes placés là qu'en observation, n'ayant pas à craindre d'ici quelques jours d'attaque sérieuse de l'armée de Montargis.

« Quant aux vivres de campagne, je vous répète que j'en ai à votre disposition avec moi et au dépôt de Loury.

« Agréez, etc.

« CATHELINEAU. »

Ici je réponds à la lettre précédente que m'avait adressée le gouvernement de la défense nationale.

A M. Freycinet, délégué du général.

» Ingranne, le 25 novembre 1870.

« Monsieur le délégué,

« Je vous remercie au nom du corps de la Vendée et en mon nom personnel de la lettre flatteuse que vous m'avez envoyée.

« Nous nous sommes donné beaucoup de peine pour bien faire et remplir la mission d'honneur qui nous avait été confiée.

« Malgré cela, j'hésitais à vous demander des récompenses, mais dimanche, nous avons eu une affaire très chaude au nord-est de la forêt d'Orléans, dans laquelle mes hommes au nombre de 200 et plus tard de 500, au plus, ont tenu tête toute la journée à plus de 1,500 hommes d'infanterie, 8 pièces d'artillerie, sans avoir perdu un pouce de nos positions.

« Depuis cette affaire, je n'hésite plus à vous envoyer mes propositions, bien plus, je vous demande de vouloir bien y faire droit, ce que j'attends, du reste, de vos attentions délicates pour nous.

« J'ai encore une autre demande à vous faire, c'est que ma compagnie d'élite, compagnie d'éclaireurs, la plus brave, la plus hardie, celle qui marche toujours en avant, a été considérée par une erreur dont je ne puis pas me rendre compte, comme une compagnie hors-rang, que les commissions données à ses officiers, et ont été données en ce sens, c'est humiliant pour eux, et ce n'est pas juste.

« J'aurai donc l'honneur de vous renvoyer ces commissions, en vous priant de vouloir bien les faire changer pour d'autres au titre ordinaire.

« Si notre dévouement à la France avait besoin d'encouragement, vous nous les donneriez suffisamment par votre manière gracieuse d'agir à notre égard. Nous vous en remercions donc de nouveau, en vous priant de vouloir bien agréer nos remerciements et l'assurance de nos sentiments distingués.

« CATHELINEAU. »

Un échange de dépêches avait eu lieu au sujet de cette compagnie dont j'ai parlé. Voulant faire un exemple nécessaire au bon ordre général, je pris la résolution suivante :

Ordre du jour du 26 novembre 1870

« Après avoir reçu différentes plaintes du commandant de la Phalange Niçoise, et après avoir reçu une pétition signée d'un grand nombre de ses soldats, demandant à ne plus servir sous les ordres de leur capitaine, j'ai considéré que cette compagnie, peu nombreuse du reste, était complétement désorganisée, et, après en avoir conféré par écrit avec le général commandant en chef le 15ᵉ, je décide et arrête ce qui suit :

« La compagnie dite *Phalange Niçoise* est dissoute.

« Le capitaine sera tenu aux arrêts forcés jusqu'à ce que les faits qui lui sont imputés, et dont il est matériellement coupable, soient examinés par ses juges naturels. Il restera à ces mêmes arrêts jusqu'à ce qu'il ait été statué sur la punition qu'il convient d'infliger à un commandant de corps franc qui, presque chaque jour, se trouve dans un état d'ivresse complète.

« Quant aux soldats, officiers et sous-officiers, ils auront à me faire connaître, d'ici quarante-huit heures, dans quel corps de francs-tireurs ils veulent entrer, afin que je sache si ces corps les acceptent et que je veille à leur incorporation car aucun d'eux ne peut quitter le service.

« Quant aux officiers et sous-officiers, je ferai mes efforts pour les conserver, après avoir examiné leurs états de service.

« Fait au quartier général d'Ingranne, le 26 novembre 1870.

« Le commandant du corps franc de la Vendée et des francs-tireurs du 15e corps,

« CATHELINEAU. »

A colonel Charette.

« Ingranne, le 26 novembre 1870.

« Mon cher ami,

« Je n'ai encore pu répondre à votre lettre du 18 novembre.

« Je suis très-heureux de vous dire, qu'aidé de mes braves camarades, j'ai pu surmonter toutes les difficultés qui entouraient la position qui m'avait été confiée, et que pendant quinze jours, non-seulement nous avons pu résister à l'ennemi et empêcher ses incendies et son pillage, mais encore entrer les premiers à Orléans. J'accepte donc pour mon corps et le 3e bataillon de mobile de la Dordogne (commandant Marty), qui doit toujours être confondu avec nous pour sa bravoure et son entrain, les compliments que vous me faites.

« Depuis, ma mission est devenue plus délicate et plus difficile ; on m'a donné le commandement et tous les francs-tireurs du 15e corps, au nombre de près de deux mille, et avec eux le bataillon de mobiles, un bataillon de turcos et un escadron de chasseurs.

« Avec ces troupes, j'ai défendu les abords de la forêt d'Orléans au nord et au nord-est.

Dimanche, 20 novembre, nous avons eu une journée très-chaude en face de Chambon ; j'ai payé d'audace et j'ai été assez heureux pour conserver nos positions en face d'un ennemi très-nombreux, muni d'artillerie. Le corps vendéen m'a donné, dans cette journée la mesure de ce qu'il était appelé à faire ; j'ai eu le bonheur extrême de n'avoir qu'un seul blessé et qui se guérira certainement.

« Mon cher ami, la Bretagne et la Vendée sont deux sœurs, et je regretterai toujours que mes premières idées, quand je vous ai vu à Tours, n'aient pas été suivies, car deux sœurs réunies ne peuvent succomber quand elles travaillent pour leur mère commune, la France.

« Je cherche partout de vos nouvelles ; je suis inquiet de vous, de ces inquiétudes que vous devez avoir pour moi. Quand nous reverrons-nous ? Aujourd'hui commence de nos côtés le mouvement en avant; mais ce qui me contrarie un peu, c'est que nous allons laisser la vie d'avant-postes que nous avions toujours menée, pour rester en arrière et empêcher que notre corps d'armée se soit coupé sur la droite.

« Agréez, etc.,

« CATHELINEAU. »

A général des Pallières,

« Ingranne, 26 novembre 1870.

« Mon général,

« Je vous ai fait connaître hier, par le colone chef de votre état-major, l'agitation que nous avons remarquée à Pithiviers. Beaucoup de troupes, que nous croyons parties d'Ascoux, se rendent de toutes les directions à Pithiviers, descendant à Boynes, leurs éclaireurs se tiennent à grande distance des colonnes, et la rapidité de leurs mouvements semblent indiquer une grande inquiétude. Les abords de la forêt étaient évacués par eux. Aujourd'hui, par le fait de votre présence à Chilleurs, le bataillon de la Dordogne est venu à Nibelle; étant maintenant très-fort à la pointe de Chambon, je vais pendant la journée me porter avec 2,000 hommes sur Nancray, afin d'observer les mouvements du général Crouzat et de chercher à lui être utile, soit en me jetant sur les fuyards de l'ennemi battu par lui, soit en agissant sur les derrières de l'armée ennemie, s'il y avait une affaire embarrassante pour elle. J'observerai aussi scrupuleusement vos mouvements et brûlerai de la poudre, s'il est utile de faire croire à une diversion.

« D'une butte près Chambon, si le temps le permet, nous verrons tout ce qui se passe à Pithiviers et aux environs.

« Ci-joint, un rapport de la compagnie de Rochefort, qui va toujours très-bien, la copie d'un ordre du jour qui dissout la compagnie des Alpes-Maritimes, et met aux arrêts jusqu'à son jugement son capitaine.

« Veuillez agréer, etc.

« CATHELINEAU. »

A général des Pallières.

« Ingranne, 26 novembre 1870.

« Mon général,

« Je vous envoie la demande de distinction pour le 3e bataillon de la Dordogne; M. le général en chef a daigné me remercier des services que nous avons rendus à l'armée pendant notre séjour aux avant-postes de la rive gauche, et me fait demander à ce sujet que je veuille bien lui signaler les personnes qui s'étaient distinguées ; le 3e bataillon de la Dordogne nous a été adjoint dès le principe, il a partagé toutes nos fatigues, il doit avoir la même part que le corps franc de la Vendée aux récompenses.

« J'ai donc l'honneur, à ce sujet, de soumettre à votre approbation le mémoire du commandant Marty.

« Pour ce qui le regarde, je me permettrai de dire que la lettre qu'il avait écrite au général en chef regardait le colonel du régiment des mobiles de la Dordogne, et qu'il n'y avait aucune plainte contre mon commandant, mais que la teneur de la lettre était peu compréhensible.

« En résumé, ce qu'il y a de vrai, de juste, c'est que le chef de bataillon Marty s'est conduit avec la plus grande bravoure, et que les éloges que peut mériter son bataillon sont dûs, pour la plus grande partie, à son chef. Je renouvelle donc ma demande déjà adressée au général en chef, de lui donner un avancement de grade, qu'il me semble mériter d'abord par son ancienneté, mais bien plus par les faits ci-dessus relatés.

« Veuillez agréer, etc.,

« CATHELINEAU. »

A commandant Marty.

« Ingranne, 20 novembre 1870.

« Mon cher commandant,

« Je ne puis laisser dégarnir le haut de la forêt. Vous ne pouvez avoir à Nibelle qu'une compagnie ou deux. Mais le gros de votre bataille doit se trouver, soit à Chambon, soit en arrière du Bout-d'en-Haut. Si vous gardez deux compagnies à Nibelle, vous aurez soin d'établir une très-forte garde à la rencontre sur la route de Bois-Commun à Combreux.

« Ayez soin de bien exécuter ces ordres que j'ai reçu moi-même et qui doivent être exécuté.

« Veuillez agréer, etc.,

« CATHELINEAU. »

15e Corps d'armée
ÉTAT-MAJOR GÉNÉRAL

« Loury, 26 novembre 1870

« Colonel,

« Le ministre de la guerre a prescrit de prendre des renseignements sur la conduite d'une compagnie de francs-tireurs d'Indre-et-Loire qui lui était signalée comme ne rendant aucun service et donnant lieu à de nombreuses plaintes de la part des habitants des localités par lesquelles ils passaient. Cette compagnie est commandée par le capitaine S...

« Cette compagnie ayant été longtemps sur la rive gauche de la Loire sous les ordres du général Michaud qui commande Blois, le ministre a demandé à cet officier général son opinion qui est consignée dans la lettre ci-jointe. (Voir la lettre suivante.)

« Le général commandant le 15e corps.

« *P. O.* Le chef d'état-major,

« DES PLAS. »

RAPPORT SUR LES FRANCS-TIREURS D'INDRE-ET-LOIRE

« Mon général,

« En réponse à votre lettre 575 du 13 novembre qui me parvient seulement aujourd'hui et par laquelle vous me donnez l'ordre de vous renseigner sur l'attitude et la compagnie de francs-tireurs d'Indre-et-Loire, j'ai l'honneur de vous rendre compte que depuis qu'elle est dans ce pays cette compagnie s'est attiré par ses exigences, ses vexations et son inconduite, la haine et le mépris des populations parmi lesquelles elle a séjournée.

« J'ai reçu à ce sujet des plaintes nombreuses

et qui me paraissent fondées. En conséquence ma conviction est que cette compagnie a été jusqu'à présent plus nuisible qu'utile.

« Cependant et en raison des circonstances graves où se trouve le pays, je crois que l'on pourrait donner au capitaine S... l'occasion de se réhabiliter lui et ses hommes en l'envoyant aux avant-postes.

« Là on verrait ce dont cette compagnie est capable et si sa conduite n'était pas ce qu'elle doit-être elle mériterait alors d'être désarmée et chassée honteusement des rangs de l'armée.

« Cette compagie dont la présence à Ligny-le-Ribault était complètement inutile a reçu l'ordre du ministre de se diriger sur Orléans et de se mettre à la disposition du 15e corps.

« Je pense que cet ordre a reçu son exécution mais je ne puis l'affimer, le capitaine S... n'ayant pas jugé à propos de m'en rendre compte.

« Veuillez, etc.,

« Le général de brigade commandant la 3e subdivision.

« J. MICHAUD. »

A général des Pallières.

« Ingranne, 27 novembre 1870.

« Mon général,

« Vous me demandez ce qu'est devenu la compagnie d'Indre-et-Loire, capitaine S..., je ne puis vous le dire, n'ayant jamais eu connaissance ni de sa marche ni de ses monuments.

« Lorsque vous m'avez fait l'honneur de me confier le commandement de tous les corps de francs-tireurs du 15e corps, vous me l'avez indiqué comme devant entrer dans ce commandement, mais je n'ai jamais su ou elle se trouvait et n'ai pu lui donner l'ordre de me rejoindre. Toutefois j'ai entendu parler des faits et gestes de cette compagnie, pendant que nous étions sur la rive gauche de la Loire, ou elle se trouvait également, je suis donc de l'avis du général Michaud et demanderai à ce que cette compagnie très-indisciplinée, puisqu'elle n'a pas obéi aux ordres que vous lui avez donnés de me rejoindre, fut complètement licenciée, à cause des mauvaises dispositions à son égard de la part des populations qu'elle a justement indisposées par ses vexations.

« Le général Michaud a demandé à ce que cette compagnie soit envoyée aux avant-postes, mais nous y sommes aux avant-postes et nous ne la trouvons nulle part, et cependant, mon général, vous lui avez donné l'ordre de nous rejoindre, et, si elle y venait, aux avant-postes remplirait-elle le but que vous vous proposez ? J'ai entendu dire qu'en avant de Saint-Dié, elle avait fui à toutes jambes et empêché les paysans de se défendre contre l'ennemi, qui, par son petit nombre, était très-facile à repousser. Si ces faits se reproduisaient souvent, les francs-tireurs auraient bientôt perdu leur prestige devant l'ennemi, qui, jusqu'à ce jour, est à juste raison très-effrayé de leur résistance.

« Malgré mes observations, mon général, vous connaissez mon obéissance; si vous n'êtes pas de mon avis, et que vous désiriez que j'essaie de reformer cette compagnie, je suis à votre entière disposition; je vous prie de me faire rejoindre toutes les fois, mon général, que des francs-tireurs isolés se présenteront pour rejoindre des compagnies sous mes ordres.

« Veuillez leur indiquer, je vous prie, mon quartier-général, seul moyen de les faire rejoindre promptement.

« Veuillez agréer, etc.

« CATHELINEAU. »

15e Corps d'armée
ÉTAT-MAJOR GÉNÉRAL

« Loury, le 27 novembre 1870.

« Mon colonel,

« Pour vous éviter les ennuis et les peines inutiles, je ne vous enverrai désormais que des compagnies de francs-tireurs organisées et disciplinées. Je les ferai d'abord passer par des mains qui les dompteront et les assoupliront quand même.

« Je vous prie de ne jamais m'oublier, de m'envoyer un rapport circonstancié chaque fois que vous avez fait des opérations quelconques. C'est par suite du manque de détails sur votre affaire de Chambon que je n'ai pu vous comprendre sur mon ordre général au sujet des affaires de Neuville et d'Artenay.

« Recevez, etc.

« Le général commandant le 15e corps,

« DES PALLIÈRES.

« Renvoyez-moi les compagnies dont vous ne pouvez rien faire.

« Ci-joint la copie d'une lettre adressée à M. le colonel Choppin. M. de Cathelineau prendra les mesures qu'il jugera convenables pour en faire connaître la teneur aux divers corps de francs-tireurs.

« *P. O.* Le général chef d'état-major.

« ET. DE VILLON. »

15e Corps d'armée

ÉTAT-MAJOR

INSTRUCTIONS SUR LES MESURES A PRENDRE POUR LES FRANCS-TIREURS

Au colonel Chopin.

« Mon cher général,

« En réponse à votre lettre du 26 courant, relative aux désordres causés par quelques francs-tireurs, et notamment par la compagnie qui est à Chilleurs, sous les ordres du général Choppin, j'ai l'honneur de vous faire connaître qu'il y a lieu de recourir aux mesures les plus énergiques.

« En conséquence, je vous prie de vouloir bien donner des ordres à M. le général Chopin, pour qu'il porte à la connaissance des francs-tireurs la teneur du décret du gouvernement, qui les place sous l'autorité militaire.

« Dès lors, le commandant de la compagnie sera mis en demeure d'obéir immédiatement aux ordres de l'autorité militaire, et en cas de récidive, il sera traduit sans délai devant la cour martiale.

« Dans le cas où il se soumettrait aux ordres qui lui sont donnés, et qu'il ne pourrait ainsi être traduit devant la cour martiale, le commandant de ladite compagnie, en raison de son insubordination antérieure, sera dirigé sous escorte à mon quartier général, à Loury, d'où il sera envoyé à Orléans pour y subir deux mois de prison de ville.

« Vous inviterez M. le colonel Choppin, à m'adresser un état de proposition pour remplir le commandement des francs-tireurs devenu ainsi vacant, et vous lui recommanderez d'appliquer la cour martiale dans toute sa rigueur à ceux qui se rendraient coupables d'un fait quelconque d'indiscipline ou de fuite en présence de l'ennemi, ou qui entraverait en quelque manière que ce soit les opérations militaires.

« Le général commandant en chef le 15e corps

« DES PALLIÈRES. »

« *Pour copie conforme :*

« Le sous-chef d'état-major,

« ET. DE VILLON. »

A général des Pallières.

« Ingranne, 25 novembre 1870.

« Mon général,

« Conformément aux ordres que vous m'aviez donnés hier, modifiés par ceux que m'a transmis M. de Puységur, je vais retirer de Nibelle les hommes de la mobile que j'y avais placés, pour les répartir à Chambon.

« Je resterai à Ingranne avec tous les francs-tireurs, parce que si je ne les tiens pas un peu éloignés des lignes, je ne pourrai les empêcher, selon votre désir, d'aller chercher de petits engagements complètement inutiles.

« D'un autre côté, en les tenant ainsi réunis, j'ai la plus grande facilité de secourir promptement soit Chambon, soit Courcy, et pour arriver à ce but, tous les matins, à la pointe du jour, je réunis tout le monde au poteau des Huit-Routes, ce qui me permet, dans trois quarts d'heure, d'arriver soit à Courcy, soit à Chambon.

« Veuillez agréer, etc.

« CATHELINEAU. »

20e Corps d'armée
1re DIVISION

« Montliard, 27 novembre 1870.

« Mon cher commandant,

« Je vous remercie de votre lettre que je reçois à l'instant. Notre mouvement est décidément pour demain. Je dois occuper *Nancray* et *Saint-Michel*, ce qui vaut mieux que *Saint-Michel* et *Batilly*, comme vous le faisiez remarquer.

« J'occupe *Monbarrois;* par conséquent, je n'aurai d'autre position à enlever que Saint-Michel, si elle est occupée. J'espère bien réussir et vous serrer la main demain à Nancray.

« Veuillez agréer, etc.

« CAMILLE DE POLIGNAC.

« Veuillez être assez bon pour observer Nancray demain matin. »

Je fus prévenu, le 27 novembre, que l'attaque devait avoir lieu le lendemain; j'avais promis d'occuper Nancray, j'y étais à cinq heures du matin avec environ 2,000 hommes, et je prévenais le général de Polignac qu'il pouvait hardiment s'avancer sur Beaune-la-Rolande, sans crainte d'être coupé par Nancray, que j'occupais fortement; je m'assurai de Courcelles, que la légion bretonne devait défendre en cas d'attaque sur notre gauche, et je pris la route de Batilly, regardant comme très-important d'occuper ce village avant les Prussiens, ou de les en repousser s'ils y étaient déjà, afin de ne laisser aucune inquiétude de notre côté à l'armée d'attaque, qui se dirigeait sur Beaune-la-Rolande; notre mouvement se fit avec un grand ensemble, nous nous avancions lentement vers Batilly, attendant l'arrivée du 20e corps, dont nous voulions sentir les coudes. Vers huit heures, nous aperçûmes les bataillons qui marchaient en bon ordre dans la plaine, précédés de lignes détachées en tirailleurs; ils voulaient envelopper Batilly, mais nous avions fait la moitié de leur besogne; les cavaliers ennemis s'étaient repliés devant nous, et nous arrivions dans le bourg tenant toujours la tête sur la gauche de l'armée; lorsqu'elle y fut elle-même installée, je passai en avant et fis occuper deux moulins à vents qui, sans être sur une élévation, le terrain étant assez plat, étaient cependant placés sur le point le plus culminant et en avant de

Batilly, l'un de cent mètres et l'autre de cent cinquante à peu près; ces deux moulins couronnaient une légère crète qui, continuant jusque près de Courcelles, formait une ligne à l'horizon parallèle à la route de Nancray à Batilly, et distant d'environ deux cents mètres.

« Je compris tout aussitôt que les vedettes ennemies allaient apparaître sur cette ligne pour observer tous les mouvements de notre armée, et que derrière elles devait se former, en s'effaçant complètement, une colonne ennemie pour tomber sur les flancs de l'armée pendant qu'elle serait occupée à l'attaque de Beaune-la-Rolande.

Aussitôt je fis développer tous mes hommes en une longue file de tirailleurs, que je fis coucher sur le sol, de façon à ce que l'ennemi ne pût les voir assez pour apprécier leur nombre, surtout la profondeur de la ligne.

Mes hommes, ainsi placés, voyaient à une grande distance tout ce qui se passait, de manière que sitôt qu'un cavalier ennemi se présentait, il recevait des coups de fusils sur toute la longueur de la côte. Cette manœuvre avait déconcerté les Prussiens dont nous voyions la colonne s'approcher, puis se retirer immédiatement sous notre feu ; contre tous les principes de sûreté, je n'avais conservé qu'une réserve insignifiante, afin de garder une ligne plus longue derrière elle; la bataille se livrait; le général de Polignac n'avait à craindre de notre côté aucune surprise ; il arriva bientôt de sa personne et me remercia très-cordialement des dispositions que j'avais prises.

En effet, nous étions pour notre armée un vrai rideau, et des vedettes vigilantes contre l'ennemi qui, voyant qu'il ne pouvait tenter aucune surprise, essaya de nous troubler par son artillerie; il établit une batterie sur la route de Pithiviers à Beaune-la-Rolande, et tirait à la hauteur des moulins. On doit leur rendre cette justice, c'est qu'ils pointent bien, mais encore faut-il que la cible ait certaine dimension, et à la manière dont nous étions disposés, nous ne présentions aucune surface. Cependant, comme nous avions quelques pièces de réserves, on plaça à côté du moulin et sur la côte deux canons pour riposter et faire croire à l'ennemi que son tir nous incommodait.

L'affaire était fortement engagée depuis huit heures du matin; l'artillerie, canons et mitrailleuses tiraient de part et d'autres avec un acharnement incroyable; les feux de pelotons ne discontinuaient pas un instant; l'avantage était à nos troupes jusqu'à midi; elles avançaient toujours, mais je n'ai point à parler de la bataille en elle-même; je laisse à qui de droit à en faire le récit.

De mon côté, j'étais assez inquiet de ce qui se

passait vers Courcelles ; j'avais donné des ordres pour que cette ville fut occupée de bonne heure par la légion bretonne. J'avais envoyé Henri de Formon, mon aide de camp, pour savoir ce qu'il s'y passait, et il ne revenait pas ; je ne savais à quoi attribuer ce retard, car personne n'était plus exact que ce brave garçon. J'envoyai le lieutenant de Colonjon avec quelques chasseurs, et j'appris enfin que la légion bretonne était arrivée tard, mais que l'ennemi ne s'y était pas montré en nombre. J'étais tranquille de ce côté, seul point par lequel l'ennemi pouvait encore nous tourner, ainsi que l'armée tout entière.

Il était environ midi, nous supposions que le général Martin des Pallières avait reçu l'ordre d'avancer sur Pithiviers, par la forêt où son corps d'armée était campé à Loury depuis quelques jours ; mais nous n'entendions rien, et les renforts qui arrivaient constamment de Pithiviers nous prouvaient assez que cette diversion ne se faisait pas ; je proposai au général de Polignac d'aller moi-même trouver le général Martin des Pallières pour lui demander du secours qui, s'il était arrivé, faisait de cette bataille la victoire la plus brillante et la plus avantageuse de la campagne. Cette autorisation me fut refusée, on me croyait utile sur les lieux, et depuis j'ai vivement regretté de n'avoir pas insisté davantage. L'exprès arrivat-il, je ne l'ai jamais su, ce qu'il y a de certain, c'est qu'aucun secours ne vint.

L'ennemi, au contraire, se multipliait. Il attaquait de tous les côtés à la fois ; il se présentait partout ; mais c'était surtout en avant de Beaune-la-Rolande qu'il multipliait ses effots ; jusqu'à trois heures nous conservions toujours l'avantage ; peu à peu les troupes épuisées et écrasées par le nombre commençaient à faiblir sans reculer ; notre artillerie souffrait beaucoup, plusieurs pièces étaient démontées, les chevaux tués. Le général de Polignac commençait à s'inquiéter ; je ne parle pas du reste de l'armée dont je ne voyais pas les mouvements ; enfin, à six heures, on vint me demander de faire avancer un bataillon pour protéger l'artillerie ; il faisait nuit depuis une heure, et on se battait encore avec un acharnement incroyable.

Que de morts et de blessés ! que d'efforts généreux inutiles ! Je ne m'expliquerai jamais qu'aucun secours ne fût arrivé. Tout espoir ne me semblait cependant pas perdu, malgré l'équisement de nos troupes, qui, jeunes et peu exercées, n'étaient pas, comme on dit, endurcies par l'entraînement.

Je me rendis près du général de Polignac, qui venait de rentrer dans une maison où gémissaient de malheureux blessés, car le bourg en était encombré. Il écrivit au général Crouzat un rapport succinct, et demandait ce qu'il avait à faire. Nous sortîmes ensemble. Les deux armées se touchaient. Les Prussiens, selon leur usage, faisaient beaucoup de bruit et allumaient des feux partout. Le général, au contraire, recommandait le plus grand silence et ne permettait pas même qu'on allumât une lanterne. Nous avions dépassé nos sentinelles. Je me collai l'oreille à terre, et je fis remarquer au général que l'ennemi se retirait. On entendait très distinctement l'artillerie et les charriots rouler sur la grande route, dans la direction de Pithiviers. Le général me demanda si je pouvais rester à passer la nuit avec mes hommes, qui seuls en ce moment étaient capables de faire une vigoureuse résistance. Je lui répondis que s'il pouvait compter encore sur quelques-uns de ses bataillons, j'allais immédiatement tenter une attaque. L'ennemi était disséminé autour des feux. Il faisait une nuit très-noire, éclairée pour nous, l'ennemi ne nous verrait pas. J'ajoutai que j'étais sûr de mes hommes, qu'ils ne me quitteraient pas, et qu'au milieu du désordre des charriots que j'entendais, nous allions les mettre en pleine déroute. Mais le général ne voulut pas tenter ce dernier effort, et je fus obligé d'y renoncer.

Je ne pouvais cependant pas rester plus longtemps, la forêt m'était confiée, je devais y rester; c'était un devoir impérieux que rien ne pouvait faire transgresser. Mais je promis de revenir à la pointe du jour avec tout ce que je pouvais disposer de troupes, lorsque j'aurais appris ce qui s'était passé pendant la journée et reçu tous mes rapports sur les mouvements ennemis. Le général de Polignac me vit partir avec regret, il me renouvela ses remerciements, et me dit ce qu'il m'a écrit et répété souvent depuis que par nos mouvements et notre bonne tenue nous avions sauvé la division. Dans toute autre circonstance, ces compliments nous auraient rendu fiers et heureux, mais nous étions si triste de voir l'abattement des troupes, le peu d'espoir du général, et surtout l'abandon dans lequel on le laissait, que les remerciements passèrent inaperçus.

Vers quatre heures, comme je ne le craignais que trop, Courcelles avait été attaqué, mais le colonel Daumalain qui n'avait pas été très-exact le matin, ce qui m'avait vivement contrarié, organisa la défense et la conduisit avec autant d'entente que de bravoure; l'ennemi était nombreux, il le repoussa en lui faisant éprouver des pertes considérables; il avait été aidé et fortement appuyé par une compagnie d'éclaireurs de l'armée, commandée par un officier très-connu par ses beaux faits d'armes. Quelques chasseurs à cheval, avec de Colonjon, s'y distinguèrent aussi. Le rapport du colonel que nous citerons fera connaître plus en détail cette belle résistance qui fit beaucoup d'honneur à la légion bretonne. Une compagnie de la Dordogne, commandée par le capitaine Emery, et placée isolément dans une ferme sur notre gauche, s'y conduisit admirablement.

La Dordogne, les francs-tireurs du Loir-et-Cher et mes chers Vendéens avaient assisté à cette affaire qui leur fait honneur. Toutefois, c'était au bataillon de la Dordogne qu'en revenait le plus de gloire, puisqu'il avait eu les plus grands dangers à courir. C'est ce bataillon qui gardait les batteries ; ce fut lui encore qui, le soir, avait été envoyé pour arrêter l'ennemi et protéger l'artillerie de notre armée sérieusement menacée. Merci donc à tous les officiers et soldats, et en particulier, au commandant Marty, au capitaine Dereix et au soldat Mathias Anthoine, cités dans le rapport de leur commandant. Au rapport, j'ajouterai pour terminer ce qui regarde cette journée, que j'avais admiré le général de Polignac qui avait déployé une activité extraordinaire et une grande bravoure, on le voyait partout et surtout en première ligne. Toutefois, je suis trop franc pour ne pas dire que, le soir, je n'approuvai pas la défense qu'il faisait aux soldats de parler et d'allumer du feu, j'aurais agi d'une manière toute différente, pour deux raisons : la première, c'est que le feu est nécessaire après une longue fatigue, pour faire la soupe et se chauffer ; la seconde, c'est que les précautions enhardisent l'ennemi, et diminue la confiance de ceux à qui on les impose.

Il était neuf heures quand nous repartions pour nos campements, que nous avions quittés à trois heures du matin, et j'avais promis d'être de retour à la pointe du jour.

Tout en cheminant, je demandai à mes volontaires quelle avait été leur impression pendant la bataille ; comme après celle de Chambon, ils me répondirent qu'ils n'avaient pas eu un seul instant d'inquiétude, et qu'ils n'en auraient jamais tant qu'ils m'auraient à côté d'eux.

Le lendemain, 29 novembre, à la première heure, nous gravissions les coteaux de Batilly ; personne n'avait dormi, mais tous étaient pleins d'entrain, ils croyaient à la victoire ; beaucoup moins rassuré, j'espérais encore qu'une attaque générale sur toute la ligne forcerait le prince Frédéric-Charles à rappeler une partie des troupes engagées la veille.

Nous marchions dans ces pensées quand j'appris par mes éclaireurs qu'à une heure le général de Polignac avait reçu l'ordre de se replier et de retourner à ses campements.

Quel désespoir! Comment relever en agissant ainsi le courage du soldat. Beaune-la-Rolande avait été prise et reprise; notre armée avait gagné plus de 10 kilomètres de terrain et il fallait se retirer? L'ennemi était rentré à Batilly qu'il avait trouvé abandonné, il ne nous restait qu'à reprendre nos positions accoutumées et à les bien garder, car les Prussiens enhardis par la retraite de notre armée allaient évidemment nous attaquer; ils le firent en effet, mais pas d'une manière aussi sérieuse que j'avais à le craindre, les chasseurs et les éclaireurs à cheval furent seuls engagés, ce ne furent que des escarmouches de cavaliers à cavaliers.

Le 30, le général des Pallières étendait sa droite en avant de la forêt et prenait nos positions. Le colonel Choppin vint à Chambon avec une brigade ; le 31, il m'écrivait en me priant d'aller lui porter secours craignant d'être débordé, en effet l'ennemi avait apparu à Bois-Commun en arrière et un peu à droite de Chambon, Nibelle était toujours très-bien gardé par mes braves de la Dordogne qui appuyés sur la forêt pouvaient lui faire une vigoureuse résistance à la condition que nous fussions en mesure d'arriver promptement à leur secours. Je répondis donc au colonel Choppin que je me rendais personnellement près de lui pour lui donner tous les renseignements dont il pouvait avoir besoin sur des lieux que je connaissais parfaitement et que mes troupes resteraient aux Huit-Routes toutes prêtes à se porter soit sur Chambon pour le secourir soit sur Nibelle, si les Prussiens voulaient tenter sur Bois-Commun une attaque de ce côté.

J'arrivai promptement à Chambon; la hauteur de Nancray n'avait point été occupée par la nouvelle brigade, comme j'avais l'habitude de le faire, de sorte que l'ennemi s'avançait jusqu'auprès du cimetière de Chambon d'où il tirait continuellement sur nos troupes.

Le colonel fut même dans l'obligation de faire passer en arrière du bourg une partie de la cavalerie qu'il avait fait camper en avant des maisons dans toutes les rues; on recevait des balles; je lui fis observer qu'il en serait ainsi jusqu'à ce qu'il occupe le plateau en avant de Nancray, seule position capable d'arrêter l'ennemi de ce côté.

Enfin, le général de Polignac s'avança lui-même vers Nancray avec la tête de sa division; notre présence devenait inutile, puisque le 15e corps occupait le centre de la forêt et tous ses abords au nord et à Chambon, et que l'armée de l'est, sous les ordres du général Crouzat (20e et 18 corps) étaient concentrée dans toute la partie est de la forêt, entre celle d'Orléans et celle de Montargis, à la hauteur de Nibelle, descendant depuis

Montliard jusqu'à Bellegarde et remontant sur la droite à Maizières, Chapelon et Villevocques.

Notre mission d'éclaireurs de l'armée et d'avant-garde était terminée pour la forêt d'Orléans; je demandai donc au général en chef ce qu'il comptait faire de nous, ne pouvant pas supposer un seul instant qu'on nous laissa en arrière si l'armée faisait un mouvement en avant.

Tous les généraux nous avaient remerciés de notre activité et de nos succès, nous avions donc des droits sacrés à leur confiance, et nous ne désirions d'autre récompense que celle de continuer à harceler l'ennemi à ces avant-postes qui avaient vu naître et grandir le corps de la Vendée; nous connaissions les Prussiens, et ils nous connaissaient, puisque nuit et jour nous étions au milieu d'eux, qui pouvaient nous enlever un rôle que nous avions bien joué et que nous ne voulions céder à personne. Pour répondre à la dépêche du 29 déjà citée, et obtenir ce que nous voulions.

J'envoyai mon messager ordinaire à l'état-major du général d'Aurelles, et Puységur revint en me disant que je serais satisfait.

Notre ambulance, qui était restée après nous à Orléans, était venue s'établir depuis quelques jours au château de La Roncière, près Loury. Monsieur et madame avaient mis à notre disposition, non-seulement leur habitation, mais tout ce qu'ils avaient de lits, et ce qui est encore bien plus précieux, la meilleure bonne grâce à satisfaire tous les désirs de nos pauvres malades. Que Dieu leur rende et bénisse leur famille !

Notre ambulance commençait à être connue ; les malades la recherchaient ; notre docteur en chef, M. Babaut, joignait à un grand savoir une longue expérience ; il était l'ennemi de ces malheureuses amputations, qui, faites souvent sans cause impérieuse, privent facilement d'un membre utile dont la perte empoisonne l'existence.

A Orléans, les voitures avaient transporté grand nombre de blessés prussiens qui lui devaient d'avoir conservé la vie.

En un mot, les soins étaient tels qu'après avoir traversé des pays infectés de la variole, et en avoir subi les conséquences ordinairement si désastreuses, tous ceux qui en ont été atteints ont été radicalement guéris, et jusqu'à notre départ de la forêt d'Orléans nous n'avions pas eu une seule mort à enregistrer.

Un de nos braves amis, M. Rouzeau, qui plus tard deviendra notre capitaine payeur, avait été chargé de régler et d'enregistrer les dépenses : fonctions dont il s'est acquitté avec un zèle aussi constant qu'intelligent.

Le Révérend Père Marie-Augustin, de l'ordre de Prémontré, infirmier-prêtre, qui nous avait rejoints à Amboise dès la formation, avait suivi la colonne jusqu'à Lailly; mais, délicat et un peu âgé, il fut attaché à l'ambulance, où se trouvait encore un autre infirmier-prêtre, M. l'abbé Houssaye, qui fit l'impossible pour suivre les troupes.

Notre aumônier, l'abbé Vendongeon, Vendéen de cœur et de sang, était assisté de nos trois infirmiers-prêtres; leur conduite et leur zèle ont toujours été à la hauteur de leur mission. Rien n'était plus admirable que de voir ces quatre prêtres s'avancer devant l'ennemi en tête de nos colonnes, et, avec une ardeur que la vertu seule inspire, se précipiter au milieu des balles, pour recueillir et nos blessés et ceux des Prussiens. Pour les ravir à la mort, ils semblaient les confondre dans leurs soins empressés. Quelle chose étonnante et merveilleuse! ils détestaient nos ennemis plus que personne, et sitôt qu'ils les voyaient tomber, ils devenaient leurs défenseurs. Dieu seul peut inspirer un tel dévouement et faire succéder aussi rapidement le pardon à la vengeance, la charité à la haine.

A Amboise, pays peu accoutumé à voir les costumes religieux, il arriva au père Marie-Augustin une assez singulière aventure. On vint me prévenir qu'on avait arrêté un espion Prussien, dont le costume était des plus singuliers; je demandai à le voir, c'était le pauvre père qui me présenta très-humblement les lettres que je lui avais écrites pour son acceptation au corps; j'allais le plaindre de l'erreur dont il était victime, quand je remarquai qu'il en paraissait tout heureux; je le complimentai donc pour lui être agréable et trouvai ce bon goût de bon augure,— lui prédisant qu'il en verrait *bien d'autres*, — et je fus vrai prophète.

Après la bataille de Beaune-la-Rolande, je laisse au lecteur, sans faire aucun commentaire, le soin d'apprécier ce qui va se passer par la lecture des pièces officielles qui étaient échangées entre l'état-major et moi.

J'ai négligé de parler des escarmouches de chaque jour, des prises faites, des morts, des blessés ennemis, dont on ne peut que très-difficilement déterminer le nombre; je laisse à d'autres les rapports pompeux et exagérés, il me suffit de dire froidement la vérité pour montrer que, partout et toujours, les différents bataillons sous mes ordres ont montré l'énergie la plus grande en face de l'ennemi, la résignation dans les privations continuelles qui nous étaient imposées par la nature de la guerre que nous faisions et la proximité de l'ennemi sur des terrains qu'il avait presque toujours pillé et rava é avant notre arrivée.

A général des Pallières.

« Ingranne, 28 novembre 1870.

« Mon général,

« Hier, j'ai reçu une lettre du général de Polignac, qui me demandait différents renseignements sur les positions de l'ennemi en avant du corps d'armée qui s'avance sur Beaune. Après avoir pris toutes mes dispositions pour ce qui me regardait personnellement, je me suis rendu près du général.

« Il m'a prié de faire occuper Nancray de très-bonne heure, le jour où il me ferait connaître qu'il marcherait en avant ; sur l'ordre qu'il avait reçu, il devait occuper pendant la nuit Batilly. Je me suis permis de lui faire observer que cette position était mauvaise, en raison de la topographie des lieux, et qu'il serait beaucoup plus sûrement campé sur le plateau entre Nancray et Chambon pour repousser l'ennemi qui, de Pithiviers, pourrait se masser devant lui pendant la nuit. Ces observations ayant été acceptées du général en chef, je le suppose, il m'écrit qu'il va s'établir à Nancray et Saint-Michel en négligeant Batilly.

« Je fais occuper ce matin Nancray; je fais

renforcer le poste de Courcy par 200 hommes, et je me porte avec le reste de mes hommes en avant de Nancray et de Courcelle, pour être à même de harceler l'ennemi, qui doit être attaqué à Beaune. Si ces dispositions, mon général, contrariaient vos plans, veuillez me le faire savoir immédiatement à Chambon, où je serai. Hier, pas plus qu'avant-hier, il n'apparaissait que peu de troupes entre la forêt et Pithiviers.

« Je vous remercie de vouloir bien vous charger de l'épurage des compagnies de francs-tireurs que j'ai à reformer ; de cette manière, bientôt, je n'aurai avec moi que des hommes sûrs et bien disciplinés.

« Quant à ce que vous me dites au sujet de mon rapport de l'attaque de l'ennemi sur Nancray et Chambon, je croyais avoir été assez explicite. Une autre fois j'entrerai dans plus de détails. Vous aviez eu la bonté de me promettre de l'artillerie, deux canons, que je n'ai pas reçus, ce que je regrette beaucoup, car je ne puis compter d'ici à quelques jours sur le matériel de la légion bretonne, vrai tour de Babel, qui contient des hommes de toutes les langues, sans la moindre entente et sans la moindre administration.

« Veuillez agréer, etc.

« CATHELINEAU »

A M. le général de Polignac.

« Ingranne, 29 novembre 1870.

« Mon général,

« Contrairement à ce qui a été écrit, l'ennemi a été repoussé de Courcelle. Nancray est occupé par nous, et demain matin nous renforcerons ces deux positions.

« Recevez, etc. »

« CATHELINEAU. »

A général des Pallières.

« Ingranne, 29 novembre 1870.

« Mon général,

« A la prière du général de Polignac, nous avions occupé ce matin avant le jour Nancray; de là nous avons suivi toutes les hauteurs à la gauche de la route de Nancray à Batilly, et toute la journée nous sommes restés sur la gauche de cette ville, pour empêcher les colonnes prussiennes de la tourner; le général de Polignac m'a remercié plusieurs fois du service que nous lui avons rendu, sa position me semble très-mauvaise ce soir; il n'avait pas quatre cents hommes sur la route qui relie Nancray à la grande route de Pithiviers à Beaune, point extrême de l'attaque et de la défense qui n'ont fini qu'à la nuit.

« Quant à la légion bretonne, elle n'était point au rendez-vous, quoique (vers quatre heures) je lui aie envoyé l'ordre de se rendre aux Huit-Routes, de meilleure heure que de coutume ; à neuf heures, il n'y avait de cette légion, arrivées à Chambon, que trois compagnies ; je les ai envoyées occuper Courcelle ; à cinq heures du soir, elles ont remarqué une colonne prussienne qui les entourait, elles se repliaient lorsque est arrivé un capitaine d'éclaireurs de zouaves, qui alors les a fait rentrer dans Courcelle, où ils se sont bien défendus ensemble, et ont repoussé l'ennemi, jusqu'à près de deux kilomètres. Je saurai le nom de ce capitaine et je vous le signalerai.

« Ce matin à neuf heures, quand les trois compagnies sont arrivées à Chambon, il n'y avait ni colonel, ni commandant et, une heure après, ils n'étaient pas encore à Courcelle. Je ne puis, mon général, vous en dire davantage, mais à mon avis Batilly sera repris par les Prussiens, demain matin, s'il n'arrive pas des troupes fraîches pour soutenir le général de Polignac. Beaune brûle et est évacué ce soir par les Prussiens, mais la ville a tenu toute la journée, ce qui ne serait certainement pas arrivé, si on avait fait une diversion d'un autre côté sur Pithiviers, qui n'a cessé d'envoyer des renforts, en hommes, artillerie et cavalerie; je couche à Chambon ne pouvant aller plus loin. Nancray est occupé par deux compagnies de parisiens, les bretons ont évacué Courcelle, que je surveillerai néanmoins dès la pointe du jour.

« Agréez, etc.

« CATHELINEAU.

A général des Pallières

« Ingrannes, 30 novembre 1870.

« Mon général,

Nous avons été assez heureux dans l'attaque de Beaune, pour rendre des services à l'aile gauche de l'armée du général Crouzat, commandée par le général de Polignac. Je fais tout ce que je puis pour être utile.

« Vous savez, mon général, avec quelle répugnance j'ai acccepté la dernière mission que vous m'avez confiée : celle de prendre le commandement de toutes les compagnies de francs-tireurs du 15e corps. J'ai beaucoup à faire à ce sujet, mais j'y réussirai, si vous êtes assez bon pour m'aider dans cette tâche. Voici ce que je vous demande : du côté de Vendôme, on a, à ce qu'il paraît, grand besoin de francs-tireurs, puisque sans m'avoir prévenu, le général de division à Tours, a donné l'ordre à mon capitaine de recrutement, auquel je ne reconnais aucune espèce d'aptitude pour ce métier, de partir avec 50 hommes de mon dépôt, pour aller éclairer la garde mobile d'Indre-et-Loire, du côté de Vendôme, mes engagés se sont enrolés pour se battre à côté de moi et non à côté d'un autre. Je vous prie donc, mon général, d'être assez bon pour faire passer vers Vendôme, les deux compagnies parisiennes et la compagnie Niçoise qui marchent ensemble et qui n'ont nullement les habitudes de ceux qui m'entourent.

« A leur place, je vous demande ma propre compagnie et une compagnie de francs-tireurs Phocéens sous le commandement d'Arnaud de Calavon, en ce moment à Tours, prêt à partir.

« Mon général, si vous jugez convenable de donner cet ordre, vous le remettrez à M. de Puységur, qui se chargera de me ramener ces deux compagnies, en échange desquelles je vous enverrai les deux compagnies sus-indiquées.

« Agréez, mon général, etc.

« CATHELINEAU. »

A général des Pallières.

« Ingranne, 30 novembre 1870.

« Mon général,

« Avant d'engager l'action, le général de Polignac, que, sur sa demande, j'étais allé voir près de Montliard, m'avait demandé si je pouvais couvrir son extrême gauche, Courcelle et Nancray; je m'étais chargé de cette mission, et je vous en avais prévenu immédiatement, afin de savoir si ce mouvement de ma part pouvait vous convenir à vous-même. N'ayant reçu de votre part aucun contre ordre, le 28 au matin, vers une heure, je fus avisé par le général de Polignac, de son mouvement en avant; à quatre heures et demie, je quittais mes campements et, avant le jour, j'occupais Nancray. J'avais destiné la légion bretonne à l'occupation de Courcelle; seule, entre toutes les compagnies que je commande, elle ne fut point exacte au rendez-vous; je fis donc, dans la crainte d'être tourné sur ma gauche, observer par tous mes éclaireurs à cheval les hauteurs entre Nancray et Courcelle, et je continuai mon mouvement en avant sur Batilly, en laissant à Nancray les deux compagnies parisiennes et la compagnie Niçoise. Alors commencèrent à apparaître quelques hommes du général de Polignac; derrière nous s'avança toute son artillerie par la route de Boiscommun à Nancray, entièrement couverte par nous; à cinq cents mètres de Nancray, arriva un régiment d'infanterie; le trouvant assez fort pour occuper le village de Batilly, je fis passer tous les miens sur les hauteurs dominant ce village, toujours sur l'aile gauche, observant et éclairant à une grande distance sur la gauche. Pendant toute la journée, les francs-tireurs de la Vendée, ceux de Loir-et-Cher et le bataillon de mobiles, se sont conduits avec un sang-froid et une obéissance que je ne puis assez louer. Le bataillon de la Dordogne, presque toujours à l'extrême gauche, a eu la tenue et l'entrain de vieux soldats, et lorsque le général de Polignac fit placer l'artillerie de notre côté, nous en confiant la garde, deux compagnies de la Dordogne, sous le commandement du capitaine Dereix, restèrent au milieu de la riposte ennemie, depuis midi jusqu'au soir, dans une attitude digne des meilleurs soldats. Quatre hommes furent contusionnés par les éclats d'obus, et deux, les nommés Mathias et Buisson, qui avaient besoin de pansement, refusèrent de quitter les rangs. Toute la journée, notre extrême gauche fut menacée par de la cavalerie, par des colonnes d'infanterie avec pièces d'artillerie, et je fus assez heureux, par les différents mouvements exécutés, pour empêcher de ce côté, toute attaque sérieuse de l'ennemi, qui, s'il avait enfoncé mes lignes, tournait le corps du général de Polignac.

« A la nuit tombante, le général, épuisé par les attaques, sans cesse renaissantes, des troupes fraîches ennemies qui arrivaient en grand nombre de Pithiviers, me demanda du secours pour couvrir le village de Batilly et toute son artillerie, en avant de ce village. Je m'empressai de me rendre à son désir, je fis partir immédiatement le bataillon de la mobile, qui s'était rangé en bataille derrière mes tirailleurs, que je formais également par compagnie pour faire suivre le bataillon de mobile; malgré une fusillade des plus actives, malgré la nuit, tout le monde fut bientôt à son poste; mais l'action cessa; il le fallait, on ne voyait plus rien. Ici, je dois faire l'éloge des chasseurs à cheval, de tous mes éclaireurs à cheval et de mes éclaireurs à pied, qui ont montré une intrépidité et un sang-froid admirables. Celui de tous mes officiers qui a fait exécuter tous mes mouvements avec beaucoup de précision et d'entente, je dois le citer particulièrement, est le commandant Marty, qui tenait sans aucun doute à se venger, de la bonne manière, des ennuis qu'il avait éprouvés; impossible d'exécuter les ordres donnés par moi avec plus d'entrain et de complaisance que ne l'ont fait tous les officiers de la mobile de la Dordogne, leur commandant en tête.

« Si cette journée a été rude pour moi, j'en ai été largement payé par le remerciement que j'ai reçu du général de Polignac, de son état-major et de beaucoup de ses officiers.

« Je revins à Courcelle, où, à une heure seulement, arriva la légion bretonne, sans colonel, ni commandant. A quatre heures du soir, ils se virent entourés par une colonne ennemie forte environ de cinq cents hommes; la légion s'était réunie pendant la journée, et elle se composait d'environ 1,000 hommes, d'après ce que m'a dit le colonel, car je n'ai pas encore son rapport; elle s'est battue avec beaucoup de courage et a fait éprouver à l'ennemi des pertes très-considérables; on parle de 150 hommes tués ou blessés. Si donc elle n'a pas été exacte aux différents rendez-vous donnés, elle a racheté par sa bonne tenue ce manque de discipline à laquelle elle reviendra bientôt. Aussitôt que j'aurai le rapport sur Courcelle, je m'empresserai de vous le communiquer.

« Agréez, etc.,

« CATHELINEAU.

« *P. S.* — Une brigade se trouvant en avant de moi, Chambon et Courcy étant renforcé, j'ai prévenu le colonel qui la commande que j'allais donner quarante-huit heures de repos à mes hommes qui, depuis douze jours, n'avaient cessé d'être sur pied depuis quatre heures du matin jusqu'à la nuit, lui observant, toutefois, que s'il avait besoin de nous, nous étions à sa disposition. »

A général Martin des Pallières.

« Ingranne, 30 novembre 1870.

« Mon général,

« Votre déplacement et vos nombreuses occupations vous ont sans doute empêché de penser à moi ; je n'ai pas d'ordres ; je vois le nord-est de la forêt occupé par des troupes nombreuses, derrière lesquelles je n'ai rien à faire.

» Le seul poste d'avant-garde qui me reste est à Courcy, les pièces d'artillerie que vous y avez envoyées sous mes ordres, ainsi que la compagnie de mobiles pour les soutenir, s'y trouvent. Si le mouvement se fait en avant, par où dois-je passer?

« Je n'ai parmi les troupes sous mes ordres aucun des chevaux que vous réclamiez hier.

« La légion bretonne dit que sa batterie de montagne peut maintenant bien fonctionner ; faut-il l'envoyer à Loury ?

« Agréez, mon général, etc.

« CATHELINEAU. »

A ministre de la guerre.

« 1er décembre 1870.

« Monsieur le ministre,

« Vous nous avez confié deux missions que nous avons remplies de notre mieux, et desquelles,

les généraux et vous, vous avez bien voulu nous remercier. La première a eu pour résultat la reprise de beaucoup de terrain perdu sur la rive gauche de la Loire; et peut-être l'évacuation d'Orléans par l'ennemi. En effet, se voyant vivement attaqué sur la rive droite, craignant de notre part une attaque sérieuse sur la rive gauche, nous supposant plus nombreux que nous n'étions, il nous a permis par sa fuite, le jour de la bataille de Coulmiers, d'entrer les premiers à Orléans.

« La seconde mission a été celle de garder le nord de la forêt d'Orléans, puis enfin l'extrémité nord et le nord-ouest, malgré les attaques journalières sur une ligne si étendue. La bonne volonté des hommes, leur énergie m'a permis d'apparaîire partout et de repousser toutes les attaques sans avoir jamais perdu un pouce de terrain. Quand le 20e corps d'armée a percé au nord-est par Montliar et Bellegarde, je me suis mis en communication, sur leur demande, avec les généraux de ce corps, et en particulier, avec le général de Polignac, commandant l'aile gauche.

« Il me pria d'éclairer et de soutenir son attaque, je le lui promis après en avoir avisé mon général, commandant le 15e corps, et nous avons eu dans cette journée du 25, l'avantage et l'honneur de marcher toujours en tête du mouvement et de couvrir à l'extrême gauche toutes les opérations de la journée, qui eut été marquée par une de nos plus belles victoires si des troupes fraîches ennemies n'étaient arrivées sans cesse de Pithiviers, et si ce mouvement sur Beaune avait été appuyé par nous sur la route de Chilleurs et sur toute la ligne de gauche En effet, l'ennemi attaqué sur plusieurs points à la fois, n'aurait pu faire descendre de Pithiviers les troupes nombreuses, dont la résistance toujours nouvelle écrasait le 20ᵉ corps qui se trouvait trop en avant. Le général en chef crut sage et prudent, le soir de la bataille, de reprendre ses campements de la veille.

« Cette seconde mission, je dois le dire à la louange des troupes que je commande, a été remplie aussi exactement que la première.

« Maintenant, je vois devant moi une plaine qui ne m'offre plus les avantages que j'ai trouvés jusqu'à ce jour.

« N'y aurait-il pas lieu de nous faire marcher sur Fontainebleau par Montargis et les bois qui relient ces deux points. De cette manière, les francs-tireurs pourraient être réunis dans un même faisceau, sous un même commandement, et rendre encore de vrais services à toute l'armée, en inquiétant l'ennemi, qui à juste raison pourrait craindre de se voir coupé sur son extrême gauche et séparé de ses communications avec Sens et tout le reste.

« Une grande préoccupation du salut de notre pays me force à vous faire part de ces projets, que je communique en même temps au général en chef d'Aurelles de Palladine. Si j'étais chargé par le hasard de l'exécution de ce mouvement, je demanderais, comme on me l'a toujours accordé, de bonnes troupes de soutien sous mes ordres avec de la cavalerie et de l'artillerie, et je crois que ce mouvement devrait précéder au moins d'une journée la marche en avant de toute l'armée.

« Veuillez agréer, etc.

« CATHELINEAU. »

15e Corps d'armée
ÉTAT-MAJOR GÉNÉRAL
Ordre général

« St-Jean-la-Ruelle, 1er décembre 1870.

ORDRE DU JOUR

Officiers, sous-officiers et soldats de l'armée de la Loire.

« Paris, par un sublime effort de courage et de patriotisme, a rompu les lignes prussiennes. Le général *Ducrot*, à la tête de son armée, marche vers nous; marchons vers lui avec l'élan dont l'armée de Paris nous donne l'exemple.

« Je fais appel aux sentiments de tous, des généraux comme des soldats, nous pouvons sauver la France, vous avez devant vous cette armée prussienne que vous venez de vaincre sous Orléans, vous la vaincrez encore. Marchons donc avec résolution et confiance. En avant, sans calculer le danger : *Dieu protége la France!*

« Le général commandant en chef l'armée de la Loire,

« D'AURELLES.

« *P. P. C.* Le colonel chef-d'état-major,

« DES PLAS. »

Lettre adressée aux directeurs de différents journaux

« Monsieur le directeur,

« La difficulté de diriger un dépôt d'aussi loin et de le surveiller convenablement, me fait prendre la résolution de n'en plus avoir, ni à Amboise, ni à Tours, ce qui ne nous empêchera pas d'accepter au corps, les volontaires qui voudront nous y rejoindre : là, ils seront habillés et armés.

« Permettez-moi, monsieur le directeur, de vous envoyer un mot qui vous fera comprendre une partie des opérations que nous avons été appelés à faire pendant notre campagne. »

HISTORIQUE SOMMAIRE DU CORPS FRANC DE LA VENDÉE

Pendant la deuxième quinzaine de décembre 1870

« 15 novembre. — Je suis informé qu'Etampes n'est occupé que par deux ou trois cents hommes; je propose au général en chef de m'y rendre avec cinq ou six mille hommes, lui exposant que ce mouvement pourrait effrayer l'ennemi et le troubler dans ses mouvements. A cette date je suis sollicité par le général en chef de prendre le commandement de tous les francs-tireurs du quinzième corps. Le corps de la Vendée fait des reconnaissances vers Neuville en avant de Bougy.

« 16. — Mes éclaireurs à pied et à cheval font une reconnaissance sur Aschez et Basanches. M. Dufour, éclaireur à cheval, poursuit l'ennemi jusque dans l'intérieur du village.

« 17. — Je reçois des renseignements sur Pithiviers à Bazanches, le corps de la Vendée part pour défendre Chilleurs-aux-Bois, menacé depuis la veille et attaqué vigoureusement par la cavalerie précédant l'infanterie. Changement de bivouac de la ferme de la mairie en avant de Bougy, pour se fixer à Neuville. Ce jour nous arrivent deux compagnies de francs-tireurs parisiens, capitaine Thaulin et Rabutot, et la compagnie des Alpes-Maritimes, sans capitaine.

« 18. — Reconnaissance en avant de Neuville ; un fort détachement de cavalerie prussienne est repoussé ; arrivée de la légion bretonne n'ayant que 350 hommes à ce moment.

« 19. — Occupation de Chambon, rencontre en route de la compagnie de Rochefort. Son capitaine, malade, est envoyé à l'ambulance des corps-francs de la Vendée, cette compagnie est dirigée sur Nancray.

« 20. — Attaque de Nancray, par 500 hommes de l'armée ennemie et un escadron de cavalerie, la compagnie de Rochefort se replie en se déployant en tirailleurs, jusqu'à l'arrivée du corps-franc de la Vendée, les éclaireurs à cheval et les chasseurs chargent le village; le corps vendéen se déploie dans les bois ; l'ennemi se replie et est repoussé jusqu'au-delà de Courcelle. Les compagnies de Paris et des Alpes-Maritimes, commandées par Queyriaux, chef de bataillon du corps vendéen, sont dirigées sur les abords de la forêt, à droite de Courcelle ; le capitaine de Puységur, à la tête de la compagnie de la Nièvre, marche sur Courcelle ; j'avais ordonné ce mouvement pour couper la retraite à l'ennemi, mais sa fuite précipitée en empêcha la réussite complète ; à midi, l'ennemi avait disparu, mais pour revenir plus nombreux et avec de l'artillerie (huit pièces). La compagnie de Rochefort s'était repliée sur Chambon. Aussitôt l'ennemi signalé, je repars vers Nancray, avec 100 hommes du corps vendéen; mais déjà Nancray était occupé, ainsi que les hauteurs. Je fais face à l'ennemi et envoie l'ordre à toutes les compagnies de me rejoindre. Peu à peu me reviennent 500 hommes des compagnies de Rochefort, de la Nièvre et de la Vendée. L'ennemi s'était avancé beaucoup plus près de Chambon ; j'acceptai le combat, en me plaçant devant lui à 100 mètres; il avait mis plusieurs pièces en batterie ; la fusillade ennemie fut vigoureuse et supportée par les nôtres avec un sang-froid suffisant pour le forcer à cesser son feu ; il essaya de nous tourner; m'en étant aperçu, je le trompai sur le nombre de mes hommes, en les déployant sur une ligne étendue; il commença alors sa retraite ; dans cette journée, nous n'avons eu que quatre blessés, et nous avons fait subir à l'ennemi des pertes considérables; chacun dans cette affaire a fait son devoir. Dans la soirée est arrivée la légion bretonne, forte de 650 hommes environ, et quantité de bagages.

« 21. — La veille, j'avais compris par les manœuvres de l'ennemi, que mes campements, vivres et munitions et bagages n'étaient pas en sûreté dans Chambon. A une heure du matin, je faisais enlever sans bruit et évacuer tout ce matériel sur Ingranne, où j'allais faire camper mes hommes, afin de les trouver chaque matin, légers et aptes à secourir Courcy, Chambon et Chilleurs-aux-Bois.

« 22, 23, 24, 25, 26 et 27. — Tous les jours, apparition de forces différentes de notre part, et reconnaissances jusqu'à Nancray. Ce jour, je fus prévenu par le général de Polignac du mouvement que le 20e corps devait faire.

« 28. — Je pars à quatre heures du matin, pour occuper, selon la promesse que j'en avais faite, Nancray. J'ai passé la nuit du 28 au 29, à Chambon, avec tous mes francs-tireurs, pour être à même le lendemain matin de soutenir le général de Polignac.

« 29. — Je fais, avec tous mes hommes, une reconnaissance sur Batilly. A mon retour à Chambon, je le trouve occupé par une brigade commandée par le colonel Choppin. Nous retournons à Ingranne, où nous attendons de nouveaux ordres.

« Une nouvelle mission nous est confiée, nous partons pour la remplir.

« Agréez, etc.

« CATHELINEAU. »

15e Corps d'armée
ÉTAT-MAJOR GÉNÉRAL

« Le 2 décembre 1870.

« Colonel,

« Nous opérons aujourd'hui, 2 du courant, un

mouvement général de conversion par notre gauche.

« En vertu des ordres de M. le général en chef, vous devrez, aussitôt que cela sera possible, gagner avec tous vos francs-tireurs la forêt de Fontainebleau en passant par celle de Montargis. Dans ce mouvement, vous n'emmènerez pas votre escadron ni les obusiers de montagne que vous avez; cela vous gênerait sans doute dans votre mouvement; je vous engage à les laisser avec le général Crouzat. Vous donnerez ordre à l'escadron de chasseurs de me rejoindre de suite à Chilleurs, où je reste tout ce jour.

« Le général commandant le 15e corps,

« DES PALLIÈRES. »

A général de Polignac.

« Ingranne, 2 décembre 1870.

« Mon général,

« Malgré tout le plaisir que j'aurais d'aller vous rejoindre pour participer à vos engagements de demain, il ne me semble pas possible de me départir des ordres que j'ai reçus de me porter sur l'extrême droite de l'armée et d'aller occuper la forêt de Montargis. Demain matin, tout mon monde ira commencer son mouvement si la connaissance que j'ai du pays pouvait vous être utile, je pourrais parfaitement arriver près de vous à l'heure qui vous conviendrait et rejoindre ma colonne un peu plus tard.

« J'ajoute encore que si vous voulez envoyer ce soir auprès du général des Pallières, afin qu'il me donne l'ordre d'appuyer votre mouvement, je serai, comme vous le pensez, fort heureux de le faire.

« Croyez, mon général, etc.

« CATHELINEAU. »

« Courcy, le 2 décembre 1870.

« Mon colonel,

« J'ai l'honneur de vous envoyer la dépêche de la division (n° 537). D'après cette dépêche, je cesse d'opérer avec les francs-tireurs que vous commandez. J'ignore la raison qui a motivé cet ordre, et je tiens à vous dire que je regrette de ne plus servir sous un chef que j'aimais et estimais beaucoup et que ces sentiments sont aussi ceux de tout mon bataillon.

« Comme rien n'est stable en ce monde, et que la guerre n'est pas terminée, j'espère de nouveau opérer sous vos ordres.

« Agréez, etc.,

« Le chef de bataillon des tirailleurs algériens,

« BOUSSENARD. »

« Le 29 novembre 1870.

« Mon colonel,

« J'ai l'honneur de vous envoyer le rapport sur la part qu'a prise mon bataillon à l'affaire qui a eu lieu hier devant Beaune.

« Vous savez qu'il occupait l'extrême gauche du corps des francs-tireurs et mobiles que vous commandez. Pendant une partie de la journée, ce bataillon, ainsi que les francs-tireurs, est resté exposé au feu de l'artillerie ennemie. Plusieurs obus ont éclaté sur la ligne des tirailleurs et sur les réserves. Vous avez du reste dû remarquer, comme tout le monde, le calme et le sang-froid de ces jeunes gens qui, pour la première fois, assistaient à une bataille.

« J'ai eu dans cette affaire un homme fortement contusionné par un éclat d'obus : c'est le nommé Mathias (Antoine), et un autre atteint d'une blessure au bras droit, qui a nécessité un pansement immédiat.

« Ces deux hommes, malgré leurs blessures, n'ont pas voulu quitter les rangs et sont restés sur le champ de bataille jusqu'à la nuit.

« J'ai à vous citer encore M. le capitaine Dereix (Charles), qui, pendant toute la journée, a été chargé, avec toute sa compagnie, de protéger deux pièces d'artillerie, devoir dont il s'est acquitté d'une manière digne d'éloges.

« Le chef de bataillon de la Dordogne,

« MARTY. »

20e Corps d'armée

1re DIVISION

« Montliard, le 29 novembre 1870.

« Mon cher commandant,

« Nous avons repris nos positions d'hier un peu avancées, mais pourtant nous faisons bonne contenance.

« Donnez-nous souvent de vos nouvelles ; j'occupe Bois-Commun avec un bataillon. Saint-Loup est gardé par une brigade de la 3e division.

« Veuillez agréer mes amitiés bien sincères et mes remerciements pour l'appui que vous m'avez prêté.

« CAMILLE DE POLIGNAC. »

J'avais reçu de nouvelles instructions, nous allions quitter la forêt après l'avoir conservée intacte; que de marches, que d'alertes, que d'engagements avaient eu lieu : quelle activité il faut dépenser à ces avant-postes pour conserver ses positions ; je ne suis pas étonné de voir autant de surprises, car pour pareil métier, il faut non-seulement des hommes spéciaux, mais il faut encore une santé exceptionnelle.

Le 3 décembre je réunis toutes les compagnies de francs-tireurs cantonnés autour d'Ingranne avec mes volontaires, je les rassemblai et leur fis connaître que nous allions essayer d'arriver à Paris, par Montargis, sa forêt et celle de Fontainebleau. Dire l'enthousiasme de tous est impossible: A Paris! à Paris! criait-on de toutes parts. Jamais nous n'étions partis plus gaiement; j'incorporai dans la légion bretonne, qui devenait plus nombreuse, différentes compagnies qui, après avoir été retardées, arrivaient enfin la compléter.

Les tirailleurs algériens qui avaient été un instant mis sous les ordres du colonel Choppin, ce qui était tout naturel, puisqu'il me remplaçait à Courcy et à Chambon, m'étaient rendus; nous formions une belle brigade et nos forces étaient doublées par la confiance que nous avions les uns dans les autres.

Je voulais partir de bonne heure, selon mes habitudes; mais quand on quitte des lieux où l'on est installé depuis quelque temps, qu'il faut emporter avec soi des munitions, des provisions et pour huit jours de vivres, il y a toujours quelques retards: cependant nous avions une bonne journée à faire, la légion bretonne devait être cantonnée à Chailly; les compagnies parisiennes à Timory et le gros de la colonne à Presnoy et aux fermes environnantes. Nous eûmes beaucoup de peine à nous installer : la paille et les logements manquaient, aussi fut-on obligé de coucher dans l'église ; il faisait très-froid ; quant à moi, j'avais été parfaitement bien reçu par le bon curé qui me donna la meilleure hospitalité. Ce fut à Ingranne que, pour la première fois, je ne partageai pas les campements de mes hommes, et je dois ici remercier, avant de m'éloigner de ce pays, le bon curé qui avait mis toute sa maison à notre disposition.

A huit heures et demie du soir, je reçus, à mon grand étonnement, du général Martin des Pallières, la dépêche suivante :

Général commandant le 15e corps à général commandant le 18e corps.

« Faites de suite prévenir le général de Cathelineau de revenir prendre la défense de la forêt. Je dirige sur Ingranne un bataillon de tirailleurs.

« G. DES PALLIÈRES. »

Cette dépêche était incompréhensible pour moi qui venait de quitter la forêt, le matin, avec toutes les instructions possibles données verbalement à mon chef d'état-major de Puységur. Comme je ne pouvais partir la nuit, après les marches de la veille, j'envoyai immédiatement des estaffettes avec la demande suivante :

« Presnoy, le 3 décembre 1870.

« Mon général,

« Conformément à vos ordres, je me suis avancé jusqu'à Presnoy pour être à même de suivre tous les mouvements de l'armée; c'est là qu'à huit heures du soir je reçois votre ordre de venir défendre la forêt. Comme beaucoup de temps s'est passé depuis votre dépêche, je viens vous demander si je dois retourner ou continuer.

« Le commandant des corps francs du 15e corps,

« CATHELINEAU. »

Le général Crouzat mit lui-même au crayon la réponse suivante, en me renvoyant ma dépêche :

« *Retournez au plus vite à la défense de la forêt.* »

« Nibelle, le 4 décembre 1870.

« Le général en chef de l'armée de l'Est,

« CROUZAT. »

En attendant la réponse à ma dépêche, je recevais la suivante :

18e Corps d'armée
1re DIVISION
1re brigade

« L'armée française doit faire demain matin un mouvement en avant sur Beaune ; je n'ai pas cru devoir laisser passer l'homme qu'on vous envoie.

« Si un mouvement sur notre droite ne vous éloignait pas trop de votre but, votre présence et votre concours pourraient donner de bons résultats.

« Agréez, etc.

« Le général commandant la 1re brigade de la 1re division du 18e corps,

« Général BONET. »

Je lui répondis :

« Presnoy, le 4 décembre 1870.

« Mon général,

« Il m'est impossible de faire ce que vous me demandez, malgré le désir que j'aurais, non-seulement de vous être agréable, mais encore de me rendre utile à l'armée.

« Je reçois l'ordre de retourner dans la forêt d'Orléans, j'ai demandé à ne pas le faire, à cause de l'urgence qu'il y a d'occuper celle de Montargis, où j'ai l'ordre de me rendre. Ainsi donc, dans l'un ou l'autre cas, j'ai le regret de ne pouvoir vous rejoindre aujourd'hui. »

Agréez, etc.

« CATHELINEAU. »

Sachant que ma première dépêche au général des Pallières ne lui était pas parvenue, je la lui envoyai de nouveau.

En partant d'Ingranne, j'avais donné à l'ambulance l'ordre que voici :

ORDRE A L'AMBULANCE

« 3 décembre 1870.

« Madame de Cathelineau partira le 4, pour rejoindre à Montargis, le corps de la Vendée, accompagnée de : deux infirmiers, du médecin en chef, du jeune aumônier, et de tous les malades susceptibles de rentrer dans le Corps d'ici quelques jours. Ne resteront à Loury, que les hommes à qui les maladies, les blessures demanderont un temps plus long pour leur guérison, et madame Dambricourt restera pour diriger cette ambulance sédentaire, avec les majors, le père Prémontré et les infirmiers nécessaires. Tout le reste de l'ambulance suivra vers Montargis, où elle attendra de nouveaux ordres.

« CATHELINEAU. »

Je suis embarrassé quand j'ai à parler de l'ambulance, puisque la femme qui la dirigeait était la mienne; cependant, je dois dire que les meilleurs soins étaient donnés à nos blessés et malades. Cette dépêche n'avait point été remise à Mme de Cathelineau, qui, selon son habitude, ne trouva rien de plus naturel que de nous suivre, et d'arriver près de nous, à Bellegarde, quand le canon et la fusillade se faisait entendre tout autour de nous. Si la femme est timide et peureuse, elle est bien gênante; si, au contraire, elle est courageuse, l'amour de ceux qu'elle aime l'emporte si loin, qu'on ne peut ni l'arrêter ni la modérer; alors, quelle lutte, il faut subir! Telle fut madame de Cathelineau pendant toute la campagne: elle voulait être aux premières lignes, assister à tous les combats; de dangers, elle n'en voyait jamais; quel exemple pour moi, quel entraînement pour mes hommes; mais que d'inquiétudes et de soucis!

Il m'en coûtait de dire qu'il nous fallait retourner en arrière; je sentais combien le soldat, qui ne peut connaître les raisons qui font agir son chef, souffre et se décourage quand il est forcé de reprendre aussi promptement la route qu'il a faite avec peine et fatigue; mais il fallait obéir, l'ordre était donné, renouvelé par un second général; je ne pouvais hésiter. Je prévins toutes les troupes qu'elles avaient à retourner immédiatement dans la forêt d'Orléans, et je partis avec les Vendéens, la compagnie des francs-tireurs de Rochefort, celle de Loir-et-Cher, de la Nièvre, mes éclaireurs à cheval et l'escadron du 10e chasseurs. La Dordogne était restée à Nibelles, seule à son poste. Quant aux tirailleurs algériens, ils ne m'avaient rejoint qu'à une heure du matin, arrivant de Courcy et passant par Ingranne, de sorte que je fus dans la malheureuse nécessité de les laisser derrière moi.

Avant d'arriver à Bellegarde, je fus très-étonné de voir notre armée redescendre sur la Loire, vers Sully. Je ne comprenais rien à ce mouvement rétrograde. Le général Bonet m'annonçait, à une heure du matin, qu'il marchait en avant, et je voyais nos troupes lui tourner le dos; mon cœur était glacé, et je compris qu'un malheur était la seule cause de notre rappel : ce que j'ignorais jusque-là.

Plus j'approchais et moins je doutais qu'une catastrophe nous eût atteints. En effet, les troupes marchaient pêle-mêle : artillerie, infanterie, tout était confondu. Ce n'était cependant, pour l'armée de l'Est, qu'une retraite, puisqu'elle n'avait pas eu d'engagements. A peine entré dans Bellegarde, je trouvai des officiers supérieurs à qui je demandais l'explication de tout ce que je voyais. De son côté, chacun voulait savoir où j'allais. Quand on apprit que je retournais à Ingranne, au centre de la forêt, tous me disaient : Vous ne pouvez plus y aller, vous n'y arriverez pas ; le tenter serait de la folie. — Folie ou non, j'ai l'ordre d'y aller, et j'irai, leur avais-je répondu ; puis en nous quittant nous nous étions serré la main avec le silence de la douleur. Mais qu'était-il donc arrivé? d'où venaient tous ces changements si subits? Personne ne put m'en rien dire. Nous passons la Loire! telle fut la seule réponse que je pus obtenir.

Les rues étaient tellement encombrées qu'il m'était impossible de remonter ce flot descendant et pourtant je n'avais pas de temps à perdre, je marchais avec peine et mes hommes me suivaient ; c'est là surtout que j'ai compris quelle affection, quel dévouement ils avaient pour moi ; pas de découragement apparent, pas de question, pas d'inquiétude ; mais comme je trouvais lourde aussi la responsabilité qui pesait sur moi ; mes éclaireurs allaient en avant, puis revenaient me donner des renseignements, chacun leur disait qu'on ne pouvait plus avancer ; mais qu'étaient pour eux ces rapports, ils voulaient voir l'ennemi et ne le rencontraient pas ; peu à peu nous avancions vers la forêt où nous nous arrêtons enfin pour nous reposer et attendre les différents petits corps qui n'étaient pas cantonnés avec nous et qui devaient se rendre à Ingranne ; j'attendais surtout avec la plus vive impatience les braves tirailleurs algériens et malheureusement je dus partir sans avoir été rejoint, espérant les revoir tous à Ingranne, rendez-vous donné.

Ce bonheur ne m'était pas réservé ; quelques-uns ont fait tous leurs efforts pour arriver ; d'autres ont écouté des conseils, peut-être sages, mais qu'on ne devrait jamais suivre quand on est soldat : le premier devoir étant l'obéissance et l'obéissance aveugle, sans laquelle il ne peut y avoir de succès pour une armée.

Il faisait nuit lorsque nous arrivâmes à Ingranne. A peine étais-je rentré dans mon ancien logement que je reçus un mot de madame de Cathelineau, qui me faisait connaître toute l'étendue de notre malheur. Le général des Pallières, après s'être présenté hors de la forêt, en avant de Chilleurs-aux-Bois, avait refusé l'engagement et n'avait résisté au prince Frédéric-Charles que le temps nécessaire pour effectuer sa retraite en bon ordre ; il était rentré à Orléans. L'ennemi avait traversé sur la droite de notre armée notre trop longue ligne de défense, et le duc de Mecklembourg s'avançait à grandes journées sur la Loire, à la hauteur d'Amboise, passant par Vibraye,

Montmirail et autres routes parallèles, afin de nous couper. Ce corps d'armée se composait, m'ont dit plus tard des témoins oculaires, d'une soixantaine de mille hommes.

Le général en chef ayant eu connaissance de ce mouvement, qu'il n'avait pu arrêter, donna l'ordre de la retraite, dont nous avons vu le si triste spectacle commencer à Bellegarde, et c'est après avoir reçu cet ordre et avant que les Prussiens ne fussent entrés dans la forêt, que le général des Pallières m'avait envoyé la dépêche qui m'y ramène.

Ce que je viens de dire explique la retraite du général Martin des Pallières et l'ordre qu'il nous avait donné avant l'engagement ; ma colonne était mobile, il supposait qu'étant suffisamment augmentée elle pourrait encore, lui étant à Orléans, tenir dans la forêt. Mais les événements avaient marché vite : le prince Frédéric-Charles, avec une audace qui tient de la témérité, s'était précipité derrière le 15e corps et sur ses traces était arrivé jusqu'aux portes d'Orléans

Jamais une semblable occasion ne s'était présentée pour nous d'écraser l'ennemi, quarante-cinq mille hommes s'étaient engagés sur la seule route qui conduit de Pithiviers à Orléans, au milieu des bois touffus, sans moyen de se développer, soit à droite, soit à gauche. Nos troupes, comme on ne le sait que trop, étaient composées en partie de mobiles peu solides en rase campagne, mais qui, soutenus et entraînés par leurs officiers pour la plupart très-courageux, étaient susceptibles de tenir et même de prendre très-résolument l'offensive sous bois et derrière les obstacles que présentait la forêt.

La distance qui séparait le général en chef du corps d'armée agissant sur sa droite et la rapidité du mouvement du prince furent les seules raisons, je le crois du moins, qui empêchèrent le général en chef de faire entrer l'armée de l'Est dans la forêt pour attaquer vigoureusement sur son flanc la longue colonne des Prussiens qui, arrêtés et pris en tête par le corps du général des Pallières, n'aurait pu se maintenir dans un semblable défilé.

Quel inconvénient pour nous pouvait résulter de cette manœuvre? Aucun à mon avis : battus et repoussés, la forêt nous protégeait dans notre retraite jusqu'à la Loire; victorieux, au contraire, le prince Frédéric-Charles se retirait en perdant beaucoup de monde vers Pithiviers, et notre armée toute entière restait pour faire face au duc de Mecklembourg, qui ne pouvait manquer d'être repoussé à son tour.

Mais qui pouvait prévoir cette résolution si hardie pour ne pas dire si téméraire de la part d'un homme aussi sage que prudent? jamais les Prussiens ne s'étaient engagés en grand nombre dans la forêt, on devait supposer qu'ils arrivaient en trois colonnes pour attaquer Orléans, l'une par Bellegarde sur la gauche, l'autre par Chevilly à droite, et enfin la troisième au centre, par la route de Pithiviers. La prudence exigeait donc que notre armée alla se reformer sur une ligne de bataille dont Orléans devait être le centre; c'est ce qui fut ordonné, mais qui peut régler une retraite avec de jeunes recrues non exercées et déjà plusieurs fois battues. Ce mouvement se fit sans ordre, et le 15e corps abandonné à lui-même, ne put défendre qu'un seul jour les abords d'Orléans contre le prince Frédéric-Charles, qui, n'étant inquiété d'aucun côté, put disposer de toutes ses forces contre la ville.

Mais retournons à mes chers volontaires. L'exprès de l'ambulance, l'abbé Houssaye, qui avait été assez habile pour éviter l'ennemi, et la prévoyance de ma femme, allaient nous sauver de la position la plus critique où l'on puisse jamais se trouver.

Je savais, à n'en pouvoir douter, qu'à côté de nous et devant nous nous avions un ennemi très-nombreux. Où était-il établi? Quelle route occupait-il? Je n'avais aucun moyen de le savoir. On m'apprenait bien que l'armée ennemie était entrée dans la forêt ; qu'elle avait passé à Loury ; mais quelles étaient ses positions et comment l'éviter ? Telles étaient les pensées qui accablaient mon esprit. Aussitôt que je fus prévenu de ce qui se passait, j'évitai de rien laisser soupçonner à mes troupes ; je fis éteindre les feux et ordonnai de se coucher. Cependant il fallait prendre une prompte décision. Ma première pensée fut de gagner la Normandie par le Perche ; les Prussiens étant descendus sur Vibraye et Montmirail, Châteaudun et le pays au-dessus de Chartres devait être libre ou peu occupé. Toutefois, il était certain qu'ils avaient laissé quelques troupes de distance en distance pour se relier par Rambouillet avec l'armée d'investissement. Cette ligne ne pouvait être entièrement gardée. J'avais avec moi de braves soldats, d'excellents officiers : nous l'aurions sans aucun doute percée ; mais en agissant ainsi, nous allions abandonner le corps d'armée auprès duquel nous devions manœuvrer. Orléans devait résister, l'armée se reformer, et nous n'aurions pas paru dans les rangs, nous n'aurions pas pris part à la lutte, que j'espérais encore devoir être vigoureusement soutenue.

Je renonçai donc à ce premier projet qui en assurant le salut de mes hommes m'éloignait sûrement pour longtemps du théâtre des opérations. J'avais réuni au premier moment tous les gardes de la forêt, je les connaissais, il m'avaient donné souvent des preuves de leur habileté et de leur dévouement, j'allais donc me confier à leur prudence et essayer de rejoindre les troupes que j'avais rencontré à Bellegarde et qui n'avaient sur moi qu'une avance de vingt-quatre heures. Le 15e corps devait être enveloppé en avant d'Orléans, mais en passant la Loire j'allais le rejoindre dans cette ville.

Pendant ce temps d'examen et de travail fait avec mon état-major, minuit était arrivé; je fais réveiller tout mon monde à petit bruit et nous partons — le froid était intense, la terre était fortement gelée de sorte que les charriots faisaient un bruit désespérant et qui devait s'entendre au loin dans le calme de la nuit.

C'était en vain que j'avais attendu les bataillons en retard, j'en étais fort inquiet et leur absence me faisait supposer qu'ils avaient trouvé l'ennemi entre eux et nous. Mes braves amis de la Dordogne étaient restés à leur campement en arrière de Nibelle : seuls dans la forêt ils ne s'étaient point émus de tout ce qui s'y passait, préoccupés moins de leur salut que de leur devoir, c'est très-beau surtout dans notre temps et en face de tant de défaillance, c'était de l'héroïsme; je leur avais donné rendez-vous à Vitry pour deux heures du matin, ils y étaient exactement; nous marchions sans rien dire, éclairé par une lune magnifique, dans le silence au milieu de cette forêt.

Tout ce qui venait de se passer devant nous devait singulièrement agir sur l'imagination de mes jeunes volontaires, mais ils avaient confiance en Dieu, en Marie, ils aimaient la France. Qu'étaient les difficultés pour eux? et moi aussi, je levais souvent les yeux vers le ciel, il était si beau! mon âme se rassurait, et quand à voix basse, je causais avec ces chers enfants, mon énergie grandissait, j'espérais pour mon pays, j'espérais pour nous.

Enfin, la forêt est traversée, nous approchons de Châteauneuf, et partout nous voyons des feux de bivouac sur notre droite, jusqu'auprès d'Orléans, et sur notre gauche, de l'autre côté de la Loire, derrière Sully, et vers Saint-Aignan-le-Jaloux; je supposai que ces derniers devaient être ceux de l'armée de l'Est, et que ceux de droite indiquaient les positions de ennemi, je ne me trompais pas. J'espérais que l'armée nouvellement confiée au général Billot, allait redescendre rapidement de l'autre côté de la Loire, pour aller se reformer à Olivet, et profiter des positions du Loiret, j'appris bientôt par un de mes cavaliers, que nous avions encore des troupes à Châteauneuf. J'entraînai rapidement mes hommes vers cette ville, heureux de penser que nous n'arrivions pas trop tard, Puységur était fou de joie, dans le conseil de la nuit, il avait opté pour le parti que nous venions de prendre.

Mais hélas, quel spectacle allions-nous voir, si l'armée était déjà en désordre la veille à Bellegarde, figurez-vous ce qu'étaient tous ces traînards ; on voyait des bagages, de l'artillerie, de l'infanterie, pêle-mêle, les uns demandaient leurs régiments, les autres leurs compagnies. Il était à peu près quatre heures du matin, le pont de Châteauneuf était coupé, la Loire chariait des glacons, comment la traverser, il fallait puisqu'on n'attaquait pas l'ennemi, remonter jusqu'à Sully, telle était la principale cause du désordre. Le temps pressait, à la pointe du jour, les Prussiens devaient attaquer Châteauneuf, on voyait, comme je l'ai dit, tous leurs feux qui touchaient cette ville.

Qu'allions-nous faire? Où trouver le général Billot pour connaître ses projets? Que devenait le général en chef? Et, enfin, le 15e corps était-il encore à Orléans? Telles étaient les questions que nous nous adressions sans pouvoir les résoudre d'aucune façon. Cependant il n'y avait pas de temps à perdre. Ma colonne, après la séparation qui venait de se produire, ne se composait que de seize cents hommes, beaucoup de bagages, aucune artillerie, et cent cinquante chevaux.

Je résolus de traverser la Loire à Châteauneuf ;

je voulais regagner Orléans et retrouver le 15e corps.

J'ordonnai donc immédiatement à mes bagages et à la cavalerie de remonter vers Sully, je les confiai à Puységur. La Dordogne, dont les hommes étaient plus frais, puisqu'ils ne venaient que de Nibelle, reçurent les mêmes ordres. Quant aux francs-tireurs, je les laissai libres de choisir entre Sully et Châteauneuf, où le passage était difficile, même périlleux, à cause des glaces et aussi à cause du voisinage de l'ennemi qui pouvait y apparaître au premier instant, ennemi que nous n'étions point assez nombreux pour repousser. Quant à moi, je déclarai qu'avec mes volontaires j'allais tenter le passage de la Loire.

Me voici seul, comme au départ d'Amboise, à Châteauneuf, avec mes chers Vendéens; le péril était grand, mais j'avais confiance, nous avions surmonté ensemble tant de difficultés! Je vais dans la ville chercher les pilotes; je les réveille; quelques-uns regardent mon entreprise comme impossible; tous se prêtent cependant de bonne grâce à faire ce que je désirais si vivement. On cherche les câbles les plus longs et les plus résistants, et nous voilà à l'œuvre. Deux arches du pont étaient coupées. Nous traînons les barques du rivage jusqu'à cette coupure, et là nous tendons nos câbles, fortement attachés d'un côté à l'autre. L'opération est difficile, mais elle est faite et le va-et-vient est établi.

Le pont, ébranlé par la chute de ses arches, était peu solide; on ne pouvait y faire passer que quelques hommes à la fois.

Sous ses pieds on appercevait le fleuve brisant les entraves que mettait à son cours les glaçons qui s'amoncelaient; arrivé à la coupure, il fallait descendre dans les barques; le dirais-je, ces braves avaient peur; ils n'avançaient pas. Que faire? Traverser le premier? J'allais être suivi, mais l'ennemi arrivait; par mon passage, je fuyais le danger, quelle alternative! Cependant pour éviter l'attaque et la défaite il fallait passer et passer vite; je confiais mes volontaires à leur chef naturel, au brave Queyriaux, je me jetai dans la première barque et j'atteignis heureusement le rivage ainsi que mes volontaires qui suivirent. Alors, j'eus des nouvelles, et quelles nouvelles! Orléans était emporté; qu'était devenu le 15e corps?

Nousavons passé la Loire, mais quelle inquiétude : notre ambulance est restée au centre de la forêt, aux mains des Prussiens; reverrons-nous nos pauvres malades, reverrons-nous ceux qui les soignent avec tant d'abnégation et de zèle? Quand aux tirailleurs algériens et aux francs-tireurs, j'espère qu'ils ont suivi l'armée à Sully et que nous allons les retrouver. Mon premier soin est d'y envoyer un exprès intelligent pour chercher au milieu de tant de troupes réunies celles qui appartiennent à mon corps et leur donner pour rendez-vous la petite ville de Vannes, où après avoir fait nous-mêmes une grande halte à Tigy, nous devons nous rendre.

Le passage de la Loire fut long; c'était une entreprise difficile, mais elle avait réussi, et je me félicitais vivement du parti que j'avais pris, puisqu'il avait épargné une longue route à mes volontaires; je n'avais pas d'éclaireurs à cheval; je pris donc avec moi cette fidèle compagnie d'élite qui réunissait ce qu'on appelait la garde et les éclaireurs à pied, puis je partis en avant pour observer le pays et chercher de meilleures nouvelles.

C'était le 5 décembre : à Neuvy, je trouvai des détachements du 20e corps qui remontait la Loire, et j'appris ce que j'ignorais le 4, que le général Crouzat, qui ne commandait plus que le 20e corps, avait fait tous ses efforts pour se glisser entre la Loire et la forêt, et arriver près d'Orléans avant l'ennemi. Ce mouvement n'avait pu être opéré assez promptement pour secourir la ville.

Les troupes que je rencontrais appartenaient à la division Polignac. J'aurais désiré vivement serrer la main au général et causer avec lui. Mais j'avais un autre devoir à remplir; je devais réunir mon corps et me hâter de rejoindre le 15e.

A moitié route de Neuvy à Vannes, on quitte le val de la Loire, qui est couronné de coteaux plantés d'arbres résineux. Je n'oublierai jamais l'effet que produisit sur moi le bruit de la canonnade et de la fusillade que nous entendions de ces hauteurs vers la Loire, dans la direction de Sully et Bellegarde. C'étaient évidemment les Prussiens qui tombaient sur les derrières de l'armée et qui écrasaient de leurs feux ces malheureux que la fatigue et l'encombrement empêchaient de suivre. C'était peut-être aussi le brave Boussenard, commandant des tirailleurs algériens, qui, cherchant à nous rejoindre, avait rencontré l'ennemi et luttait contre lui en désespéré. C'était peut-être la légion bretonne qui, embarrassée par ses bagages, se trouvait en retard et se défendait avec l'énergie que donne le danger à des hommes courageux. Je n'étais pas aussi inquiet des francs-tireurs de Paris, plus accoutumés à se battre par petits groupes ; ils devaient avoir échappé aux Prussiens. Toutefois, c'étaient toujours des Français qui, sûrement, devaient être accablés par le nombre. Comme je souffrais ! Je regrettais presque d'avoir obéi ! C'était une faiblesse. A la guerre, je le répète, l'obéissance aux ordres donnés est le premier, le plus grand des devoirs.

A Vannes, nous trouvons des habitants tranquilles, assez résolus, mais inquiets et désespérés ;

ils avaient peu souffert de l'ennemi pendant la première occupation d'Orléans, ils n'avaient jamais vu que des cavaliers isolés et en petit nombre; aussi les avaient-ils combattus avec acharnement. Un jour, ils détruisirent en entier un détachement dont il ne resta pas un homme; ils craignaient des représailles. M. le maire était très-énergique, il nous donna et nous fit donner une hospitalité dont nous avions bien besoin, et dont nous sommes tous reconnaissants à lui et aux habitants. Le propriétaire d'un petit château voisin, dont je regrette d'avoir perdu le nom, nous reçut avec une sympathie dont je le remercie.

Mais nous n'avions pas de chevaux avec nous pour nous faire éclairer sur la marche de l'ennemi et celle de nos troupes. Un jeune homme du pays partit à cheval et revint nous confirmer les fâcheuses nouvelles que nous savions. On voyait l'ennemi partout; il allait nous arriver en nombre et par toutes les routes. Tel était le bruit qui circulait, mais je ne voulais pas y croire; j'attendais avec une grande impatience la Dordogne, mes bagages et ma cavalerie, ainsi que les francs-tireurs qui étaient allés passer la Loire à Sully. Enfin, les bruits de l'arrivée de l'ennemi semblaient se confirmer à neuf heures du soir.

Au moment où il fallait donner aux hommes et aux chevaux un repos qui semblait indispensable, il me fallut oublier, pour les sauver, qu'ils avaient marché toute la journée du 4 pour retourner à Ingranne, qu'à minuit, je les entraînais vers Châteauneuf, et que, jusqu'à sept heures du soir pour les uns, à neuf heures pour les autres, ils n'avaient cessé de marcher.

Mais le péril était imminent, il fallait partir et se dérober à l'ennemi, qui semblait nous reconnaître et nous poursuivre avec un acharnement tout particulier.

J'avais pris la résolution très-arrêtée de traverser la grande route d'Orléans à Salbris, afin de profiter des bois de la Sologne pour rejoindre notre armée.

J'avais heureusement de très-bonnes cartes pour me diriger, j'ordonnai donc le départ pour Vouzon, que j'effectuai par des chemins de traverse qui nous donnaient toute sûreté. Mais comme ils étaient longs ces chemins. J'avais l'habitude de marcher à pied en tête de la colonne. dans les temps ordinaires, laissant mon cheval et ma voiture aux pauvres diables qui, fatigués ou blessés, avaient le plus de peine à suivre ; cette mesure, bonne au temps ordinaire, devenait impérieuse pour moi dans une circonstance aussi critique, aussi n'y ai-je jamais manqué. Je devais partager les fatigues si je voulais les règler selon la force humaine, je voulais souffrir avec ceux que j'appelais mes enfants, et qui m'avaient donné tant de marques du plus entier dévouement. Nous quittons Vannes à neuf heures du soir pour arriver à Vouzon, à deux heures du matin. Depuis minuit, les hommes qui avaient traversé la Loire à Châteauneuf, avaient fait en arrivant à Vouzon seize lieux et demies, et vingt-deux ceux qui avaient été passer à Sully.

Nous étions à Vouzon le 5 décembre, si nous avions quitté si brusquement Vannes, c'était moins pour éviter l'attaque d'un ennemi contre lequel nous avions souvent luttés avec grand avantage, que pour nous hâter de traverser la route qu'il semblait devoir suivre.

Dans le désordre qui s'était établi, nous ne pouvions savoir si le 15e corps avait suivi la Loire ou s'il était allé vers Bourges, où l'armée de l'Est semblait se diriger de toute nécessité. Le général d'Aurelles devait avoir suivi la Loire, nous devions marcher au centre du pays compris entre Vierzon et le fleuve, afin de nous rapprocher du 15e corps ou de l'armée, selon la facilité que nous trouverions à le faire.

Je fus assez heureux pour avoir des renseignements certains sur une colonne ennemie ; quinze mille hommes devaient passer en face de nous, partant de la Ferté pour la Motte-Beuvron, vers deux heures de l'après-midi ; il fallait donc traverser la route avant eux ; j'ordonnai le départ pour onze heures du matin, c'était neuf heures de repos que je donnais à mes troupes pour manger et dormir. C'était peu, mais que faire ? il ne m'appartenait pas de changer la marche des Prussiens qui s'étendaient partout ; on entendait de tous côtés la fusillade, le canon, on eut dit une bataille générale dans tout le pays, c'était effrayant plus qu'aucun autre combat, puisqu'il était livré à force inégale contre des gens que leur petit nombre ou la fatigue rendaient incapables d'aucune défense sérieuse ; comme j'étais pressé de soustraire mes hommes à ce fâcheux spectacle si décourageant !

Malgré les ordres les plus sévères pour le départ à l'heure indiquée, il ne put avoir lieu qu'à onze heures et demie ; nous avions quatre kilomètres à faire avant d'arriver à la route. nos bagages précédés des éclaireurs à pied marchaient en tête de la colonne, les chasseurs à cheval ouvraient et fermaient la marche à une assez grande distance afin de pouvoir être prévenu à temps dans le cas d'une attaque ; plus en avant encore, les éclaireurs à cheval et des vedettes de chasseurs sans cesse reconnaissaient notre droite et notre gauche et nous prévenaient à la moindre approche de l'ennemi. Telles étaient les dispositions prises et l'ordre de marche que nous allions conserver pendant toute cette retraite. Il était près d'une heure quand nous arrivions à la grande route, la colonne indiquée était sortie de la Ferté, elle allait apparaître devant nous, je fis masquer notre mouvement par la cavalerie qui échangea quelques coups de fusils contre l'avant-garde des Prussiens. Ils étaient quinze mille et nous, nous étions quinze cents ; on me disait la Mothe-Beuvron occupée par l'ennemi ; je ne pouvais m'y présenter, ayant une force aussi imposante sur mes talons, il fallut donc suivre mon premier plan et traverser entre la Ferté et la Mothe-Beuvron.

Heureusement pour nous que le chemin de traverse que nous devions suivre était encaissé et très-dur à sa jonction avec la grand'route, de sorte qu'une fois entré on ne pouvait y voir de côté, pas plus que reconnaître les traces de ceux qui l'avaient suivi. Ce fut notre salut, car nous étions partis une demi-heure trop tard ; mais que dire, après des marches si exagérées, à de pauvres jeunes gens qui dormaient debout ? Quant à moi, je n'avais pas le souci de mon réveil, je ne m'étais pas couché, et jamais je n'aurais pu dormir au milieu de tant de travail et de tant d'inquiétudes.

Nous allions coucher à Yvoy-le-Marron, petit village situé à huit kilomètres de la Ferté. Le chemin était très-difficile ; si la nature du sol, à son entrée, était dure et solide, nous étions bientôt tombés dans des sables d'une finesse extrême qui rendaient la marche très-pénible pour les chevaux attelés et les piétons.

Parallèlement à la grand'route et à deux cents mètres d'elle, partait le chemin de fer d'Orléans à Vierzon, nous étions au milieu des bois ; s'ils nous cachaient à l'ennemi, ce dernier en profitait également pour tomber à l'improviste sur ceux qui y étaient engagés.

Tout allait bien, l'arrière-garde n'avait eu à repousser qu'une reconnaissance de cavalerie, qui n'ayant pas soupçonné que nous étions nombreux, échangeât quelques coups de feu avec elle et se retirât, prenant ces quelques hommes pour des fuyards qu'elle n'avaient aucun espoir d'atteindre dans les bois.

De là nous voyons la Ferté ; ma carte n'indiquait pas de route praticable pour y aller directement, et le curé et les habitants de Vouzon que j'avais consulté sur les lieux ne semblaient pas la connaître non plus, je fus donc assez déconcerté quand je me trouvai, après avoir marché si longtemps aussi près de l'ennemi. D'un autre côté, je me rassurai en pensant qu'il ne pouvait pas nous arriver assez nombreux pour nous inquiéter sérieusement, et nous n'eussions pas été fâché de nous mesurer encore contre les Prussiens, quand même ils auraient été le double de nous.

Jusqu'ici nous n'avions pu faire préparer les

logements, ne sachant pas au juste au moment du départ si nous pourrions atteindre le but proposé. En arrivant, il fallait s'occuper de tout chercher, vivres et cantonnements, mais je le dis à la louange des habitants du pays que nous allons traverser, partout on nous recevait à bras ouverts, on nous offrait tout ce qu'on possédait, malheureusement qui ne connaît la pauvreté de cette partie de la France, qu'à juste raison, on appelait autrefois la Sologne pouilleuse à cause de l'aridité du sol : mais aujourd'hui elle ne mérite plus cette épithète. Cette contrée est devenue charmante par la multiplicité des bois qu'on y a semé et qui sont d'une merveilleuse venue. Toutefois, la nature du terrain n'ayant pas changé, le blé n'y est pas abondant, et les animaux sont petits et peu nombreux, de sorte que les villages sont assez mal approvisionnés. Mon intendance multiplia son activité et ses soins, et nous lui devons d'avoir toujours eu des vivres en quantité suffisante.

Dans ce petit village, je fus très-heureusement surpris de trouver une charmante maison de campagne, habitée par mesdames Daudier et leur mère, madame Kolb-Bernard. De quels soins aimables ces dames ne nous ont-elles point entourés ! Mais elles ne savaient rien de plus que nous, moins encore, puisqu'elles apprirent alors seulement toute la portée de nos désastres ; plusieurs de mes volontaires connaissaient ces dames, qui comptaient dans ma garde un de leurs cousins, le jeune Charles d'Aubigny.

Je n'avais pas dormi depuis quarante-huit heures, de sorte que, sitôt que j'eus visité tous les postes, je demandai la permission de me jeter sur un matelas, où je perdis bien vite connaissance; malgré les conversations animées des allants et venants; vers onze heures on cria aux armes, je n'entendis rien; et moi qui étais le réveil ordinaire, on fut obligé de me toucher pour me réveiller. Comme je m'en voulais d'avoir ainsi fermé les deux yeux! heureusement c'était une fausse alerte; c'était bien mieux qu'une alerte, un cavalier était entré dans nos lignes, nos hommes l'avaient saisi, et malgré tout ce qu'il pouvait dire et faire, on voulait qu'il fût Prussien; mais non, le brave Michalet était français vrai et bon français, plein d'entrain, d'une énergie incroyable; il avait été envoyé en mission à Orléans, d'où après nous avoir cherché pendant plusieurs jours, il était parvenu providentiellement à nous rencontrer; ce fut une grande joie pour nous tous, et je fus bien empressé d'aller immédiatement lui serrer la main.

Nous avions donc parcouru de cinq à six lieues pour arriver de Vouzon à Yvoy. Le 7 décembre, à quatre heures du matin, nous partons pour Neugsur-Beuvron toujours pour rester au centre des deux lignes qui ont pu être suivi par les nôtres; mais il fallait se hâter, car l'ennemi s'avançait sur Salbris et Vierzon et descendait la Loire, c'est au moins ce qu'on me disait : nous pouvions être cerné, seule chose à craindre pour nous, qui, à aucun prix, ne voulions nous rendre prisonniers. Il m'est impossible de dire tous les contours des chemins que nous suivions pour tromper l'ennemi : s'il n'était à notre piste, ce que nous avions toujours lieu de craindre, nous entendions sans cesse le canon et la fusillade. A Neung surtout, les engagements paraissaient très-rapprochés dans la direction de la Loire et dans celle de Salbris.

Les chasseurs à cheval furent postés en avant de La Ferté-Beauharnais où l'on m'annonçait qu'une colonne ennemie s'était avancée, ce qui paraissait très-vraisemblable à cause de l'importance de la ligne de Romorantin. — A peine arrivé, les chasseurs à cheval échangèrent des coups de feu avec des cavaliers ennemis qui revinrent à la charge plusieurs fois dans l'après-midi, mais nos chasseurs étaient de rudes joûteurs, ils conservèrent leur poste et nous ramenèrent un charmant cheval pris aux Prussiens. Cette pauvre bête n'avait reçu qu'une légère blessure qui ne l'empêchait pas de nous suivre. — Toujours l'ennemi était près de nous, nous marchions constamment, nuit et jour à peu près et nous ne pouvions prendre une avance suffisante pour nous donner toute tranquillité, par la raison toute simple que les Prussiens suivaient de grandes lignes droites et que nous étions obligés de faire d'immenses détours, à cause de la difficulté des chemins et aussi pour cacher notre marche.

Le 8 décembre, fête de l'Immaculée-Conception, l'ennemi nous menaçait toujours, il était signalé à deux kilomètres à La Ferté ; tous les habitants de Neung prétendaient qu'ils allaient être attaqués ; c'était une belle journée pour nous qui avions tant de confiance en Marie et pour les attendre, nous ne pouvions mieux faire que d'entendre la messe. Ici je vois le sourire de quelques-uns de nos esprits forts sur les lèvres, à l'adresse de ceux qui, dans notre siècle, croicnt encore à pareilles sornettes !

J'aurais voulu les voir aussi ces libres penseurs au milieu de tous les dangers auxquels nous venions d'échapper par miracle, de tant de fatigues si souvent répétées. Non, l'homme abandonné à lui-même, n'a point assez d'énergie pour s'exposer tous les jours à la mort, pour souffrir autant et souffrir avec joie. Il faut qu'il soit assisté, soutenu. L'amour de la France est puissant sur beaucoup de nobles cœurs ; il n'est point suffisant, il faut encore celui de Dieu qui, s'il est aimé, porte au combat celui qu'il aime; il faut celui de la vierge Marie qui, deux fois mère, couvre ses enfants, les défends et leur souffle cette ardeur invincible qui fait les héros; elle augmente la foi qui fait les martyrs et la victoire. Mais peu nous importe à nous ce qu'on peut dire et penser; nous avons une mère de notre choix, nous l'aimons, nous voulons lui plaire; elle nous a protégé, elle nous a sauvé; nous allons la prier et attendre l'ennemi avec le calme que donne la plus entière confiance.

Les Prussiens devaient arriver, ils ne vinrent pas; toutefois, ils nous avaient dépassés sur notre gauche et semblaient se diriger vers Romorantin pour nous arrêter sur le Cher; nous nous décidons à descendre à Bracieux, près de la forêt de Boulogne et de celle de Chambord où nous pouvions nous défendre avec avantage, et enfin nous rapprocher de la Loire, où sûrement se trouvait notre armée qui s'y battait. Nous partons donc pour Bracieux où nous arrivons, sans encombre, le 8 octobre au soir.

Si la route de la Ferté à Saint-Aignan et les abords étaient littéralement encombrés de Prussiens, on en rencontrait autant sur la rive gauche de la Loire et sur la rive droite. On livrait des combats acharnés tous les jours. Voilà ce qu'on disait à Bracieux : c'était comme une nuée de sauterelles, ils envahissaient tout le pays, et les habitants immobiles semblaient les attendre avec indifférence. Quel spectacle! O France! ô malheureux pays! quand te relèveras-tu? Quand donc, fatiguée de toutes les épreuves qu'on t'impose, redeviendras-tu la fière et invincible nation?

De Bracieux il n'y avait que vingt kilomètres jusqu'à Blois. Je manquais de biscuits et de riz. J'avais besoin de renseignements précis. Je partis pour cette ville; j'y rencontrai le général commandant la division; il me dit qu'il y avait à la préfecture une réunion de tous les chefs de corps, et m'engagea fortement à y assister. Je n'avais que peu de temps, mais il insista et je m'y rendis.

Je trouvai là M. le préfet et plusieurs généraux, au nombre desquels le général Maurandy. J'appris que le général Chanzy avait remplacé le général d'Aurelles de Paladines dans le commandement de l'armée, que Gambetta était près de lui, qu'il résistait à l'ennemi, et ne lâchait le terrain que pied à pied. J'appris aussi que le 15e corps était parti dans la direction de Bourges, et chacun me conseilla de le rejoindre le plus tôt possible.

La discussion était animée. M. le préfet se plaignait des généraux et de l'armée. Il reprochait à ces messieurs de n'avoir pas su communiquer aux soldats la bravoure et l'amour du pays. Il disait qu'il était honteux de les voir fuir comme un troupeau effrayé ; que, cependant, le gouvernement n'avait épargné aucun sacrifice, qu'il avait accordé tout ce qu'on avait demandé. Un général répondit qu'on leur avait donné des hommes, et beaucoup trop ; mais qu'on ne leur avait pas fourni de soldats, et que si lui, monsieur le préfet, se croyait assez puissant pour arrêter les fuyards, il l'engageait à user de toute son influence à cet effet. « Comment ! riposta M. le préfet ; n'avez-vous pas à votre service les cours martiales pour faire des exemples et rétablir l'ordre ? » Voyant les choses s'envenimer, je dis avec une grande conviction, m'adressant à M. le préfet : « Si dix hommes prennent la fuite, qu'on les sabre, qu'on les exécute, très-bien ; mais ce n'est ni par la menace ni par l'effusion du sang qu'on ramène au combat des troupes affolées qui se sauvent en masse. Il faut leur parler, les raisonner, les encourager, les rassurer par tous les moyens possibles. M. le préfet vient à moi, me prit les mains, me disant qu'il n'était pas un homme sanguinaire, que s'il avait conseillé la rigueur, c'est qu'il souffrait tellement de tout ce qu'il voyait, qu'il aurait voulu faire l'impossible pour sauver le pays.

Puis il ajouta : Il n'y a que deux partis en France qui défendent leur pays, les républicains et les légitimistes. Nous l'avons si bien compris, que nous avons confié tous les postes importants à ces derniers. Je remerciai M. le préfet, en lui disant ce que je répétais sans cesse : Qu'il ne devait point y avoir de parti en face de l'ennemi, et je quittai la réunion en prévenant le général Maurandy, qui était chargé de défendre Chambord avec une brigade, que s'il avait besoin d'aide, j'étais à Bracieux, avec une poignée de braves, qu'il pouvait compter sur eux et sur moi, et je me hâtai de me rendre à l'intendance. J'y trouvai l'homme le plus obligeant du monde, M. le sous-intendant militaire, *Cunau*. Il me demanda ce que je voulais, se chargeant de trouver et de m'expédier le tout le plus promptement possible, je lui serrai la main et montai en voiture pour retourner à Bracieux. J'avais avec moi, le capitaine Haubt et un de mes éclaireurs à cheval ; en route, je vis l'artillerie du général Maurandy, qui remontait la Loire ; il était tard, elle était suivie de peu de monde, et je ne pus m'empêcher de dire à mes deux officiers, que je la trouvais très-exposée. Nous marchions assez vite, lorsque arrivé à la hauteur de Chambord, j'entendis tout à coup un bruit extraordinaire ; je fis arrêter la voiture, et reconnus que c'était une vive fusillade qui annonçait un engagement à Chambord. Je pressai le cheval, il me tardait d'être au milieu de mes soldats.

En descendant de voiture, je fis mes préparatifs, attendant un signe du général Maurandy, c'était convenu; mais quel fut mon étonnement d'entendre sous la fenêtre comme une émeute d'un grand nombre d'hommes.

Un de mes officiers descendit rapidement pour voir ce qui se passait; il remonta m'annonçant que c'était des troupes sans armes qui arrivaient à pleine rue. Je me levai précipitamment pour juger par moi-même; je n'étais pas sorti de l'appartement que je rencontrai l'aide de camp du général Maurandy qui me dit que, rentrant de Blois, ils avaient trouvé Chambord occupé, qu'ils s'étaient présentés sur plusieurs points et que partout on les avait reçus à coup de fusil, qu'ils étaient partis, que le général était dans une maison voisine à prendre un peu de nourriture et qu'il désirait beaucoup me voir.

J'écoutais attentivement stupéfait, et n'en croyais ni mes yeux ni mes oreilles; je suivis cet officier et trouvai le général debout; il me répéta ce que je venais d'entendre. Il n'avait pas fini, que je lui demandais ce qu'était devenu son artillerie: j'arrive de Blois où vous m'avez vu, dit-il, je rentrais en confiance à Chambord, vous savez ce qui vient de se passer. Je compris qu'elle était prise et je voulais savoir la route qu'allait suivre le général. Le général Maurandy avait été appelé à Blois avec ses troupes pour aller au secours du général de Chanzy qui se défendait avec acharnement sur la rive droite de la Loire à la hauteur de Mer. La garde de Chambord avait été confiée à de francs-tireurs de Paris. Qui connaît cette magnifique habitation sait qu'elle est imprenable par un coup de main si elle est bien gardée, surtout du côté de Saint-Dyé d'où venaient les Prussiens.

Plusieurs de mes volontaires, malgré la fatigue, avaient voulu aller voir Chambord, j'avais cédé à leur si légitime désir. Tous m'ont assuré que le château était souillé d'ordures : ils étaient indignés. Quoi, disaient-ils, ce n'est donc plus le cadeau de la France à l'enfant qui en naissant l'avait fait tressaillir d'espoir et de bonheur! Que les hommes sont fous, qu'ils sont ingrats! allons le reprendre aux mains ennemies, ce château, et si nous sommes vaincus, nous mourrons fièrement ensevelis sous les ruines du dernier monument de la reconnaissance des Français d'autrefois, offert à l'héritier des rois, qui avaient fait la France grande et belle, et qui, pour se venger à leur façon, léguaient aux ingrats qui les chassaient l'Afrique et ses trésors.

Laissez-nous partir, me disaient ces chers enfants, et parmi eux j'étais fier et heureux de compter un fis de seize ans et demi; tous ensemble ils citaient les antiques devises de leurs pères, qui leur rappelaient honneur et gloire, et tous enviaient à mon jeune Henri le cri de guerre qu'il a le droit d'inscrire sur ses armes : *Dieu et le Roi*.

Et moi aussi j'aurais voulu reprendre Chambord et sa forêt, pour mon pays que j'enrageai de voir ainsi souillé par la présence de l'ennemi. Mais Chambord était déjà occupé fortement par les Prussiens, qui tout d'abord, partant de Saint-Dié, n'étaient venu qu'au nombre de deux cents, et c'est avec ce petit nombre qu'ils s'en étaient emparés contre les francs-tireurs. Qui eût pu le croire!

A la réunion de Blois, le général commandant la division m'avait engagé à rejoindre le 15e corps, son avis fut un ordre. L'armée était divisée : le général Chanzy commandait la deuxième armée de la Loire, et le général Bourbaki la première, à laquelle il semblait que j'étais attaché, avec le 15e corps.

Ce fut à Bracieux, pendant cette journée si agitée, que le capitaine Caillard, qui avait été envoyé en mission, et qui aussi pour affaires personnelles était éloigné de nous depuis quelque temps, vint nous rejoindre.

De Puységur, avec ce dévouement dont je ne puis faire assez l'éloge, avait consenti à partir d'Yvoy pour aller savoir ce qui se passait à Tours.

Il apprit que le Gouvernement de la défense nationale s'était retirée à Bordeaux; nous ne pouvions donc n'avoir aucune instruction directe; toutefois, il lui fut dit par le général Loverdo, à Tours, que je devais rejoindre la première armée. Que de dangers avait couru ce cher ami, quels services il nous rendait!

A huit heures du soir repartait le général Maurandy. A neuf heures nous quittions Bracieux pour nous rendre à Contres, et de là à Saint-Aignan.

Je ne m'arrêterai pas à raconter ces journées, qui se passent en marches; je ne dirai pas non plus ce que nous trouvions de fuyards sans armes, parcourant tout le pays : mais ce que je voudrais, ce serait de faire connaître tous ceux qui nous ont reçus avec cette hospitalité généreuse à laquelle nous étions si sensibles. Combien de mes hommes ont dû à ces soins de pouvoir continuer leur route avec la colonne, et s'ils l'avaient quittée, ils auraient trouvé l'ennemi qui semblait être instruit d'avance de toutes nos marches. En effet, jusqu'à Écueillé, toujours les Prussiens étaient près de nous, tantôt à droite, tantôt à gauche.

Quelle fatigue et quel ennui que d'être ainsi traqué par un ennemi dont on ne peut apprécier ni le nombre ni le plan.

De Saint-Aignan, je me dirige sur Châteauroux

par Écueillé et Buzançais, trois étapes ; pas de repos jusque-là, il était presque impossible de l'accorder, soit à cause de la proximité de l'ennemi, soit à cause du défaut de logement.

Nous étions partis d'Ingranne dans la nuit du 4 au 5, et nous sommes arrivés à Buzançais le lundi 12 au soir. Là finissait la retraite obligée ; l'ennemi ne nous menaçait plus d'une manière inquiétante ; nous en étions séparés par quelques lieues. Je donnai donc un jour de repos avec le projet d'en accorder deux à Châteauroux.

J'avais devancé la colonne en cette ville ; il me tardait tant de savoir ce qui se passait ; l'ennemi ne nous menaçait plus aussi directement ; je pouvais m'éloigner un instant de mes chers compagnons d'armes.

Je n'appris rien de particulier, rien de très-positif ; je pus cependant faire parvenir une dépêche au général des Pallières et savoir que le rapport suivant que je lui avais expédié le 10 décembre ne lui était point arrivé ; ce qui me rendit très-inquiet sur le sort de mon exprès envoyé près de lui.

Rapport au général des Pallières.

« 10 décembre 1870.

« Mon général,

« Lundi 5, à la pointe du jour, je quittais Presnoy pour exécuter votre ordre de rentrer dans la forêt d'Orléans, que je n'avais reçu qu'à 9 heures du soir, le 4.

« Vers minuit, le général Bonnet me priait de l'appuyer sur sa droite, me disant qu'il avait reçu l'ordre de faire un mouvement en avant.

« A une heure du matin le général Crouzat, qui avait ouvert une dépêche que je vous envoyais pour vous indiquer qu'il était urgent d'occuper Montargis, et dans laquelle je vous demandais si vous mainteniez l'ordre du retour dans la forêt, ou celui de continer ma marche sur Montargis, m'écrivit : partez au plus vite pour la forêt.

« Arrivé à Bellegarde, au lieu de voir s'effectuer un mouvement en avant, je trouve l'armée en pleine retraite ; des officiers supérieurs, un général que je rencontre, m'engagent fortement à suivre le mouvement de l'armée ; mais l'ordre si positif du général Crouzat devait être exécuté par moi, ce que je fis.

« Arrivé à Ingranne, j'appris qu'un engagement malheureux avait eu lieu, et je reçus un envoyé de ma femme, prisonnière avec son ambulance : elle me disait que 40 à 50,000 Prussiens avaient traversé Loury pour se rendre vers Orléans. Je compris qu'il n'y avait plus rien à faire pour moi dans la forêt. J'accordai donc quelques heures de repos à mes hommes, et je donnai rendez-vous au bataillon de mobiles, qui avait bravement conservé sa position dans la forêt en arrière de Nibelle, de me rejoindre à Châteauneuf.

« Ayant un jour de retard sur l'armée, je me trouvai au milieu de l'encombrement des bagages, je fis passer mon corps au bac de Chateauneuf, j'envoyai les chasseurs à cheval par Sully, disant que je donnerais un rendez-vous lorsque j'aurais traversé la Loire.

« J'avais ordonné à la mobile d'aller passer le pont à Sully et laissé la liberté aux compagnies de Rochefort, de Loir-et-Cher et de la Nièvre de rester à Chateauneuf pour traverser au milieu des glaçons ou d'aller à Sully; elles prirent ce dernier parti.

« Le rendez-vous fut donné pour Vannes, la mobile et Loir-et-Cher m'y rejoignirent, mais je ne vis ni Rochefort, ni la Dordogne, ni la Nièvre, qui toutes étaient prévenues.

« Menacé d'être entouré par l'ennemi, je traversai perpendiculairement la route de la Ferté-Saint-Aubin à La Mothe-Beuvron, en face des ennemis, pour me diriger sur Yvoy et Meung, cherchant partout de vos nouvelles.

« M. de Puységur fut envoyé à La Mothe et y rencontra le général Rebillard, qui lui dit que le général d'Aurelles était en avant, mais qui ne put donner de renseignements à votre égard; j'envoyai à Tours, où le général Loverdo dit à M. de Puységur que nous devions chercher à vous rejoindre dans la direction de Salbris. Pour éviter La Mothe-Beuvron, occupé par l'ennemi, j'ai pris la direction de Bracieux. Là, j'ai été témoin d'une fugue impossible de la brigade que commandait le général Maurandy au château de Chambord, je ne m'en suis pas ému et ai continué ma route sur Saint-Aignan par Contres, où je suis ce matin. De Contres j'allais me rapprocher de Vierzon, lorsque j'ai appris que Saint-Aignan voulait se défendre à tout prix. Je m'y rendis à cause de son importance pour le chemin de fer. Cette ville, au contraire, déclare ne pas vouloir résister ; j'y attendrai vos ordres.

« Dans ces marches du jour et de la nuit, je n'ai perdu que trois hommes ; je vous signale donc l'énergie, de tous ceux qui étaient avec moi.

« Le 5, la légion Bretonne, les compagnies de Paris, n'avaient pas exécuté l'ordre que je leur avais donné de rentrer dans la forêt et dans leurs campements ordinaires ; aussi n'avais-je pu leur indiquer le rendez-vous de Chateauneuf. Que sont devenues ces compagnies depuis le 5, je l'ignore complètement.

« Je ne sais non plus ce qu'est devenu le bataillon de tirailleurs algériens, qui, lui, avait la liberté de me rejoindre plus tard, à cause de la marche forcée qu'il avait faite pour revenir sur mes traces d'Ingranne à Presnoy, route qu'il n'avait achevée que deux ou trois heures avant notre départ de ce pays. Ce pauvre bataillon, qui m'était si cher, n'a encore pu me rejoindre, et j'en suis malheureusement sans nouvelles.

« Dans toute ma retraite, si difficile, mes éclaireurs à cheval, l'escadron de chasseurs, mes éclaireurs à pied, et tous les officiers de toutes armes, ont fait l'impossible pour me prêter leur concours le plus actif, et c'est à eux tous que je dois de l'avoir faite si heureusement, toujours en bon ordre, conservant mes munitions et mes bagages.

« Veuillez, mon général, agréer mes sentiments les plus dévoués et croire au désir ardent où je suis de vous rejoindre.

« Agréez, etc.

« CATHELINEAU. »

Pendant toute la retraite, j'avais été rejoint par des volontaires en permission. On ne sait, en vérité, comment on peut se retrouver au milieu de courses semblables. Un brave officier, M. de Calavon, nous avait amené une compagnie qu'il avait formée lui-même ; il était arrivé à Neung avec M. du Château, qui amenait aussi de nouvelles recrues et une compagnie avec laquelle il avait été envoyé près d'un autre corps, ce dont je m'étais plaint en réclamant son retour. Qui avait le droit de disposer des volontaires qui s'étaient engagés pour servir sous mes ordres, avec des camarades qu'ils connaissaient et estimaient?

Mais qu'était devenue cette excellente compagnie de Rochefort? Son commandant était un homme de mérite, exact et énergique. Je le regrettais vivement, ainsi que ses officiers et soldats, tous très-braves.

Quelle retraite nous venions de faire? Qu'on nous suive, et l'on verra que de détours l'ennemi nous forçait à prendre. Sans nouvelles, sans savoir où se diriger pour retrouver l'armée! Quelle position pour un chef de corps!

Comme je vous remercie, tous mes bons amis, officiers et soldats, du courage que vous avez montré pendant les marches, exécutées aussi régulièrement qu'en temps ordinaire. Nos bagages étaient toujours au milieu de nous, sans le moindre désordre; loin d'en perdre, nous augmentions notre convoi avec les voitures abandonnées que nous trouvions pleines de vivres et de munitions. Je dois vous dire toute ma pensée. Vous avez été admirable, et moi, qui vous ai si souvent conduit à l'ennemi, je ne vous avais jamais vu aussi brave et plus énergique. Je ne sais pas ce que le ciel vous réserve. Ce que je sais, c'est qu'il vous a protégé et que vous lui devez une éternelle reconnaissance. Ne l'oubliez jamais, pas plus que la promesse que quelques-uns de mes volontaires ont faite à Vannes, de se rendre en pèlerinage à Sainte-Anne d'Auray.

Je trouvai à Châteauroux le meilleur accueil de la part des autorités; M. le Préfet fut on ne peut plus obligeant, on ne peut plus poli pour moi. Quand à M. le Maire et à toute sa famille, elle se montra pour nous d'une sympathie que nous nous rappellerons avec bonheur.

La population qui se ressent toujours de l'heureuse influence de ceux qui la dirige nous fut très-favorable ; elle fit à mes troupes une espèce d'ovation dont je la remerciai très-chaleureusement sur la grande place de l'Hôtel-de-Ville. Toujours nous nous souviendrons de notre passage à Châteauroux et je demande à ses habitants de nous conserver longtemps leur bon souvenir.

Nous savions que le général Martin des Pallières était près de Bourges, un peu en avant de Châteauroux. Le 16, nous partons pour Lignières, il y avait plus de dix lieues, mais il était impossible de coucher en route : j'ordonnai donc d'aller jusque-là réfléchissant que la journée du lendemain pour se rendre à Châteauneuf ne serait pas aussi pénible. La colonne prit la route de Bommiers et arriva en bon ordre à Lignières. Là, nous fûmes reçu en véritables amis par M. et Mme de Bourbon-Lignières ; à cinq heures, le lendemain matin, Mme la comtesse de Bourbon était debout et prodiguait ses soins à mes chers volontaires. Le vieux sang est comme le vieux vin, il reste toujours généreux. A Chateauroux, j'avais envoyé par un exprès aux journaux de la Dordogne la lettre suivante.

« Châteauroux, 15 décembre 1870.

« Monsieur le Rédacteur,

« La Dordogne a eu l'avantage de fournir des braves à l'armée ; deux bataillons se sont distingués à plusieurs combats, et malheureusement leur sang a coulé trop abondamment ; le troisième bataillon (commandant Marty), par un ordre ministériel, avait été destiné à suivre les volontaires vendéens sous mes ordres, pour remplir une mission importante sur la rive gauche de la Loire, avant la prise d'Orléans ; avec moi il est entré le premier dans cette ville, après avoir lutté constamment et avec succès contre les avant-postes prussiens et leur avoir pris tout le terrain qu'ils possédaient sur la rive gauche de la Loire, depuis Saint-Laurent-des-Eaux jusqu'à Orléans ; cette mission, remplie avec énergie et courage, a produit des effets considérables pour nos armes ; mais quand on est dévoué à sa patrie on doit faire son devoir simplement et se bien garder de s'en glorifier ; c'est ce qu'à fait ce bataillon et ce dont ici je viens lui en exprimer ma reconnaissance.

« Une autre mission lui fut confiée, celle de garder la forêt d'Orléans ; cette mission plus périlleuse et plus difficile que la première, a été remplie avec le même avantage. Je ne vous parlerai pas, monsieur le directeur, des différents engagements que nous avons eu à soutenir, et dont nous sommes toujours sortis victorieux, des fatigues journalières, des privations de tout genre ; qu'il me suffise de vous dire que la mission a été remplie à la satisfaction du gouvernement et des généraux qui ont bien voulu nous en remercier d'une manière spéciale.

« Quarante-cinq mille hommes étaient entrés dans la forêt, et le 3e bataillon de la mobile et son brave commandant étaient restés à leurs postes impassibles et sans peur.

« Un ordre m'avait appelé dans la forêt ; elle était envahie, comme je viens de le dire ; malgré toutes les difficultés, nous avons fait notre retraite en bon ordre sans perdre ni hommes, ni bagages.

« Si le commandant de la mobile et ses braves officiers ont eu confiance en moi, ce dont je les remercie ; comprenez bien que s'ils ne m'avaient secondé par leur énergie, leur courage, par leur amitié toute fraternelle, je n'aurais jamais pu accomplir des tâches aussi difficiles.

« Permettez-moi donc, monsieur le directeur, par votre organe, de répéter que la Dordogne a fourni des braves à la France, qui se sont signalés dans tous les rangs.

« Veuillez agréer, etc..

« CATHELINEAU. »

La journée n'était pas longue, nous allons nous reposer au mieux, j'espère; les habitants sont très-bien disposés et nous trouvons M. le duc de Maillé qui nous offre sa demeure et sa table avec une courtoisie que le dévouement seul sait inspirer.

Tout me semblait changé dans l'armée, mais je voulais le savoir, je me rendis à Bourges en m'arrêtant à la Chapelle pour voir le général Martin des Pallières : je le trouvai triste et décidé à se retirer, les journaux l'avaient attaqué, et ces attaques l'avaient profondément affecté ; je cherchai à remonter son courage. C'était un travailleur, un organisateur, la France avait surtout besoin qu'on mit de l'ordre et de la discipline dans son armée qui n'en avait plus la moindre. Mais quelqu'effort que je pus faire, le général me répondit que sa résolution était définitive, je lui en exprimai tous mes regrets et n'en parlai plus.

A Bourges; je retrouvai le général Borel, chef d'état-major du général Bourbaki; il eut la bonté de me présenter au général en chef qui me reçut avec beaucoup de bienveillance, que je devais sans doute en partie à mon aimable introducteur; le général me fit connaître sa pensée sur l'armée qu'il commandait, son plan à rétablir, il m'assigna mon rôle qui me convenait à merveille.

Toutefois je lui communiquai une pensée que je mûrissais depuis quelques temps et que j'aurais voulu pour beaucoup pouvoir mettre à exécution.

Je disais que jamais on ne pourrait traverser la plaine pour s'approcher de Paris avec une armée fatiguée et malheureusement très-démoralisée par la longue et pénible retraite qu'elle venait d'opérer et par les différents revers qu'elle avait éprouvés, je demandais si on voulait me confier une dizaine de mille hommes de mon choix avec lesquels je me rendrais assez près de Paris pour faire comprendre à sa garnison que la route était libre entre elle et nous.

Je ne pouvais supposer un instant que Paris ne fût pas sorti de son enceinte, s'il avait entendu notre canon. Les troupes, les mobiles étaient assez nombreux pour faire une trouée dans les lignes ennemies qui n'étaient point aussi profondes qu'on le supposait. Je n'avais d'autre prétention que celle d'arriver au but que je viens d'indiquer:

loin de chercher des engagements avec l'ennemi, je voulais les éviter tous, j'avais étudié depuis longtemps une route déjà commencée par nous, et que j'avais eu tant de peine à abandonner pour retourner dans la forêt d'Orléans.

Avec 8 à 10,000 hommes de choix, en faisant trois colonnes, on peut manœuvrer facilement, tromper l'ennemi même sur sa marche, surtout quand on pouvait avancer presque toujours à couvert par Montargis et la forêt de Fontainebleau.

Le général Bourbaki m'écoutait avec une grande attention, mais il n'accepta pas mon plan ; il me dit qu'au contraire, il me destinait à marcher en tête de l'armée pour l'éclairer et lui servir d'avant-garde. La chose était décidée, lorsque le général Borel me dit que le général en chef venait de recevoir une dépêche de Bordeaux à mon sujet, qui le contrariait beaucoup, et qu'il la conservait et ne la remettait pas, ce que j'acceptai parfaitement, tout en demandant ce qu'elle contenait, promettant de n'en point user, et déclarant très franchement que j'étais fort heureux de servir sous ses ordres, le priant de vouloir bien en demeurer convaincu.

Enfin, le général me fit connaître la route que j'avais à suivre, et je le quittai enchanté du bon accueil qu'il m'avait fait.

Je voulais demander à M. Gambetta qui se trouvait aussi à Bourges, s'il pouvait me fournir quelque moyen d'envoyer dans la forêt d'Orléans quelqu'un qui put aider notre ambulance à nous rejoindre. Nous étions restés quinze jours sans aucune nouvelle de ma femme et de tous nos intimes. Qu'étaient-ils devenus au milieu des Prussiens, à la campagne, privés de tout secours : cet isolement m'effrayait et augmentait de beaucoup mon inquiétude. M. le Ministre me répondit qu'il ne pouvait d'aucune manière m'aider dans cette circonstance,

J'étais désolé lorsque m'arriva un de mes volontaires, M. Toutant, qui avec un extrême dévouement dont je lui conserverais toujours une grande reconnaissance se déguisa parfaitement bien et vint nous donner de très-bonnes nouvelles de la santé de tous ; c'était beaucoup pour nous, mais comment faire revenir notre ambulance, quand et où nous rejoindrait-elle ?

Je causais beaucoup avec Toutant qui repartit immédiatement pour porter de nos nouvelles en échange de celles qu'il nous avait apportées si fidèlement; vous devinez assez qu'il fut accompagné de nos vœux les plus ardents et pour lui et pour les êtres si chers qu'il allait revoir.

J'avais retrouvé aux environs de Bourges la légion bretonne, les tirailleurs algériens et la compagnie de Rochefort; ils allaient m'être rendus, quelle bonne fortune!

En arrivant à Chateauroux et avant d'avoir vu le général Bourbaki, j'avais envoyé le capitaine d'état-major Paul Caillard, à Bordeaux, avec des instructions très-étendues pour le Ministre de la guerre : il était important pour nous de connaître les intentions du Gouvernement à notre sujet. Il était impossible de mieux remplir une mission que cet officier distingué ne le faisait; j'étais sous ce rapport on ne peut mieux partagé. Mon vieil ami de Puységur et Henri de Formon rivalisaient d'attention pour moi. C'étaient de bons amis, des frères véritables qui m'allégeaient si généreusement le fardeau de commandant qu'ils me rendaient presque toujours aussi léger qu'agréable; si j'ai adressé souvent des remerciements à mes officiers et soldats, que dirai-je à mon état-major, et en particulier à ces deux bonnes amis. Je leur dirai que ma reconnaissance et mon amitié vivront dans mon cœur aussi longtemps qu'il lui sera donné de battre pour cette France, ma patrie, qu'ils ont si vaillamment servie.

Mais l'armée à peine réunie, à peine réorganisée va se mettre en marche et nous allons partir.

Je vais citer toutes les dépêches relatives à notre départ décidé pour Gien, d'abord; puis enfin pour l'armée de Chanzy. Voulant relier cette première partie à la seconde; je m'arrête avant le récit de notre voyage au Mans par Vierzon, Poitiers, Niort et Angers. C'est dans mon second volume que je dirai la retraite de notre ambulance conduite par Mme de Cathelineau et son vieux docteur, à travers les lignes prussiennes.

Mais je tiens à inscrire dans ce volume et dans le second la liste de tous mes volontaires.

Comme je regrette d'avoir été si souvent dérangé? J'aurais mieux raconté, j'aurais mieux écrit; vos noms plus connus seraient allés partout redire que la France, humiliée, n'est pas vaincue.

Enivrée d'une renommée aussi vaine que fausse, elle s'était endormie et livrée à des ambitieux qui, pour la dominer l'ont encore affaiblie par le luxe et les plaisirs. Elle a cessé de veiller sur des voisins qu'elle prenait pour des amis. Elle, si forte et si fière autrefois de sa lourde épée d'acier, s'est présentée au combat sans armes et sans soldats. Elle devait être battue.

O ma patrie, tu es blessée; mais bientôt guérie, tu vas te relever plus forte que jamais; tes enfants aguerris reprendront sous la conduite d'un chef digne de toi les champs que tu as perdus.

Quel beau jour que celui que j'attends! notre joie, nos chants seront ceux d'autrefois. Au revoir, à bientôt. Je vous quitte comme je vous reverrai au cri de : *Dieu et la France!*

A commandant des francs-tireurs de Rochefort Sainte-Thorette.

(Dépêche télégraphique.)

« 19 novembre 1870.

« Quel est votre effectif, hommes, chevaux, charrettes. Réponse immédiate. Préparez-vous à vous rendre à la gare de la Chapelle-Saint-Ursin au premier signal.

« CATHELINEAU. »

A général Borel, chef d'état-major général A Bourges.

« 19 décembre 1870.

« J'avise toutes les compagnies de francs-tireurs, les troupes régulières sous mes ordres de se tenir prêtes à partir au premier signal. J'envoie organiser avec M. La Taille, le départ de tout mon monde pour Gien, selon l'ordre que vous m'en avez donné. J'ai reçu une dépêche du colonel des éclaireurs algériens de donner l'ordre à ce régiment de se concentrer à Bourges. Je n'y comprends rien, n'ayant pas avec moi d'éclaireurs algériens. Vous m'annoncez 2,000 Bavarois à Dampierre, vous me donnez des routes à garder, plus la ligne de Gien. Plusieurs compagnies d'éclaireurs, qui malgré les ordres donnés ne m'avaient pas rejoint à Ingranne, ont disparu en totalité ou en partie. Je n'ai d'intact que 2,000 hommes qui m'ont suivi, il faut compter près de 800 que je réunirai des autres compagnies. Pourrais-je avec 2,800 remplir la mission que vous me donnez ?

« Agréez, etc.

« CATHELINEAU. »

A inspecteur principal, chemin de fer à Bourges.

« 19 décembre 1870.

« Mon effectif à Châteauneuf est de 1,600 hommes, 160 chevaux, 21 charrettes, dont une prolonge. Je désire partir demain 20, à sept heures du matin, à condition qu'on puisse charger pendant la nuit ou la veille, le matériel.

« A Mehun, Sainte-Thorette, Saint-Florent j'ai à prendre hommes, chevaux, charrettes dans une quantité que je vais vous indiquer le plus tôt possible et qui doivent me rejoindre à Bourges, afin que la colonne arrive tout entière en même temps à Gien.

« Agréez, etc.

« CATHELINEAU. »

A général Borel (lettre non remise).

« 19 décembre 1870.

« Mon général,

« Avant d'entreprendre cette mission, je me crois dans l'obligation d'envoyer près de vous deux de mes officiers que connaissez parfaitement et en qui vous pouvez avoir toute confiance, afin de vous soumettre des observations différentes et aussi de vous demander de très-amples instructions.

OBSERVATIONS SUR LA POSITION DE GIEN

« Quelle doit être la résistance? L'occupation de Gien n'est-elle pas prématurée, en ce sens qu'elle peut faire connaître à l'ennemi vos projets?

« Ne serait-il pas très-utile de faire une démonstration vers Contres pour tromper l'ennemi ?

« Capitaine Caillard est chargé de vous faire connaître tout ce qu'il a appris à Bordeaux. Ce sont des choses graves qui peuvent influencer et modifier votre marche.

« Veuillez, etc.

« CATHELINEAU. »

Dépêche pour Poitiers au sujet d'un fourgon

« 19 décembre 1870.

« Queyriaux, rue du Bac, à Poitiers.

« Faire partir immédiatement, par ordre du

général en chef, le fourgon avec des chevaux et hommes de conduite pour Nevers, avec ordre de faire suivre au corps Cathelineau.

« CATHELINEAU. »

A inspecteur principal, à Bourges.

(Dépêche.)

« 19 décembre 1870.

« Comme je vous l'ai indiqué ce matin dans ma dépêche, nous avons à charger à Châteauneuf 21 charrettes, 180 chevaux, 20 de plus que ceux annoncés ce matin, 1,600 hommes; à Saint-Florent, 95 hommes, 5 chevaux, 1 charrette. Nous télégraphions à la légion Bretonne et aux tirailleurs algériens de se trouver à Bourges à l'heure que vous indiquez.

« CATHELINEAU. »

A commandant Boussenard.

(Dépêche télégraphique.)

« 19 décembre 1870.

« Trouvez-vous à midi et demi, à la gare de Bourges, pour embarquer votre bataillon demain, 20.

« CATHELINEAU. »

A colonel Daumalain, commandant légion Bretonne.

(Dépêche télégraphique.)

« 19 décembre 1870.

« Pourquoi n'avez-vous pas répondu à ma dépêche? Par ordre express, vous aurez à vous trouver, avec votre légion et vos bagages, pour partir à 12 h. 1/2 à la gare de Bourges, demain 20.

« CATHELINEAU. »

A Ministre de la guerre.

« Châteauneuf, 20 décembre 1870.

« Monsieur le ministre,

« Les événements douloureux qui viennent de s'accomplir, m'empêchant de communiquer avec le général en chef, je suis obligé de vous envoyer mon rapport directement et vous demander vos instructions.

« Pendant quinze jours que la garde de la forêt m'avait été confiée, j'ai été assez heureux pour ne pas la laisser envahir.

« Lorsque la forêt d'Orléans fut entourée au nord et à l'est de troupes nombreuses, je n'avais naturellement plus rien à y faire; aussi le jeudi, 1er, je recevais l'ordre du général en chef, par l'entremise du général commandant le 15e corps d'armée, de me porter sur Montargis pour gagner Fontainebleau, et dans ma marche d'éclairer toute l'armée sur sa droite.

« Mes troupes étaient excédées de courses dans la forêt et surtout de la journée du 28, où nous avions, depuis le matin jusqu'au soir, protégé la gauche du 20e corps dans l'attaque de Beaune et Batilly.

« Je pris donc un jour de repos y étant autorisé par le général, et partis le samedi matin pour aller camper à Presnoy et petits bourgs environnants.

« A neuf heures du soir, je recevais une dépêche du général des Pallières, écrite à onze heures du matin, me donnant l'ordre de regagner la forêt d'Orléans. Mes hommes ne pouvaient repartir pendant la nuit, je profitais de ce temps pour envoyer une dépêche à mon général, lui expliquant le retard de la sienne et lui faisant connaître d'après les renseignements que j'avais eu par mes éclaireurs, qu'il était urgent d'occuper Montargis et la forêt, à deux heures du matin, au lieu d'une réponse du général des Pallières; je recevais cette dépêche du général Crouzat : Partez vite défendre la forêt. Je fis prévenir à la hâte la légion bretonne, les compagnies parisiennes, niçoise, réveiller tous les hommes, donnant à tous rendez-vous à Nesploy. Il faut dire ici que le bataillon des tirailleurs algériens qui m'avait été repris par le général des Pallières et qui avait gardé avec tant d'avantage la position de Courcy, m'avait été envoyé par le même général à Ingranne, avec ordre de me rejoindre ; il avait marché toute la journée et n'était arrivé qu'à deux heures du matin à Presnoy. Je lui permis donc de se reposer jusqu'à sept heures et demie, lui donnant pour rendez-vous Bellegarde, Nesploy, puis Ingranne.

« Cette même nuit, à minuit, j'avais reçu un mot du général Bonet, me disant qu'il faisait un mouvement en avant et qu'il me priait d'aller l'appuyer sur sa droite ; je lui répondis avec regret que je ne pouvais le faire, mes ordres étant précis.

« Arrivé près de Bellegarde, je fus stupéfait de voir des masses de troupes, équipages, fourgons, redescendre vers Orléans; je ne pouvais pas m'expliquer ce mouvement dans l'ignorance des événements de la veille et de l'avant-veille. Arrivé dans la ville, je rencontrai des officiers supérieurs qui m'engagèrent à suivre le même mouvement, me disant que Nesploy était occupé. J'envoyai mes éclaireurs juger ma position et je continuai sur Ingranne, comme j'avais ordre de le faire. En y ar-

32

rivant, je reçus un exprès de madame de Cathelineau, directrice de notre ambulance à Loury, qui me faisait connaître que 45,000 Prussiens venaient d'y passer, se rendant sur Orléans. J'apprenais en même temps que la forêt avait été forcée à Chilleurs, le samedi, pendant que je me rendais à Presnoy, que le général des Pallières avait été battu, qu'il avait été poursuivi par les Prussiens jusqu'à Orléans.

« Je compris alors toute la gravité de ma position, et malgré la fatigue des hommes, je partais à minuit pour Châteauneuf, m'y faisant rejoindre par le 3e bataillon de la mobile de la Dordogne, qui, malgré tout ce qui s'était passé dans la forêt et autour, était bravement resté à son poste à garder les issues de Nibelle et Bois-Commun; mais ce fut en vain que je fis chercher pendant toute la soirée jusqu'à minuit la légion bretonne, qui cependant était arrivée à Bellegarde presque en même temps que moi. Je ne retrouvai pas non plus les compagnies de Nice et de Paris.

« J'arrivai à Châteauneuf à trois heures et demie du matin; je trouvai là un brouhaha incroyable, tant de troupes que de bagages; je cherchai immédiatement le moyen de faire passer mes hommes dans un bateau, et je fis prendre à mes bagages le chemin de Sully-sur-Loire, ainsi qu'aux hommes à cheval.

« J'établis avec peine un va-et-vient et fis passer le corps-franc de la Vendée, car j'avais laissé libre de prendre le bac ou d'aller à Sully-la-Mobile, la compagnie de Loir-et-Cher et de la Nièvre; elles avaient pris la route de Sully. Sitôt arrivé de l'autre côté de la Loire, j'envoyai un exprès pour rechercher les compagnies qui ne m'avaient pas rejoint dans la forêt, et donner pour rendez-vous à celles que j'y savais, le bourg de Vannes où je ne fus rejoins que par le bataillon de mobiles, la compagnie de Loir-et-Cher et quelques hommes des autres compagnies; mais je n'eus aucune nouvelle des tirailleurs algériens, ni de la légion bretonne, ni de la compagnie parisienne. Il me fallait cependant avancer pour rejoindre le 15e corps et pour éviter d'être coupé par l'ennemi qui s'avançait de tout côté. Je trainai mes hommes jusqu'à Vouzon où je passais la nuit dernière, et ce matin j'ai pu arriver avec des hommes harassés de marches de nuit et de jour jusqu'à Yvoy ; je voudrais pouvoir y rester quarante-huit heures ; mais il faudra encore partir cette nuit pour Neung-sur-Beuvron, l'ennemi s'avançant en très grandes forces de tous les côtés et mes hommes étant trop fatigués pour faire une résistance utile.

« Je n'ai pu atteindre ni le général des Pallières, ni le général d'Aurelles, je viens donc vous demander, monsieur le ministre, de quel côté je vais me diriger et, si vous le jugez convenable, de me confier une nouvelle mission.

« Je ne puis terminer sans vous dire que les francs-tireurs et les mobiles ont supporté les fatigues avec une rare énergie, et qu'ils se sont conduits avec tant de courage devant l'ennemi que non-seulement ils m'ont permis de ne pas perdre un pouce du terrain que je gardais, mais qu'encore j'ai pu, avec les troupes qui m'avaient été confiées, rendre un vrai service au 20e corps à l'attaque de Batilly et de Beaune.

« Je ne puis terminer sans exprimer tout le regret que j'éprouve d'être séparé d'une partie de mes camarades, pour qui j'ai la plus vive inquiétude ; ils étaient très-fatigués : qu'auront-ils fait? Rejoindre des corps en marche, il y en a partout et partout aussi on entend canonnade et fusillade.

« J'ai l'honneur, etc.

« CATHELINEAU. »

A colonel Charette.

« Châteauneuf-sur-Cher, 20 décembre 1870.

« Mon cher ami,

« Je ne vous fais pas compliment de votre admirable conduite et de celle de vos braves camarades : votre passé, à tous, dit assez ce que vous serez toujours.

« Ce qui me préoccupe, c'est votre blessure. Comment êtes-vous? Donnez-moi promptement de vos nouvelles. Jusqu'ici je vous ai cru prisonnier, et vous devez comprendre toute ma joie et celle de mes amis et compagnons d'armes, quand nous avons appris que vous étiez libre et que vous pourriez bientôt prendre votre revanche.

« Nous partons tous pour Nevers et autres lieux que je ne puis vous indiquer ici ; qu'il vous suffise de savoir que nous formons l'avant-garde de l'armée de la Loire, qui recommence un mouvement en avant. Fasse le ciel que ce ne soit pas encore pour se replier ! Pauvre France, quand la verrons-nous heureuse?

« Tout à vous, mon bien cher ami.

« CATHELINEAU. »

Au revoir, mes chers volontaires? Toutefois, avant de nous séparer pour quelque temps, laissez-moi vous dire ce qui se passait ici, à mon sujet, hier et aujourd'hui.

Un de mes bons amis, au cœur chaud, à l'âme ardente, enthousiasmé de notre conduite pendant la campagne, a voulu que Paris donnât à votre vieux commandant vendéen une marque de reconnaissance. Avec cet esprit élevé qui le distingue, il l'a demandée et obtenue.

C'est un beau titre de gloire pour vous comme pour moi, que nous devons à mon ami. Aussi, je veux que son nom soit uni au vôtre comme son cœur l'est au mien.

Lisez et gardez la lettre ci-jointe, elle vous montrera que notre pays, quoique inquiet, cherche et veut le bonheur. Il en jouira bientôt, et j'entrevois déjà le jour où ses enfants, comme vous, crieront à pleine poitrine :

Dieu et la France!

RÉPONSE A LA RÉUNION DE LA PRESSE PARISIENNE,

Dédiée

Au brave LOUIS d'ANTHOINE

PAR SON AMI RECONNAISSANT

« Paris, 29 juin 1871.

« Monsieur le directeur,

« Je viens vous remercier de m'avoir placé sur la liste des trente noms qui avaient mérité votre choix dans la séance du 27 juin ; je suis fier d'avoir obtenu l'unanimité des suffrages de tous les journaux qui formaient l'UNION PARISIENE.

« Ce résultat dit assez que, tous, vous avez approuvé ma conduite et mes efforts dans la guerre contre l'étranger, je ne pouvais obtenir une plus grande récompense; je l'accepte pour mes compagnons d'armes et pour moi.

« En ne me portant pas sur la liste définitive des 21 représentants appelés à la Chambre par la ville de Paris, vous m'avez rendu un autre témoignage dont je suis encore plus fier. Vous avez compris qu'un Cathelineau, mis en avant, ne peut attendre, impatient qu'il est de l'honneur et de la gloire de son pays.

« Vous avez, sans doute, trouvé la France encore trop malade pour m'accepter tout entier avec ma devise: *Dieu et le roi*, héritage conquis sur 93 par le sang de tous les miens. Vous avez attendu, je vous remercie.

« J'attendrai avec vous, et quand vous serez prêts, rappelez-vous que je le suis toujours pour vous suivre au cri de : *Vive la France!*

« Veuillez agréer mes remerciements et l'assurance de ma considération distinguée.

« CATHELINEAU. »

CORPS FRANC DE LA VENDÉE

Commandant

De CATHELINEAU (Henri).

État-Major

Capitaines : le vicomte de Puységur (Léopold), Caillard (Paul), de Colonjon (Gilbert).
Lieutenant : de Formon (Henri).
Intendant : Pelisson (Hector).
Officier payeur : Lenail (Ernest).
Sous-lieutenant : de Griffolet (Ernest).

Aumônier : l'abbé Vendengeon.
Aumôniers-infirmiers : l'abbé Le Tort, l'abbé Prétot, l'abbé Géraud.
Ambulance : Mme de Cathelineau, Mme Neau, Mme Dambricourt, Mlle de Reverdy, Mlle de Cacqueray, Mme Mary.
Aumônier et aide-aumônier : le Rév. Père Marie-Augustin, l'abbé Houssaye.
Service de santé : Chirurgien médecin en chef : le docteur Babault. — Aides-majors : Maillaud, Robin. — Infirmiers : Levasseur, Gaillard. — Comptable : Rouzeau (Firmin). — Fourrier : Audier.

Chef de bataillon : Queyriaux Franc.
Lieutenant adjudant-major : d'Audeville.
Aides-major : Thibaudeau, Genuit.

ÉCLAIREURS A CHEVAL

AU TITRE D'OFFICIER

Auguis (Sincère), capitaine.
Bailac (Firmin).
De Kermel (Ollivier).
De Savatte (Léon).
De la Roche (Raphaël).
De Laurières (Gustave).
Dumas (Henri).
Duffour (André).
Torterue de la Cour (Louis).
Du Chazeaud (Gaston).
De Massougnes (Georges).
Des Mazis (Alfred).
De Beauregard (Jean).
Huc (Ernest).
De Latude (Joseph).
Mestayer (Gaston).
Marc (Joseph.
De Saint-Jean (Albert).
Du Cor de Duprat (Elie).
Duffau de Lagarde (Henri).
Domingon (Paul).
Boutillier du Rétail (Florent).
De Grasset (Jean).
Camiade (Georges).
De Cathelineau (Henri)
De Chabrol (Roger).
De Dreux Brézé.
De La Fresnaye.
De Loiray (Georges).
Nupiés (Louis).
Des Ormeaux.
De la Rochette (Anasthase).
Talma.
Le Bailleul (Georges).
Bourbon (Armand).

COMPAGNIE D'ÉLITE

A TITRE DE SOUS-OFFICIERS

De Puységur (Léopold).
De Salmon de Loiray (Ernest), capitaine.
De Vinzelle, lieutenant.
De Beaumont (Octave).
Lenail (Ernest).
De Saint-Maur (Hippolyte), sergent-major.
O'Manony (Maurice), sergent-fourrier.
De Griffolet (Ernest).
De Beauregard (Jean).
De Barbarin.
Dambricourt (Louis).
Dupuy (Charles).
De Cathelineau (Henri).
Des Ormeaux (Louis).
De Saint-Romain (Elie).
D'Aubigny (Charles).
De Faramond (Louis).
Teillard de Vernières.
Thibaudeau (Alfred).
De Loiray (Georges).
De Chabrol Roger.
Didier.
Martineau.
Talma.
Delmas de Ribas.
Dupin de Saint-Cyr.
Delaunay (Henri).
Linger (Auguste).
De Saint-Hénis (Pierre).
Comin.
De Russon.
Fourmont (Félix).
De Dreux Brézé.
De la Fresnaye.
De Curzon (Elesban).
Hélis.
Lafontanelle.
Neuville.
Salle de Bannière.
Liard.
Talma.
Sappé.
Fontenaille.
Rondeau (Paul).
Sablereau (Jean).

Il ne faut pas s'étonner si des noms qui sont inscrits dans cette compagnie se retrouvent encore, soit au nombre des officiers commandants, soit parmi les éclaireurs à cheval. Son titre d'élite indique assez que tous méritaient des grades, mais beaucoup voulaient y rester soldats par dévouement pour moi, ce dont je les ai remerciés souvent.

Cette compagnie m'accompagnait quand je visitais à pieds les lignes les plus avancées, comme les éclaireurs le faisaient quand j'étais comme eux à cheval. Mon vieil ami de Puységur a voulu rester toujours inscrit en tête de cette compagnie.

1re COMPAGNIE

Capitaine : *de Curzon* (André).
Lieutenant : *Lefebvre* (Gustave).
Sous-lieutenant : *Joanneton* (Alphonse).
Sergent-major : *Suais* (Jules).
Sergent-fourrier : *Aubrée* (Edouard).
Caporal-fourrier : *Manuel* (Henri).
Sergents : *de Martigny*, *Launay*, *Guyot*, *Queulain*.

2e COMPAGNIE

Capitaine : *du Rouziers du Ruz* (Maurice).
Lieutenant : *Tardiveau* (Henri).
Sous-lieutenant : *Favreau* (Théophile).
Sergent-major en 1er : *Aubry* (Joseph).
Id. en 2e : *Déordal* (Salvador).
Sergent-fourrier : *Corbin* (Mathurin).
Caporal-fourrier : *Dubois* (Louis).
Sergent-instructeur : *Doucet* (Barthelemy).
Sergents : *Oudot* (Louis), *Launay* (Auguste), *Launay* (Alfred)

3e COMPAGNIE

Capitaine : *de Cacqueray* (Gaston).
Lieutenant : *Chauvin* (Georges).
Sous-lieutenant : *Perodeau* (Louis).
Sergent-major : *de Beauchamps* (Raoul).

Sergent-fourrier : *Boué* (Emile).
Caporal-fourrier : *Patureau* (Charles).
Sergents : *Germeau* (Léon), *Lescot* (Marcel), *O' Murphy* (Charles).

4e COMPAGNIE

Capitaine : *de Pons* (Gabriel).
Lieutenant : *de Galibert* (Charles).
Sous-lieutenant : *Mignon.*
Sergent-major : *Audouard.*
Sergent-fourrier : *Bozon.*
Sergents : *Desmogée* (Auguste), *Roubeau* (Léon), *de Chavannes* (Henri).

5e COMPAGNIE

Capitaine : *de Joannis* (Elzéar).
Lieutenant : *Koch* (Eugène), a fait fonction d'adjudant-major.
Sous-lieutenant : *de la Fère.*
Sergent-major : *Lamé* (Philippe).
Sergent-fourrier : *Dètchemendy* (Paul).
Caporal-fourrier : *Rabier* (Edouard).
Sergents : *Robin* (Léon), *Chartier* (Gaston), *Durand* (Abel), *Fillay* (Arthur).

6e COMPAGNIE

Capitaine : *Le Hénaff* (Paul).
Lieutenant : *Trouette* (Louis).
Sous-lieutenant : *de Beaumont* (Octave).
Sergent-major : *Guerry-David.*
Sergent-fourrier : *Gazeau.*
Caporaux-fourriers : *de la Bernardie*, *Sourice* (Jules).
Sergents : *Culerrier* (Adolphe), *Delaunay* (Henri), *Gauthier.*

7e COMPAGNIE

Capitaine : *de Ressy* (Théophile).
Lieutenant : *de Curzon* (Elesban).

Sous-lieutenant : *Delaunay* (Chéri).
Sergent-major : *Masson* (Ferdinand).
Sergent-fourrier : *Gonin* (Jean).
Caporal-fourrier : *Bourbon* (François).
Sergents : *Mouton* (Frédéric), *Vallée, Ressort* (Eugène).

8e COMPAGNIE

Capitaine : *Daudeteau* (Louis).
Lieutenant : *Bailly du Pont* (Dieudonné).
Sous-lieutenant : *Joffrion* (Alfred).
Sergent-major : *Beneteau* (Henri).
Sergent-fourrier : *Lequay* (Charles).
Caporal-fourrier : *Liez* (Ernest).
Sergents : *Turpeau* (Henri), *Laprade* (Jean), *Laprade* (Gédéon), *Lapirade, Chalon* (Louis), *Lebel* (Amédée)

LISTE DES VOLONTAIRES DU CORPS VENDÉEN

(Par ordre d'entrée au Corps)

De Cathelineau (Henri).
Queyriaux (Franc.), Poitiers.
De Joannis (Elzéar), Orange.
Suais (Jean-François), Croisic.
Boucher (Louis-Ernest), Paris
Thibault (François), Clisson.
Poirier (Emile), Montreuil-le-Château.
Lebatteux (Paul), Angers.
Thierry (Franç.), Aimé-Candé
Lecesne (Albert), Blois.
Chauvin (Georges), Blois.
Lenail (Ernest), Blois.
Laprade (Jean), Baurèges.
Bondeau (Paul), Angers.
Denjoy (André), Bordeaux.
De Formon (Henri), St-Benoît (Saône-et-Loire).
Martineau (Jacques), Benet (Vendée).
Du Château (Victor), Reims.
Hellis (Pierre), Nozay.
Audier (Henri), Angoulême.
Jeanneau, Fontenay.
Guerry-David, Poitiers.
Desclos (Auguste), St-Servan.
Samson (Henri), Port-St-Pierre.
Herpin.
Dagda de Buyninski, Beaupréau.
Moussaud, Paris.
Toutant (René), Niort.
Jouan (Eugene), Josselin.
Chateau, Angers.
Gauthier (Henri), Angers.
De Lustrac, Sainte-Livrade.
Thibault (Alexandre), Angers
Pascaud, Orsenne (Indre).
Neuville, Moscou.
Koch (Nicolas-Eugène), Paris
Trouette, Sainte-Dode.
Orleac (Antoine), Magistère (Lot-et-Garonne).
Marolleau, Coulanges.
De Dreux-Brézé, Lurcy (Nièvre).
De Griffolet (Ernest), Meuvezin (Gers).
Lamothe (Thomas), Fontenay.
Panin, Toul.
Augeard, Lignières (Loir-et-Cher).
Perotot, Loudun.
Bouillé, Beaupréau.
Haynard (Enoch).
Omnée (Pierre), St-Brieuc.
De Bailliry, Châteaurenault.

Besson, Chatillon.
De Cathelineau (Henri), Paris
De Ressy (Théophile), Tours.
Rouzeau (Firmin), Luçon (Vendée).
Sablereau (Jean), Moustiers (Vendée).
D'Availles (Charles), Niort.
Petetin (Jules), Neufchateau.
Gendronneau(Victor),Lusson
D'Aubigny (Charles), Neuvy-le-Roi (Indre-et-Loire).
Bailac (Georges), Metz.
De la Coffinières, Fressey (Loire-Inférieure).
De Losmonerie, Dorvinezac.
Baleine, Nessac.
Guériffe, Nicolas-de-Redon.
Bouvier, Rains (Ile-et-Vil.).
De Belle-Isle, Nantes.
Rouillé, Lair..ux.
Dambricourt (Louis), Paris.
Lebreton, Angers.
Nupiés, Cuilhé.
Fleurance, Valette.
Delong.
Gevouseau (Jules), Etel.
Poirier (Fernand), Muziac.
Tardiveau, Fosse.
Launay (Auguste), Angers.
Launay (Alfred), Angers.
Bretagne (Joseph), St-Aignan
Orduneau (Pierre), Bouguenais.
Aubin (Jean-Baptiste), Bouguenais.
Soulas (Louis).
Belain, Chatellerault.
Saumoneau, Chatellerault.
Laulesque, Mongomèry.
Tison (Amédée), Bourbon-Vendée.
Trous et (Charles), St-Michel.
Soulard (Emile), La Roche-sur-Yon.
De Tinguy, Lachère.
Picat (Alphonse), La Roche-sur-Yon.
Chartier (Gaston), Château-Garnier.
Beneteau.
Lescot, Le Logis (L.-et-C.).
Genuit, Nantes.
Henrionnet, Vouziers.
Robin, Saumières.
Lefèvre, Poitiers.
Renaud, Usson.
Marivault, Vouillé.
Douin, Poitiers.
Gazeau, Poitiers.
Metche (Marcellin), Poitiers.
Dancre (Jean), Poitiers.
Marnay (Louis), Poitiers.
Jahan, Poitiers.
Fontenaille, Poitiers.
Bénard, Poitiers.
Levasseur, Anvernaux.
Dubourdeau (Auguste).
Lavigne, Poitiers.
Mulon, Poitiers.
Brunet, Poitiers.
Robin (Joseph), Pons (Charente-Inférieure).
Deschamps, Poitiers.

Martin, Usson.
Pichot, Poitiers.
Chareaudeau, Poitiers.
Jolet (Alfred), Poitiers.
Baron, Fontenay-le-Comte.
Admyrault, Fontenay-le-C.
Garnereau (Gabriel), Fontenay-le-Comte.
Garnereau (Ed.), Font.-le-C.
Le Henaff (Paul), Lavenay.
Dupuy (Charles), Montpellier.
Queulain (Georges), Paris.
Rousselot (Paul), Nantes.
Rousselot (Félix), Nantes.
Gourtault.
Darraize (Henri), Orléans.
Berthaut (And.), Angoulême).
De Vinzelle, Nantia.
Lafontanelle (Félic.), Poitiers
Lecor, Saint-Denis.
Rousseau (Adrien), Luçon.
De Girardin, St-Sanitières.
Mercier (Frs), Lion-d'Angers.
Dambricourt (Pierre), Paris.
De Barbarin, Tours.
O'Mahony (Maurice), Dijon.
De Salmon de Loiray (Ernest), Montoire.
De Salmon de Loiray (Georges), Montoire.
De Bellevue.
Bardet.
Laurentin (René-Cheri), Neuville.
Lemasson (Charles), Luçon.
Voisine de la Fresnaye (Eugène), L'Ile-Bouchard.
De Folin (Karl), Bayonne.
De Saint-Jean (Albert), Craon.
Lefebvre (Gustave), Paris.
Delpon de Vaux (Tuléran), Clermont.
Coulin, Amboise.
Gitton (Ernest), Amboise.
Germeau (Léon), Chambon (Creuse).
Favereau, Tours.
Beaudrée (Jean), St-Avertin.
Raimbaux (Eug.), Amboise.
Boué (Emile), Poitiers.
Gon (Xavier), Rome.
Davillon (Georges), Poitiers.
Robin, Chatellerault.
Sonzée.
Cassot (Ernest), Alger.
Thenault (Victor), Chatellerault.
Vaucelle (Paul), Lencloitre (Vienne).
Varigault, Vorret.
Pierrard (Louis), Paris.
Baillargeau (Joseph), Clairvault.
Drussé.
Huttemin, Angers.
Joanneton, Paris.
De Padirac (Georges).
De Tavernay (Louis).
Joliot.
Montgin.
De Savatte (Léon), Poitiers.
Martinet (Gatien), St-Ouen (Indre-et-Loire).

Gagiste, Saint-Ouen (Indre-et-Loire).
Faure de St-Romain (Elie), La Rochefoucault.
Favcreau (Théod.), Cheillé (Indre-et-Loire).
Baudrée (Jean), St-Avertin.
De Brettes (Anatole), Nouallé (Vienne).
Huberdeau (Auguste), Mézeray (Sarthe).
Pouponneau)Firmin), Bazoges (Vendee).
Ferlot (Franç.), Dauvin (Vendée).
Vellingue (François), Huttenelle.
De Beauchamps (Adrien), Angers.
De Germain (Henri), Niort.
Quettir (Emile), Cheillé (Indre-et-Loire).
Albert (Abel), Angers.
Gouin (Jules), Angers.
Bordelaire (Jean), Paulmy (Indre-et-Loire).
Linger (Auguste), Tours.
Lamée (Ph.), Charnizay.
Laugjahr (Albert), Munster.
Aubry (Joseph), Percy-les-Forges.
Moullé (Eugène). Saint-Jean-de-Bray.
De la Roche (Raphaël), St-Clar (Gers).
Manuel (Henri), Saint-Sevé (Lot).
De Serec de Kervilly, Riautec.
Trumeau (Louis), Vendôme.
Renaud (Alexandre), Cour-Cheverny.
Des Ormeaux (Louis), Maulevrier.
De Theillard de Vernières (Michel), Saint-Flour.
Pangaud de Partiges, Montluçon.
David (Henri), Sautron.
Haber (Louis), Joué-les-Tours.
Haber (Joseph), Joué-les-Tours.
Dubois (Louis), Bossay.
Paviot (Théophile), Clisson.
Vinvinge (Ferd.), Poitiers.
Fradet (Emile), Poitiers.
Pasquet (Auguste), Poitiers.
Boutifer (Léon), Poitiers.
Cimetière (Ant.), Mayerolle.
Thibeaudeau (Alfred), Poitiers.
Baldeau (Henri), Fontenay-le-Comte.
Ménigaud (Franç.), Poitiers.
Gabiolle (Ernest), Gensay (Vienne).
Molien (Alex.), Angers.
Giraud (Amédée), Angers.
De Chabrol (Roger), Saint-Patrice.
D'Espans (Henri), Agen.
Du Marache (Jos.), Poitiers.
De Fontenay (Louis), Igé. près Bellesne (Orne).

Gibierge (Pierre), Igé, près Bellesne (Orne).
Simon (Eugène), Igé, près Bellesne (Orne).
Philippe (Emile), Rochofort.
Léquippé (S.), aux Roziers.
Guyot (Emile), Rennes.
Aubrée (Edouard, Rennes.
Maillaud (Paul), la Caillère (Vendée).
Launay (Emile), la Caillère (Vendée).
Jamois (Jean-Marie), St-Grégoire (Ille-et-Villaine).
De la Marque (Louis), Batz.
Pasquet de Laurière. La Rochefoucault.
De Padirac (André), Rôme.
Pinson (Louis), Trélazé (Mai-et-Loire).
Robert (François), Cheillé (Indre-et-Loire).
De Curson (André), Poitiers.
Masson (Auguste), St-Servan.
Doidy (P.), Mussan (Vienne).
Dubuisson, Poitiers.
Tesseraud, Bouillé.
Cruon (Jérémie), Cognac.
Chayeux (Jérémie).
Cruon, Cognac.
Paschaud (Charles).
Balloteaud (Henri), Poitiers.
Courteaul, Poitiers.
Bouras (Jules), Angers.
Marcireau, Vouillé (Vienne).
Lemaire (Auguste), Huismes (Eure-et-Loir).
Laveille (Auguste), Paris.
Cesbron (Théophile), Angers.
Lafantenelle, Nantia.
Tangiou, aux Essevits.
Liard (Henri), Angers.
Renault (Pierre), Husson.
Trouette (Louis), Paris.
Oudot, Angers.
Sechet (Stanislas), Poitiers.
Rousseau (Charles), Châtellerault.
Vayse.
Du Ruz (Clément), Saint-Maurice (Charente).
Bénard (Pierre), Angers.
Lefebvre (Louis), Haubourdin (Nord).
Verry (-Pierre), Sillard (Vienne).
Lusseau (Alexis), Poitiers.
Beaumont (Charles), Poitiers.
Pondret (Alexandre), Vausseroux.
Mayé (Jules), Poitiers,
Maurice (Fernand), Poitiers.
Babot (Henri), Poitiers.
Joltreau (Paul), Benassais (Vienne).
Dr *Babault*, Angerville.
Poulet (François), Migné (Vienne).
Archambault (Louis), Charvé (Deux-Sèvres).
Colasseau (Alexandre), Vildieu.
Dumas (Henri), Chaupagne-Monton (Charente).

Didier (Charles), Valence.
De Paramond de la Fajolle, Cassade (Tarn).
Prigneau, Angers.
Gautier (Pierre), la Pouëze (Maine-et-Loire).
Gascher (François), Fief-Sauvin.
De Beauregard (Jean), Orléans.
De Saint-Maur (Hippolyte), Busset (Allier).
Breton (Léandre), Angers.
Huau (Pierre), Angers.
Delaunay (Chéri), Tours.
Tullierrier, La Flèche.
De Puységur (Léopold), Azay-le-Rideau.
Gaudin (Louis), Genève.
Gaudiou (Stanislas), Saint-Martin-le-Beau (Indre-et-Loire).
Courtemanche (Sylvain), St-Martin-le-Beau (Indre-et-Loire).
Cuvier (Auguste), Saint-Ouen.
Foussard (François-Auguste), Amboise.
Maquet (Amédée), Saumur.
Dauguet (Adolphe), Maccy (Manche).
Sorre (Théophile), Dol de Bretagne.
O'Murphy (Charles), Saint-Malo.
Herson (François), Tannay (Manche).
Gauthier (Alexis), Beauvais.
Bertcreault (Jean), Saint-Ouen.
Gautier (Auguste), Pontorson.
Le Bas (François), Pontorson.
Viguille (Désiré), Mouche-Beauchamp (Manche).
Pharadin (Maurice), Pontarson.
Chatain (Jean), Macey (Manche).
Bindel (Louis), Lassay (Manche).
Lecoq (Julien), Fougères.
Hubert (François), Tannis (Manche).
Leroy (François), Crollon (Manche).
Bachelot (François), Saint-Senier.
Fouquet, Nantes.
Sapey (Jean), Nantes.
De Cacqueray, Pontorson.
De Salle de Bannière, Avignon.
Streud (Michel), La Flèche.
Millet (Henri), Amboise.
Brault (Henri), Angers.
Barthe (Emmanuel), Ternes.
Guerrier (Raoul), Rouen.
Cartereau (René), La Chapelle.
Argenton (Xavier), Angers.
Petiot, Saint-Martin-le-Beau, (Indre-et-Loire).
De la Luisant, Saint-Martin-le-Beau (Indre-et-Loire).

Aubain (Hector), Saint-Martin-le-Beau (Indre-et-Loire).
Cochet (Alphonse), Courpalay Seine-et-Marne).
De Galibert (Pierre), Monclar.
De la None, Saint-Ouen.
Pacadin (François), Vergunsey (Manche).
Turrillon.
Hingaud (Gustave), Chailles-lés-Marais.
Meria (Adrien), Angers.
Pichot (Célestin), Bruxelles.
Fourmond (Henri), Denée (Maine-et-Loire).
Bagin (Joseph), Bréale.
Dauphin de Leyval, Bourbon-l'Archambault.
De Beaumont (Octave), Angers.
Le Mesle (Georges), Herbault (Loir-et-Cher).
Polinet (Arthur), Waudrez-la-Binche (Belgique).
Duffour (André), Réans (Gers)
Fouassier (Pierre), Ste-Règle, près Amboise.
Courrt (Henri), Amboise.
Delon (Lucien), Angers.
Delanoue, St-Ouen.
Foulon (Joseph), Josselin.
Nivert (Gustave), Bléré.
Passariaud (Alphonse), Agen
Joubert (Ferdinand), Poitiers.
D'Andigné (Gabriel), Argenton.
Delalande (Auguste), Blois.
Jardeau (Edouard), Amboise.
Marché (Auguste), Mulsan.
Grias (Emile), Fleury.
Martin (Edgard), Angers.
Billaud (Léopold), Angers.
Graveleau (Jean), Bohalle (Indre-et-Loire).
Picherit (Gustave), Angers.
Brault (J.-B.), Champte sé.
Jousset (Louis), Amboise.
Bertou (Théodore), Angers.
Blin (Victor), Condé-sur-Noireau.
Fourré (Jean), Condé-sur-Noireau.
Culérier (Adolphe), Angers.
Pineau (Gabriel), Sonzay.
Danglejean (Robert), Autun.
Levain (Jules), Condé-sur-Noireau.
Hovel (Robert), Condé-sur-Noireau.
Houel (Philippe), Condé-sur-Noireau.
Havart (Albert), Condé-Sur-Noireau.
Tesson (Anselme), Poitiers.
Sonzay (Auguste), Vernon (Indre-et-Loire).
Roubeaud (Léon), Roanne.
Mignon (Gustave), Roanne.
Demarger (Auguste), Roanne.
Drisart (Pierre), Roanne.
Dechavanne (Henri), Roanne.
Desportes (Jean-Marie), Roanne
Renorn (Antoine), Roanne.

Suchet (Claude). Roanne.
Deschelet (Louis), Roanne.
Tinet (Antoine), Roanne.
Clucherat (Claude), Roanne.
Guillot (Claude), Roanne.
Cristin (Louis), Roanne.
Desberioist (Antoine), Roanne.
Jacquet (Philibert), Roanne
Chatre (Mathieu), Roanne.
Gaillard (Hippolyte), Roanne
Garitnoire (J.-Marie), Roanne
Hafner (François), Roanne.
Louit (Claude), Roanne.
Ferdinand (Louis), Roanne.
Desseignet (Jean), Villers.
Giraud (Joannès), Roanne.
Perrier (Philibert), Roanne.
Letang (Antoine), Roanne.
Bonnichon (Gilbert), Roanne.
Audouard (Albert), D.nzère.
Boisset (Claude), Roanne.
Charbonnier (Alex.), Roanne
Chervier (Grégoire), St-Forgeux-lès-Pinasse.
Dumas (Jean), St-Forgeux-lès-Pinasse.
Chatard (Etienne), St-Forgeux-lès-Pinasse.
Martin (Alphonse), St-Forgeux-lès-Pinasse.
Jonard (Baptiste), St-Forgeux-lès-Pinasse.
Bozon (Etienne), Lyon.
Berry (François), Roanne.
Jinet (Joseph), Roanne.
Julien (Jean), Roanne.
Forge (Nicolas, Saint-Haon.
Le comte de Pons (Gabriel), Saint-Léger, près Roanne.
Brion (Paul), Charnizay.
Torterue de la Cour, Chaveignes (Indre-et-Loire).
De Barbarin (Louis), Bancogne (Charente).
Dupin de Saint-Cyr, Ste-Croix-de-Mareuil (Dordogne).
Doncourt (Anatole), Pont-Saint-Vincent (Nancy).
Imbert (Ernest), Pleumartin (Vienne).
Painvert (Félix), Amborie.
Libé (Baptiste). Lion-d'Angers.
Faucher,
Fauché (Bapt.), Assais, Deux-Sèvres).
Brouard (Charles), Angers.
Cheneau (Eugène), Larmènitré.
Beaucher (J.-B.), Chef-Routonne (Deux-Sèvres).
De la Peichardière (*Lottin*) Nantes.
De la Bernardie, Tours.
Boudet.
Marie (Arthur), Vineuil (Loir-et-Cher).
Woolfrid (Georges), Monty.
Mauclair (Alfred).
Ressay (Charles).
Brillon (Eugène), St-Maixent.
Haleine (Louis), Paris.
Pauvert (Edmond), Tours.

Zénon (Pierre), Valence.
Créoir (Charles), Vernon.
Rochette (Louis-Pierre).
Bouba (Georges)', Amboise.
Clernent (Joseph), Autriche (Indre-et-Loire).
Sausvert (Louis), Pontorson.
Fauché (Louis), Beruges (Vienne).
Morichaud (François), Saint-Martin (Vienne).
Bernard (Emile), Poitiers.
Delestand (Onézime), Poitiers.
Boutillier Du Retail (Florent), Poitiers.
Jollet (Jean), Nantes.
Peyrega (Jean), Nantes.
Reffray (Charles), Angers.
Parfus (Jules), Maraux-aux-Prés,
Gillet (Hyacinthe), Poitiers.
Auzanné (Bapt.), Beaumont.
Paillet (Ernest), Poitiers.
Cesbron (Elie), Angers.
Raymont de Martigny, Niort.
Du Chazaud (Gaston), La Cour Blanche (Dordogne).
De Massougnes, Aux Fontaines (Charente).
Roullet (Camille), Poitiers.
Mehrlem (Léon), Strasbourg.
Chauviteau (Mathieu) L'Ile-d'Yeu.
Billaud (Ernest), Limeray, près Amboise.
Daburon (Adrien), Limeray, près Amboise.
Brunet (Louis), Paris.
Bouillon (Léon), Paris.
France (Em.), Tillot (Vosges)
Chantrau (Jacques), Montmorillon.
Launay (Auguste), le Havre.
Delaunay (Henri), Chefs (Maine-et-Loire.
Launay (Alfred), Angers.
Gourdineau (Auguste), St-Lambert (Maine-et-Loire).
Perinet (Ernest), Poitiers.
Bouriaud (Léon), Moncontourt.
Neveu (Jacques), Oisseau (Mayenne).
Bru (Emile), Nantes.
Benoist (René), Angers.
Groleau (Prosper), Angers.
Cesson (Albert), Nogent-sur-Marne.
Doisneau, Angers.
Gérard (Victor), Dol-de-Bretagne.
Louizoude, Nantes.
Thibault (Jules), Angers.
Lournel (François), Boualan, près Saint-Malo.
Guimon (Pierre), Cambrai.
Gauthier (Victor), Toussac, près Saint-Malo.
Blanchette (Louis), Angers.
Géant (Alexandre), Angers.
Des Mazis (Alfred), Droux (Haute-Vienne)..
Delaroque (Alex.), Coutances.
Fontaine (Alf.), Cherbourg.

Orvin (Auguste), Duccy.
Montaury (Ant.), Bordeaux.
Patoiseau (Edouard), La Rochelle.
Desreaux (Henri), Jarnac.
Calvert (Abélard), Poitiers.
Criton (Joseph), Beuve (Vienne)
Guillet (Auguste), Aunard, près Poitiers.
Leau (Azénon), Savennières.
Forton (Albert), Savennières.
Miscent (Frs), Servon (Manche).
Briant (Alexandre), Servon.
Hallais (Alexis), Servon.
Duchemin (Jules), Servon.
Moulin (Célestin), Bazoges.
Lécrivain (Domin.), Servon.
Cran (Auguste), Nantes.
Ménage (Edmond), Tours.
Deuzé (Alphonse), Vernonville (Marne).
Didio (Oscar), Rome (Italie).
Martel (Joseph), Dol-de-Bretagne.
Lemonnier (Emile), Dol-de-Bretagne.
Chesnel (Joseph), Mont-Dol.
Letau (Charles), Mont.Dol.
Piquet (J.-B.), Ste-Brolade.
Nerot (Amboise), Ste-Brolade.
Jan (Isidore), Ste-Brolade.
Jan (Pierre), Ste-Brolade.
Boulanger (Jean), Cherveix.
Lecompte (François), Sainte-Brolade.
Faligot (Jean), Rebourges (Manche).
Tannières (Pierre), Dol-de-Bretagne.
Garçon (Célestin), Pontorson.
Paquet (Pierre), Landrieux.
Montdidon (Louis), Marigny.
De Curzon (Elesban), Poitiers.
Ribotteau, Fontenay.
Liet (Ernest), Fontenay.
Pelisson (Hector), Beauvais.
Branlard (Eugène), Parcay (Maine-et-Loire).
Chambrillant (Georges), Parcay (Maine-et-Loire).
Landry (O.), Roy-Landrieux.
Gaillard (Alphonse), Angers.
Caillard (Paul), Paris.
Bitaubé (Paul), Agen.
Tholin (Georges), Agen.
Petitallot (Pierre), Bourbon-l'Archambault.
Fauchereau (Adolphe), Blanc (Indre).
Bonnet (André), Aiffres (Deux-Sèvres).
Vallet (Eugène), Longué (Maine-et-Loire).
Lambert (Théophile), Longué.
Lefebvre (Louis), Brehal.
Bourbon (François), Amplepuis (Rhône).
Fraigneau (Jacques), Bernet par Vivanne.
Foussard (Jacques), Tronc.
Delaunay (Henri), Angers.
Cartier (Jacques), Clans.
Brettes (Edouard), Grenade (Landes).

Cornille (François), Cherrué.
Brouillard (Jules), Valenciennes.
Manidiau (J.-B.), Trementines.
De Beauchamps (Raoul), Nantes.
Baldet (Hippolyte), Angers.
Mignat (Pierre), Luçon.
Quantin (Eug.), La Chapelle.
Montagne (Casimir), Mêmes.
Peyrebère (Jean-Baptiste), Baudignan (Landes).
De Lagarde (Henri), Arx (Landes).
Mouton (Frédéric), Paris.
Bodenant (Pierre), Montreaux
Delaunay (Edouard), Saint-Laurent-de-l -Plaine.
Audureau (Mathur.), Cholet.
Portier (Etienne), St-Albon.
Sourice (Jules), Jallais.
Papouin (Francis), Marigny.
Lamé (René), Langeais.
Mestayer (Gaston), Paris.
Valet (Jean), Jumelle (Maine-et-Loire).
Pannetier (Jules), Poitiers.
Mayet (Louis), Tours.
De Couessin (Charles), Nantes
De la Rochette (Athanase), Asserac.
Chatellier (J.-B.), Chateaubriand.
Chabaud (Louis), Coutras.
Poîrier (Théophile), Port-de-Pilles.
Sourdais (Louis), Cravan.
Ferrand (Celestin), Bourlan (Vienne).
Le Noir (Em.), Macey (Manche).
Poulain (Théop.), Pontorson.
Blanchard (Aimé), Poitiers.
Porison (Benjamin), Joulet.
Gouin (Jean), Amplepuis.
Brosse (Etienne), Thisy.
Dessalle (Etienne), Amplepuis.
Bruyère (Joseph), Amplepuis.
Gouin (Benoît), Amplepuis.
Ressort (Eugène), Briennan.
Farges (Nicolas), Amplepuis.
Gazeau (Jean).
Perseval (Charl.), St-Léonar.
Justice (Oct.), Limoux (Aude).
De Galembert (Marcel), Tours.
Doury (François). Ligueil.
Suzanne (Adolphe), Caen.
Segard (Auguste), Beaux-Camps.
Drouin (Emile), Tours.
Jouve (Jean), Bordeaux.
Imbert (Guill.), Bordeaux.
Bertaud du Chazaud (Jean-Joseph), Tour-Blanche (Dordogne).
Favre de Latude, Pézenas (Hérault).
Huc (Ernest), Mantpellier.
Durand aîné, Châteauroux.
Mennerat (Etienne), Châteauroux.
Bourguignon (Louis), Châteauroux.

Périnet (Henri), Châteauroux.
Berthaud (Joseph), Châteauroux.
Bourmassi (Claude), Châteauroux.
Sauneron (Pierre), Châteauroux.
Renaudet (François), Châteauroux.
Migneton (Jul.), Châteauroux.
Valet (Paul), Châteauroux.
Villeret (Aug.), Châteauroux.
Cérémonie (Alphonse), Châteauroux.
Bouhier (Auguste), Mussidan (Dordogne).
Grugier (Alcide), Cravon (Loiret).
Huchet (Désiré), Moléans (Eure-et-Loir.)
Cérémonie (J.-B.), Châteauroux.
Coquelet (Et.), Châteauroux.
Christin (Jules), Châteauroux.
Meunier (Hippol.), Châteauroux.
Méthivier (Eréd.), Châteauroux.
Herbelot (Franç.), Châteauroux.
Barouset (Jean), Châteauroux.
Licot (Jean), Châteauroux.
Larron (Henri), Châteauroux.
Bouchereau (Ernest), Châteauroux.
Hotheau (Aug.), Châteauroux.
Sigurais (Ls), Châteauroux.
Legeron (Louis), Châteauroux.
Benard (Eug.), Châteauroux.
Pingault (Abel), Châteauroux.
Billet (Adolphe), Couaillé (Indre).
Marc, la Bruyère (Tarn).
Gaurand (Désiré) Poitiers.
Ardoin (Max.) Chablis (Indre).
Ecker (François), Vibraye.
Jadeau (Marie-Eugène), Langeron (Vendée).
Jadeau (Jean).
Langeron (Vendée).
Vitte (Dominique), Constant.
Carbon (Etienne), Fay-aux-Loges (Loiret).
Benet (Henri), Fay-aux-Loges (Loiret).
Talma, Blois,
Tortat (Josaphat), Blois.
Durand (Abel), Lailly (Loiret).
Barrué (Am.), Dry (Loiret).
De Martigny, Niort.
Charsier (Léon). Baccon.
Quatrehomme, Baccon.
Jobert (Cyrille), Lailly (Loiret).
Perdereau (Jacques), Dry.
Guillot J.-Jacq.), Dry.
Dechassey (Em.), Cléry (Loiret).

Roy (Charles), Dry.
Doucet (César). Beaugency.
Boureau (Ch.), Beaugency.
Souché (Gust.), Beaugency.
Lemée (Marcelin), Château-briant.
Denon (Pierre).
Courcelles (Emile), Nancy.
Brescani (Amédée), Sermette (Loiret).
Guillouet (Al.), Beaugency.
Lhuissep (Al.), Lailly.
Jouanneau (Aug.). Lorr:s.
Ouri (Jules), Orléans.
Cruche (Honoré), Orléans.
Besnard (Franç.), Orléans.
Jonval (Edouard), Orléans.
Letrone (Edmond), Orléans.
Maupin (Désiré), Orléans).
Doucet (Pierre), Orléans.
Veumau (Achille), Orléans.
Thibault (Albin)' Orléans.
Fillar (Arthur), Orléans.
Cuneau (Juste), Orléans.
Benoit (Hippolyte), Orléans.
Boissonnet (Elie), Meung.
Basset (G.) Saint-Ay (Loiret).
Bongras (Ernest), Saint-Ay (Loiret).
Larousse (Auguste), St-Ay (Loiret).
Hermeline (Adhemar), Epié.
Maillard (Eugène), St-Ay)Loiret).
Foucher (Paul).
Vinsonneau (Léon), Dambleville (Charente).
Buquin (Louis).
Adhémar, St-Ay (Loiret).
Nouvial (Delphine), Bois-Commun.
Bouquereau (Ernest), St-Ay.
Bosset (Gustave) St-Ay.
Soulard (Henri), Monfaucon
Bouhier (Auguste), Mussidan (Dordogne),
Gaugier (Al.),Cravon(Loiret).
Huchet (Dés.), Moléans (Eure-et-Loire).
Lemée (Marcelin), Château-briant.
Denou (Pierre).
Courcelles (Emile), Nancy.
Daudeteau (Louis), Fontenay-le-Camte.
Bailly du Pont, Fontenay-le-Comte.
Joffrion (Alfred), Fontenay-le-Comte.
Beneteau (Henri), Fontenay-le-Comte.
Leguay (Ch.), La Rochelle.
Ligonière (Jean),. Oulmes (Vendée).
Larousse (Auguste). St-Ay.
Turpeau (Henri). Vix (Vendée).
Normand (Eug.), Mervents (Vendée).
Roy (Henry). Fontenay-le-Comte.
Moreau (Alexis), Oulmes.
Crabeil (Alexis), Bontenay-le-Comte.

Taillefait (François), Chaix (Vendée).
Roux (Pierre), Chaix.
Roux (Louis), Chaix.
Ebreuil (Edmond), St-Sornin (Ch.-Inf.).
Galand (Jean), Fontenay.
Chancelier (Hen.), Fontenay.
Alligné (Léonce), Pissote (Vendée).
Neriet (Aug.), Pissote (Vend.)
Barbier (Pierre), Pissote.
Dubois (Charles), Cherveux (Deux-Sèvres).
Dépré (Pierre), l'Orbrie (Vendée).
Archambault (Jean), La Châteigneraie (Vendée).
Courcault (Louis), Saint-Michel-en-l'Herm (Vendée).
Thibeaud (Louis), Pissote (Vendée).
Auniard (Pier.), Poiré Vend.)
Roppé (H.), Maillegais (Vend.)
Boutet (Auguste), Fontenay.
Legrand (Cyriaque), Fontenay, (Vendée).
Pinochau (Paul, Montreuil (Vendée).
Pinochau (Louis), Montreuil.
Bourneau (André), Antigny (Deux-S.).
Joguet (Jacq.), Chazais (Deux-Sèvres).
Faivre (Jean), Sérigné (Deux-Sèvres).
Foucault (Emm.), Font nay.
Blutaud (Emmanuel), Sérigné.
Dieumegard (Pierre), Pouillé Deux-S.).
Guilloteau (Pierre), Fontenay.
Bouquet (Emile), Fontenay.
Pinocheau (L.-P.), Fontenay.
Le Brun (Jean), Fontenay.
Delineau (Hercule), Niort.
Brunet (Alex.), Fontenay.
Daudeteau (Charles), Fontenay.
Liet (Ernest), Fontenay.
Gauseau (Gust.), Fontenay.
Denechaud Pierre), Fontenay.
Marchand (Pierre).
Lapyrade (Jean), Montrejô (Haute-Garonne).
Laillet (Théodore), Nantes.
Gautier, La Roche-sur-Yon (Vendée).
Nelson (Luc.), Fontenay-le-C.
Chalon (Louis), Fontenay,
Gaborit, Fontenay-le-Comte.
Ribat, Fontenay-le-Comte.
Croizet, Bordeaux.
Meneteau, Fontenay-le-C.
Borja, Fontenay-le-Comte.
Métais, Fontenay.
Lavaud, Fontenay.
Hartaud, Fontenay.
Boutet, Fontenay.
Brenot, Fontenay.
Moisan, Poitiers.
Neau, Fontenay-le-Comte.
Garcau, Fontenay.

Cazala, Tarbes (H.-Gar.)
Lorious, Fontenay-le-Comte.
Audurier, La Châtaigneraie (Vendée).
Laprade (Jean), Paris.
Laprade (Gédéon), Lussac-les-Châteaux (Vienne).
Perrochon, Fontenay-le-C.
Gelot, Fontenay,
Lebel (Amédé), La Châtaigneraie (Vendée).
Guelin, Perpignan (Pyr. Or.)
Déordal, Marseille.
Corbin (Mathurin), Angers.
Vauvoren (Désir), Paris.
Lizée (Charles). Le Champ (Maine-et-Loire).
Mallet (Barthélemy), Angers.
Lochard (Alphonse), Angers.
Perrochat (Joseph), Angers.
Hautbois (Léon), Château-Gontier (Maine-et-Loire).
Guillou (Alphonse), Paris.
Froger (Auguste), Neuillé (Maine-et-Loïre).
Briand (Alexandre), Bonnétable (Sarthe).
Boisard(R.), Le Mans(Sarthe)
Simoni (René), Poitiers.
Rivain (Charles), Longué (Maine-et-Loire).
Fauchard (Charles), Château-Gontier (Mayenne).
Marnay (Louis), Poitiers.
Briand, Château-Gontier.
Denis (Romain), Fougères (Ille-et-Vilaine).
Bardet.
Genest (Jules), Craon (May.).
Lenoir (Désiré), Château-Gontier (Mayenne).
Lahellec (Louis), Plouneret (Côtes-du-Nord).
Briquet (Charles), Paris.
Bazin (Joseph), Herbray (Ille-et-Vilaine).
Chulliat (Francis), Vienne (Isère).
Branlard (Auguste), Parcay (Maine-et-Loire).
Marquis (Alexandre), Branay (Yonne).
Lardeux (Em,), Château-G.
Brillet (Alexand.), Château-G.
Auger (Victor), Rennes.
Hardy.
Broux (Ange), Fougères.
Leclerc (Alphonse).
Routier (Jean-Marie), Rennes.
Landry (Olivier), Dol.
Guimond, Combrée.
Guillet (Auguste), Maisdon (Loire-Inférieure).
Belliard (Charles), Fougères.
Indre (Clément), Issoudun.
Noël (Théodule), Epinal.
Blanc (Pierre), Feur.
Herpin, Fougères (Ille-et-V.)
Bianqui (Jules), au Creuzot.
Lessinger (Jean), Montzy (Bas-Rhin).
Froger (Jules), Château-G.
Bougrereau (Ernest), St-Ay (Loiret).

Grias (Emile), Blois.
Siguré (Louis), Châteaurcux.
Laulergue (Louis), Verneuil (Vienne).
Badeau (Jules), Château-G.
Bertoux, Angers.
Bassé (Gust.), St-Ay (Lofret).
Rio (Pierre), Vannes.
Grugier (Alcide), Beaugency.
Luisset (Alexand.), Beaugency
Hubert (François), Tannis (Manche).
Lefebvre (L.), Bréal (Manc.).
Ouger (Victor), Rennes.
Philippy (J.), Surtène Corse).
Herson (François), Tannis (Manche).
Lenoir (Emile), Macey (Manche).
Poulain.
Arbelot.
Du Sourdeval (Edouard), (Caen (Vendée).
Simon (Jean.-M.), Fougères.
Pitois (Constant), Fougères.
Lamothe (Thom.), Fontenay.
Brault (Alph.), Fougères.
Desjardins, Saint-Malo.
Pinon, Moulins.
Omenée (Pierre), St-Brieuc.
Neyrrière (Maur.), Bordeaux.
Bouillet (Jacq.), (B.-Vendée).
Trousset (Charles), Lusson
Jensenne (Domin.), Rennes.
Letrosne (Louis), Mesmelot (Manche).
Gauthier (Vict.), Pontorson.
Ozinski, Paris.
Oimn (William), La Roche-s.-Yon.
Martin (Edgard), Villenaux-la Grande.
Auzanues (P.), Chauvigny.
Boullet (France), Bordeaux.
Lezé (J.-B.), Lion-d'Angers.
Martel (Joseph), Dol.
Falugot (Jean), St-James.
Fontaine (Alf.), Cherbourg.
Buquin.
Ressort (Eugène), Briennon.
Brosse ((Et.), Thisy (Rhône).
Legendre (Aug.), Le Mans.
Maye (Jules), Poitiers.
Brouillard (Jules), Valenciennes.
Thyssen (Louis), Paris.
Hardy (Henri), Neuillé (M.-et-Loire).
Ferrand (Célestin), Bournau (Vienne).
Lemée (Marcelin), Châteaubriant.
Laurent (Alb.), dépôt du 16e, Le Puy.
Lardeux (Emile), Château-Gontier.
Beaudret (Alfr.), St-Obertin.
Chartrain (Jean), Pontorson.
Haury, Orléans.
Lommis (Henri), Orléans.
Peyrosse, Toulouse.
Potrelle (Jean), Alençon.
Langhyar (Albert), Genève (Suisse).

Jagot (Victor), Bennel.
Godberg (Eugène), Châteauroux.
Trinquard (Franç.), Paris.
D'Anglegean (Rob.), Autun.
Maindiau (J.-B.), Bourgneuf.
Du Chazeaud (Al.), La Tour-Blanche (Dordogne).
Pierson (Joseph), Nancy.
Garçon (Célestin), Pontorson.
Perroche (Bertrand), La Roche-s.-Yon.
Porton (Albert), Paris.
Bru (Emile), Nantes.
Filleul (Emile), Le Mans.
Jollet (J.-B.), Vieille-Vicque.
Venot (Achille), Paris.
Boissonnet (Elie), Paris.
Thibault (Albin), Paris.
Peyregat (Jean), Nantes.
Fierre (Zénon), Valence.
Moulin (Célestin), Bazanges-la-Pérouse.
Cren (Auguste), Nantes.
Guené (Louis), Saint-James (Manche).
Mottay (Armand), St-James (Manche).
Duc (Félix), La Roche-s.-Yon.
Cabasse (J.-B.), Bayonne.
Mazure (Ernest), Le Mans.
Du Cor de Duprat, Etang (Gers).
Duffau de Lagarde, Condon (Gers).
Domingon, Lectoure (Gers).
Boutellier de Retail, Bapteresse (Vienne).
De Grasset, Pézenas (Hérault)
Camiade, Dax (Landes).
Peyrebère, Gabaret (Landes).
Desloges, Meslay (Mayenne).
Le Bailleul, Meslay (Mayenne.)
Marquis (Alexand.), Branay (Yonne).
Moreau (Jean), Lusignan.
Bonna (Emile), Poitiers.
Branlard (Auguste), Chaise-le-Vicomte (Vendée).
Bourbon, Meslay (Mayenne),
De Saint-Benis, Juigné-Bené (Maine-et-Loire).
Comin (Paul), Sos (Lot-et-Garonne).
De Russon (René), Thouarcé (Maine-et-Loire).
Fourmont (Félix), Rochefort-s.-Loire.
Vitte (Duminique), Lyon.
Gonin (Benoist), Amplepuis (Rhône).
Gonin (Jean), Amplepuis.
Cornille (Frauç.), Avranches.
Cartier (Jacq.), Clan (Vienne)
Portier (Etienne), St-Albin.
Lambert (Théoph.), Longue.
Valet (Eugène), Longue.
Ambrassa (Louis), Nice.
Siodo.
Maralde (Jul.), Sepoy (Loiret).
Maynard (Enoch), Ponzauges (Vendée).

Saingou (Hippolyte), Agen.
Segard (Auguste) Arras.
Doury (François), Ligueil.
Jourdet (Henri).
Cravan (Frédéric).
Bourgognon, Châteauroux.
Serrier, Le Mans.
Salignac, Evreux.
Sicot, Châteauroux.
Jobert (Cyr.), Lailly (Loiret).
Genet (Joseph), Mulhouse.
Renaud (Aug.), Pont-de-Cé.
Guerrier (Raoul), Nantes.
Guenault (Henri). Chinon.
Maillé (Louis), Ligueil.
Bazin(J.),Herbray(Ille-et-V.)

CORPS CATHELINEAU

9e COMPAGNIE

(Compagnie des Phocéens)

Capitaine : *D'Arnaud de Calavon.*
Lieutenant : *Subrero* (Jean).
Sous-lieutenant : *Gaubert* (Baptistin).
Sous-officiers : *Marcelin* (J.-B.) ; *de Pierrefeu de Pélissier* ; *Julia* (Augustin) ; *Lonjon* (François) ; *Teste* (Joseph ; *Leroux* (Louis).
Clairon : *Pagenaud* (Joseph).

Coste (Henri).
Karten (Michel).
Grollet (François).
Montredon (Eugène).
Perrin (Jean).
Mandin (Edmond).
Martin (Jean).
Moinard (Ernest).
Monnier (Etienne).
Mourre (Baptistin).
Sinis Calki (Adolphe).
Sauvage (Emile).
Woyka (Albert).
Reynaud (Véran).
Blanc (Antoine).
Wolfer (Edouard).
Braille (Lucien).
Blanc (Charles).
Remaudot (Malène),
Tréard (Bazile).
Talon (Louis).
Brun (Joseph).

Bedini (Vincent).
Vernouillet (Eugène.
Mercier (Henry).
Lebon (Pierre).
Tiburce (Bienvenu).
Adeline (Séraphin).
Capel (Antoine).
Chabaud.
Viannen (J.-B.).
Alba (Septime).
Reynaud (Dominique).
Simon (Armand).
Boissière (François).
Caillot (François).
Lafond (Henri).
Lunel (Adrien).
Lieutard (Paul).
Hoard (Théophile).
Afferoux (André).
Bignard (Georges).
Bocteux (Etienne).
Barrère (Eugène).
Auzimberger (Nicolas).
Reversat (Baptistin.

Nous sommes surtout désolé de n'avoir pas les noms de la compagnie du capitaine Laroche, commandant de la compagnie de Loir-et-Cher, qui a fait avec nous une grande partie de la campagne. On les trouvera dans la seconde partie.

Nous regrettons vivement que nos papiers perdus nous empêchent de citer tous les noms des volontaires; nous prions donc les personnes qui seraient oubliées de nous envoyer leurs réclamations, et nous nous empresseront de réparer ce qui n'est de notre part ni un oubli ni une commission volontaire.

1607 Paris. — Assoc. générale typogr., Faub.-St-Denis, 19

www.ingramcontent.com/pod-product-compliance
Ingram Content Group UK Ltd.
Pitfield, Milton Keynes, MK11 3LW, UK
UKHW021842190726
13855UKWH00001B/103

9 782012 867574